不要吝惜甜言蜜语

设身处地为朋友考虑

情商高就是
懂得把话说得委婉动听

连山 ☆ 编著

四川人民出版社

图书在版编目（CIP）数据

情商高就是懂得把话说得委婉动听/连山编著.--成都：四川人民出版社，2020.5
ISBN 978-7-220-11630-8

Ⅰ.①情… Ⅱ.①连… Ⅲ.①口才学—通俗读物
Ⅳ.①H019-49

中国版本图书馆CIP数据核字(2019)第210906号

QINGSHANG GAO JIUSHI DONGDE BA HUA SHUO DE WEIWAN DONGTING
情商高就是懂得把话说得委婉动听
连山　编著

出　版　人	黄立新
策划组稿	张明辉
责任编辑	刘姣娇
营销策划	张明辉
插画绘制	金版文化
封面设计	简明波
责任校对	申婷婷
责任印刷	许　茜
出版发行	四川人民出版社（成都槐树街2号）
网　　址	http://www.scpph.com
E-mail	sarmcbs@sina.com
新浪微博	@四川人民出版社
微信公众号	四川人民出版社
发行部业务电话	（028）86259624　86259453
防盗版举报电话	（028）86259624
印　　刷	深圳市雅佳图印刷有限公司
成品尺寸	135mm×180mm
印　　张	14
字　　数	300千
版　　次	2020年5月第1版
印　　次	2020年5月第1次印刷
书　　号	ISBN 978-7-220-11630-8
定　　价	48.00元

■版权所有·侵权必究

本书若出现印装质量问题，请与我社发行部联系调换
电话：（028）86259453

前言
Preface

在今天这样的信息时代，人们的文化视野、交际视野开阔了，有越来越多的场合需要公开地发表意见，用语言来打动别人。自我推荐、介绍产品、主持会议、商务谈判、交流经验、鼓励员工、化解矛盾、探讨学问、接洽事务、交换信息、传授技艺，还有交际应酬、传递情感和娱乐消遣等都离不开说话。另外，一个人是否有能力，能力能否表现出来，在很大程度上取决于他是否会说话。因此，口才就成了衡量一个人是否有能力的重要标准之一。美国成功学大师戴尔·卡耐基说："当今社会，一个人的成功，仅仅有15%取决于技术知识，而其余85%则取决于人际关系及有效说话等软本领。"由此可见口才技巧的重要性。掌握口才技巧，已经成为现代人成功的必备条件。

说话看似很简单，但是要说出有水平，容易被人理解、接受的话，则不能不懂得心理学。说话的根本目的在于表达和沟通，懂不懂心理学，表达和沟通的效果将大相径庭。一个会说话的人，遇见陌生人时，知道如何说话能跟对方达成一种"一见如故"的默契；和同事共事时，知道如何说话能得到大家的欢迎；拜访客户时，知道如何说话能赢得客户的心，从而使他们决定购买你的产品；再如跟恋人或朋友说话时，知道怎样给对方带来乐趣，加深彼此间的感情……而那些不会说话的人，笨嘴拙舌、词不达意，说出很多废话，不能与别人进行有效的沟通，不仅会坐失良机，也很难在事业上出人头地，若出言不当还可能会立刻四面楚歌。真所谓"一句话能把人说得笑，一句话也能把人说得跳"。同样是说话，为什么会有如此大的差别呢？这其中的关键就在于前者在谈话时能够运用各种心理技巧，把话说到别人的心窝里，从而成功地赢得人们的信任和喜爱；而后者却不懂得在谈话中运用心理学，导致说话不得体而失去人心。可见，我们与人谈话的过程，本质上是洞察对方心理的一个过程。所以，了解并掌握一些与口才有关的心理学常识，是提升口才技巧的关键。

摸清心理说话是一件既容易又很不容易的事。说容易，是因为我们每个人都会说话，都知道说话应讨人喜欢；说不容易，是因为把握别人的心理很难，而且在绝大多数的时候说话都是即时的，容不得你仔细考虑。难怪我国台湾著名的成功学家林道安说："一个人不会说话，那是因为他不知道对方需要听什么样的话。假如你能像一个侦察兵一样看透对方的心理活动，你就知道说话的力量有多么巨大了！"

本书全面系统地揭示了心理学在口才技巧中的运用，比如，怎样赞美别人而不显阿谀奉承；怎样拒绝别人而不和对方交恶；怎样说好难说的话，应对尴尬场面；怎样打动别人，让别人按你说的做；怎样把话说到别人的心坎里；等等。指导读者把握好沉默的分寸，把握好说话时机、说话曲直、说话轻重和与人开玩笑的尺度，把握好调解纠纷时和激励他人时的说话分寸，懂得怎样问别人才会说、怎样说别人才会听。同时还向读者展示了同陌生人、同事、老板、客户、朋友、爱人、孩子、父母沟通的艺术，在求职面试、求人办事、谈判演讲、尴尬时刻、宴会应酬、探望病人及应酬亲友时的说话艺术。本书既阐释了在谈话中应该掌握和运用的心理学法则，又更深入地阐述了我们在谈话过程中遇到难题时应该采取怎样的心理应对方式，并有针对性地提出了一些切实可行的方法。读者通过本书能轻松提高自己的说话能力，在错综复杂的人际关系中应付自如，轻松应对生活中的各种场景，赢得友谊、爱情和事业，从而踏上辉煌的成功之路。

目录 CONTENTS

第一篇　心理效应与口才技巧

- 002　**PART 01 第一印象效应——5 分钟与陌生人成为朋友的心理策略**
- 002　制造"一见如故"的感觉
- 006　沟通伊始,恰当地称呼他人很重要
- 008　与重要人物见面,说话时阵脚不可乱
- 011　**PART 02 光环效应——运用语言魅力,展示自己的优势**
- 011　让别人折服于你的语言魅力
- 015　巧用妙语,打好圆场
- 017　说话要扬己之长,避己之短

019	不要夸夸其谈
022	学会保持神秘感

025　PART 03 罗森塔尔效应——几乎每个人都渴望赞美与尊重

025	人人都渴望被夸奖
030	赞美的话要发自内心
033	出其不意的赞美让人喜出望外
036	夸人要夸到点子上

038　PART 04 逆反心理——任何强迫感都会伤害人的自尊

039	适当地贬低自己
041	藏锋露拙，"示弱"比"示强"更讨人喜欢
043	用不经意的话暗示别人
045	有时说话要隐晦些

048　PART 05 南风效应——动人心者，莫先乎情

048	温和的言语让人更舒服
053	善意的交谈让你更容易为人接受
057	先为对方着想
059	说话的魅力在于真诚

062　PART 06 好心情原理——说话时机重于说话内容

062	会听话，更要会适时说话
066	看准领导情绪，把握时机说对话
069	抓住闲谈的机会，适时推销自己
072	切合时机，说出恰当的话

075	**PART 07 缄默效应——学会把话语权交给对方**
076	把说话的权利留给别人
078	做个倾听高手
080	时机未到时就得保持沉默
083	受到攻击时，沉默是最好的方法
085	恰当运用沉默的方式
087	**PART 08 完美笑话公式——幽默能够使语言更具魅力**
088	言语多点幽默，让话语变有趣
092	善用调侃，让自己获得好人缘
094	将幽默融入到意见中去
096	婉言曲说成幽默
100	**PART 09 欲扬先抑定律——"打"与"送"的顺序决定批评的效果**
100	批评别人时要给对方台阶下
104	把握好说话的分寸，不可太露骨
106	批评时应遵守的原则
107	看透但不点透：事情说得太白会伤和气

第二篇　好口才离不开心理学

112	**PART 01 妙语寒暄，寻找共鸣沟通**
112	沟通要有情感共鸣点
114	分清别人说的场面话

- 116 初次见面，赞美的话要说得准
- 118 面对不同的人用不同的交谈方式
- 121 给别人面子就是给自己面子

123 PART 02 慧语仁心，用沟通消除隔阂

- 123 劝架调解有技巧
- 125 发生冲突时切忌失去理智
- 128 拿不准的问题不要武断
- 129 道歉态度要诚恳

132 PART 03 妙语解围，营造轻松的交往气氛

- 132 话不投机时，不想尴尬快转弯
- 134 多说两个"对不起"，可化解瞬间爆发的火气
- 137 面对有意刁难，要化被动为主动

139 PART 04 从"心"说服，把话说到对方的心窝里

- 139 以"利"服人
- 145 刚柔相济，劝诫更有效
- 150 换个角度说话让他心悦诚服

155 PART 05 处变不惊，妙语应对他人的不善

- 155 以其人之道，还治其人之身
- 159 把握语言反击的有效性
- 161 以妙语暗示自己的实力，让对方知难而退
- 163 先发制人，获取辩论中的主动权
- 165 理直气壮，有理之人要先以气势取胜

168 PART 06 言语暖心，简单话语也能劝慰他人

- 168 朋友失意，安慰的话一定要得体
- 171 站在同一起点上，现身说法

174	意识唤醒法使其走出悲伤阴影
177	与病人谈话的要点
180	探病时要善于安慰病人
185	**PART 07 委婉说"不"，拒绝也不伤感情**
185	你的托词不能损害对方的利益
189	拒绝要真诚，不能让人感觉你敷衍了事
196	知己知彼，托词才更好说
198	用对方的话来拒绝他
201	幽默拒绝很管用
202	先承后转避直接
205	**PART 08 巧设玄机，瞬间掌握他人心理的问话术**
205	问话热身，消除冷状态
208	求同存异：认同与被认同里的玄机
210	投桃报李，亲近之人也需要关心
213	巧妙引导：从对方的需求引出答案
216	留心关键，反复提问
218	反复催问，不给对方拖延之机

第三篇　运用心理学，口才服天下

222	**PART 01 求职面试，实话巧说顺利通过**
222	这壶不开提那壶
225	讨价还价不难启齿
230	自我介绍有说法

235	谨慎回答离开"老东家"的原因
238	不打没有准备的仗
240	底气十足赢三分
244	稳住情绪破僵局

247 PART 02 谈判周旋，巧词让对方无力反击

247	唱好谈判的序曲
250	调好谈判的温度
256	投石问路让对方亮出底牌
260	报价要有原则，不给对方留把柄
264	与5种谈判对手周旋的策略
269	双赢才是谈判的最终目的
275	口头的强攻不如口头的佯退

280 PART 03 求人办事，三言两语达成所愿

280	求人帮助前，获得认同
283	暗中智取，让他人无法拒绝
285	迂回委婉地说出你的需求
290	关键语句让对方点头同意

293 PART 04 面对上级，言辞关切博得领导认可

293	不要超越领导的位置
296	对领导说话不卑不亢
298	拒绝老板有技巧
303	对领导有意见婉转说
305	遭遇批评后如何巧妙辩解
307	和上司有分寸地开玩笑
309	10句话让你决胜职场
312	怎样跟上司提要求他不会拒绝

316	汇报工作有讲究
320	**PART 05 同事交流，委婉友善切忌口不择言**
320	初来乍到的说话"规矩"
323	坚决不传闲话
325	避开同事的隐私
327	被同事悦纳的有效说话方式
330	避免与同事"交火"
332	新环境中的说话技巧
333	被提拔后要怎样面对同事
335	自曝劣势，淡化优势
336	锋芒太露招人忌
339	与同事说话注意分寸
342	**PART 06 驾驭下属，简言赅语树立领导威信**
342	委派任务前说一些增强下属自信心的话
345	你犯错我买单，说出承担责任的话
347	好下属是夸出来的，领导要善用赞扬话
349	有褒有贬的激励
352	告知下属坏消息的技巧
354	用恰当的话语消解下属的怨气
357	巧用自责激励人
359	**PART 07 妙语生财，赢得客户的信任**
359	如何通过说话建立信赖感
362	以顾客感兴趣的话题开头
364	满足客户的优越感
367	赞扬客户身上的闪光点
369	告诉他别人也买你的东西

373	主动承认自己产品的缺点
375	先肯定再转折，以消除客户异议

377　PART 08 朋友相处，巧打圆场赢人气

377	把话亮出来说
380	替别人找个台阶下
382	忠言也顺耳
384	与朋友说话时的3大禁忌
387	让朋友表现得比你出色
389	错了就要赶快道歉
392	设身处地为朋友考虑
394	和朋友进行直率诚笃的交谈
397	说话时注意给朋友"同感"的理解

399　PART 09 追求恋人，甜言蜜语获真心

399	爱也有阴晴圆缺
404	决定成败的2秒钟
409	不要吝惜甜言蜜语
413	情真意切是爱情的灵魂

416　PART 10 融洽亲人，贴心暖语营造快乐家庭

416	理智化解夫妻间的争吵
417	父母吵架时的劝说艺术
419	说服父母有妙招
421	父母应学会与孩子对话
425	恰当化解与父母的争执
429	孩子需要你的赞美

第一篇

心理效应与口才技巧

PART 01 第一印象效应——5分钟与陌生人成为朋友的心理策略

人与人第一次交往中给人留下的印象,在对方的头脑中形成并占据着主导地位,这种效应即为第一印象效应。心理学家认为,第一印象主要是性别、年龄、衣着、姿势、面部表情等"外部特征",一般情况下,一个人的体态、姿势、谈吐、衣着打扮等都在一定程度上反映出这个人的内在素养和其他个性特征。将第一印象效应用在口才艺术上,要求我们在与人初次交谈时就要想办法尽可能在对方面前展现出他喜欢的形象,这样你才能快速与对方成为朋友,从而达成所愿。

❁ 制造"一见如故"的感觉

交往之始,如果话说得好就能赢得陌生人的好感,进而更容易营造"一见如故"的氛围。

良好的第一印象是叩开交际大门的门票。第一句话说得好自然会拉近你们的距离。交往中的第一句话,绝不只是可有可无的寒暄,它将决定你们整个交往的感觉以及接下来互动的方向。所以，你如果想在后面的交往中如鱼得水，应该先说好你的第一句话。下面的故事可以给我们一些启发。

小金是上海一家文化传媒公司的经理秘书，负责接待从北京过来担任公司短期培训顾问的袁教授。在机场初次见面简单问好之后，小金说道："袁教授您肯定不常来上海，这几天我带您到几个著名的景点去逛逛，让您看看上海的新面貌……"袁教授却表情冷淡地回应："不必了，我本身就是上海人，当初我在上海的时候你还没出生呢。"袁教授的反应出乎小金的意料，却又在情理之中。

小金本是好意，想要在初次见面时拉近双方的距离，营造出轻松、活跃的氛围，但她的第一句话拿捏得并不恰当，她的表达没有让袁教授感觉到应有的尊重和分寸。

试想一下，如果小金这样说："袁教授，您去过不少地方，见多识广，哪个城市给您留下的印象最深刻呢？不知道您

对上海的评价怎样？您一路辛苦了，这几天的活动就交给我来安排吧……"袁教授的反应还会跟之前一样吗？显然不会。如果小金能在与袁教授初次见面时，运用更妥当的表达方式，接下来的接待过程将会顺利得多。

第一次见面时，双方还只是素不相识的陌生人，因此，整个互动实际上是一个敏感而充满疑虑、试探的过程，第一句话也就显得尤为重要。这是打消对方疑虑、增进双方信任感和安全感的关键点。卡耐基说："良好的第一印象是登堂入室的门票。"这里说的"第一印象"，常常被理解为相貌、服饰、举止、神态，却忽略了最重要的一点——你和对方所说的第一句话。

怎样才能说好交往中的第一句话？最重要的一点当然是选择合乎时宜的内容，而这是一个动态的过程，需要结合对方的身份、年龄、偏好，以及你们之前的关系、当时所处的情境等方面综合考虑。有一些原则是通用的：首先你要带着真诚和热情开始你们的交流，你是否真心要建立起交流关系，在你开口说话之前就能通过你的眼神为对方所感知；其次要以尊重和包容为前提，无论对方和你处于怎样的情境和关系，尊重是你开口说话时应该带有的最基本的感情基调；最后要带着兴趣去观察对方的特点、偏好，这有助于你有针对性地选择话题的方向。你可以考虑通过以下三种方式找出你们的第一个话题：

1. 从对方的地域找话题

一个人的口音就是一张有声的名片。我们可以从口音本身及其提供的地域引起很多话题，例如从乡音说到地域，从地域说到他家乡的风土人情、名胜古迹等。

2. 从有关的物件中找话题

例如，客户办公室放有杂志，就可以从杂志找话题。还有一些物品是可以作为话题，用试探的口气来问的。比如，询问对方拥有的某一物品的产地、价格等，以此为话题和对方搭讪，找到说话的机会。

3. 从对方的衣着穿戴上找话题

一个人的衣着、举止在一定程度上可以反映出他的身份、地位和气质，同样可以作为你判断并选择话题的依据。比如，你所见的人开了一辆宝马车，手上戴了一块劳力士表，你就可以主动问："如果我没有猜错的话，您一定是位商界中的佼佼者！"一语既出，对方会有几分吃惊地说："你真是好眼力！"紧接着，很多与企业生产、经营有关的话题就可以谈了。即使你猜错了也不要紧，因为你把他看成企业家本身是高看他，对方心里也会高兴，并会礼貌地说出自己的真正身份。

另外，在开始交流时充分运用你的肢体语言，也会让你收到意想不到的效果。除了说话的内容以外，在这里，我们要推荐一些关于说话时的神情、动作、语气语调的有用的准则：

说话时把声调放低，这样听起来平稳、和谐，也更显得魅力十足；

多说"我行""我可以""我能做的""我会做好的"之类有信心的话，你的心态会变得更好，别人也会增加对你的信心；

说话时配合一些手势，眼睛看着对方，并面带微笑，这样可以增强语言的感染力。

另外还有一些需要注意的方面，它们是在表达中绝对应该避免的：

说话吞吞吐吐、结结巴巴，总带有"嗯""啊""这个"之类的赘词；

在话语中间插入一些"你知不知道""我对你说"这样的话，这样便打断了话语的连贯性；

说话高声大叫，把气氛搞得很紧张；

说话像开机关枪，毫不停顿，结果弄得接不上气，搞得对方很难受；

说话时总喜欢带几个外语单词，更严重的是中文外文一块说，让人觉得有卖弄之嫌。

当你掌握了这些技巧后，就掌握了人际交往的主动权。

❀ 沟通伊始，**恰当地称呼他人**很重要

沟通伊始，恰当地称呼别人十分重要。一个恰当的称呼可以叫到别人的心坎里，让别人更容易接受你；而不恰当的称呼则可能让别人的心里不舒服，进而影响接下来的交往。

在社交中，称呼是必不可少的。在职场交往中，人们对称呼是否恰当十分敏感。尤其是初次交往，称呼往往影响交际的效果，有时称呼不当会使交际双方产生情感上的障碍。不同时代、不同国家、不同地区、不同社会集团之间都有不同的称呼，但也有共同的称呼，如太太、小姐、女士、先生。因此，

你必须懂得恰当地称呼别人,这样别人才会感到舒服,进而增进双方的感情。

有一位善于交际的朋友,在很多场合都能结识很多新人。他是怎么做的呢?他对比自己小的年轻人总是很亲切地直呼其名,并以亲如兄长般的态度赢得小弟、小妹们的尊敬与喜爱。即使在住院期间,他也能与医务人员打成一片。他曾说:"与人交往中,首先要学会恰当地称呼人,这样才能使人对你产生好印象。"

事实确实如此,就拿找人来说,你如果说:"喂,总经理在哪里?"被问的人肯定不会理你。如果你礼貌地说:"你好,请问王总去哪了?"那他则会很高兴地告诉你。

此外,在交往中,称呼还要合乎常规,要照顾到被称呼者的个人习惯,同时,还要注意入乡随俗。而根据场合,又可以分为工作中的称呼和生活中的称呼两种，在具体实践中各有不同。

在日常生活中，称呼应当亲切、自然、准确、合理。

在工作岗位上，人们彼此之间的称呼是有其特殊性的，应当庄重、正式、规范。

在工作中，最常用的就是以交往对象的职务相称，以强调其特殊身份及自己的敬意。比如："陈总（经理）""王处长"等。

对于具有职称者，尤其是具有高级、中级职称者，可以在工作中直接以其职称相称，如"侯教授""张工（程师）"等。而以头衔作为称呼，则能增加被称呼者的权威性，更加有助于增强现场的学术氛围，如"陈博士"等。

使用称呼还要注意主次关系及年龄特点。如果对多人称呼，应以先长后幼、先上后下、先疏后亲的顺序为宜。如在宴请宾客时，一般要按女士、先生、朋友们的顺序称呼。使用称呼时还要考虑心理因素。

客气的称呼会使对方感到愉快。在有些场合，如果你恰当地喊出对方的名字，会使人更加感到亲切愉快。

❀ 与重要人物见面，说话时阵脚不可乱

重要人物也是人，与重要人物见面时首先要克服羞怯畏惧的心理，说话的时候才能不自乱阵脚。

很多人都有这样的困扰——在生活或工作中遇上了名人、领导或者对自己有用的重要人物，心里十分想迅速地接近他们，

进行一场融洽的交谈，但始终找不到一个突破点，或者交流过程中总觉得非常僵硬。其实，与这些重要人物交流也有一定的技巧。"大人物"也是人，他们也有和平常人一样的感情世界。

所以，与这些重要人物交往，不要有羞怯畏惧的心理，只要真正表现你内心的意思，你就能与任何重要人物开口说话。这一点是与重要人物交往最基本的要领。当然，要想顺利地与这些人进行交谈，我们还需要对不同类型的重要人物进行了解与分析，做足准备工作。

1. 与名人说话

名人往往比寻常人有更多的成就，而且也有个人的嗜好。当你准备去拜访某位名流时，可以预先就谈话内容做点儿准备。

遇到有名的作家、诗人、画家、音乐家等从事创作的人，我们可以准备一些他们感兴趣的话题来与他们探讨，因为这类人往往有广泛的兴趣。他们在社交场合或许不活跃，但往往也有启发人们思想的独到之处。与他们讨论一些问题，可以让他们将独特的见解表达出来。与这些人交谈，必须耐心，不要轻易动怒，也不要太热切，要温和、冷静和体贴。

名气一般的人，总是生活在情绪不稳定的状态中，内在的恐惧使他们脆弱敏感，稍有疏忽就会激怒他们，而且他们也容易傲慢。然而，他们绝对需要你的尊重和顺从。名气越小，对于亲切、尊重的需要也就越大。

对过气的名人，最好采取迂回的战术，即通过第三者来了解他。你的开场白应当是积极的，而类似于"这些日子以来你是如何打发时间的""我们很久没有见你在公众场合露面，你去哪儿了"，这些话等于当头泼他的冷水，是十分不可取的。

在多数情况下，与名人谈孩子是不会错的。从孩子入手，谈话就很好进行，但要注意话题不要扯得太远，要适可而止，更不要试图打探别人的隐私。

2. 与专业人士说话

在社交场合中，我们不宜向各种有地位的专业人士要求提供免费的建议。即使你的问法很有技巧，那也是一种冒犯。你问得再有技巧也瞒不过专业人士的眼睛。各界专业人士的职务便是向他们的客户出售商品，我们应该在他们营业的时候征询各种建议。

与重要人物说话，最基本也最重要的是自然和真诚。有些人看到名人、富人等大人物，就只是一味地说些奉承话和空话，这是不能和对方愉快交流的。面对这些重要人物，你大可不必紧张，所谓的"重要人物"也像普通人一样，抵不过疲倦，也承受不住伤害。

PART 02 光环效应——运用语言魅力,展示自己的优势

光环效应是指对他人直觉上的一种偏差倾向,当一个人对另一个人的某些主要品质有个良好的印象之后,就会认为这个人的一切都良好,这个人就被一种积极的光环笼罩。反之,则被赋予其他不好的品质。在日常生活中,光环效应往往在悄悄地影响着我们对别人的认知和评价。比如有的老年人对青年人的个别缺点,或衣着打扮、生活习惯看不顺眼,就认为他们一定没出息;有的青年人由于倾慕朋友的某一可爱之处,就会把他看得处处可爱,真所谓一俊遮百丑。将光环效应用在口才艺术上就要求我们在与人交往的过程中尽可能展现自己的口才优势,以出众的口才在自己头上形成一道光环,从而让对方对我们的各方面都做出肯定的评价。

❀ 让别人折服于你的语言魅力

顺着人心说话的效果可以说是事半功倍。顺着人心说话能让你凭借三寸不烂之舌就征服别人,让别人拜倒在你的语言魅力下。

　　一般来说，一个人的性格特点往往通过自身的言谈举止、表情等流露出来。快言快语、举止简洁、眼神锐利、情绪易冲动的人，往往是性格急躁的人；直率热情、活泼好动、反应迅速、喜欢交往的人，往往是性格开朗的人；表情

细腻、眼神稳定、说话慢条斯理、举止注意分寸的人，往往是性格稳重的人；安静抑郁、不苟言笑、喜欢独处、不善交往的人，往往是性格孤僻的人；口出狂言、自吹自擂、好为人师的人，往往是骄傲自负的人；懂礼貌、讲信义、实事求是、心平气和、尊重别人的人，往往是谦虚谨慎的人。当我们面对不同性格的谈话对象时，一定要具体分析，区别对待。比如对待傲气十足的人，如果他把面子看得很重而且讲究分寸，你不妨从正面恭维入手。

不过，这并不是要你做一个没有"自我"的人，如果你真的如此，那你就成为别人的影子了。"顺着人心"只是方法，而不是目的，你如果能熟练地运用这个方法，别人就会在不知不觉之中受到你的影响，甚至接受你的意志。那么，如何顺着人心说话呢？

1. 倾听

很多人都有发表欲，如果他在社会上已有一些成就，就更有不可抑止的发表欲，当他滔滔不绝的时候，你就做一个倾听者。一则，你的倾听可以满足对方的发表欲，他一满足，对你就不会有恶感；再则，你可以在倾听中了解他的个性和观念；然后，你要顺着他的谈话，发出"赞同声"，还可以在恰当的

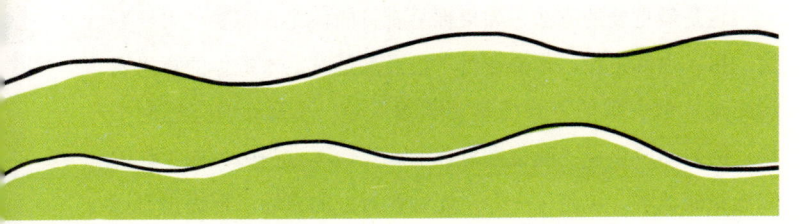

时机提出一些问题让对方说明。如果你这样做了，便能赢得对方的好感，甚至使对方更加相信你。

2. 不要辩论

如果对方说的话你不同意，你也不要辩驳。即使你们是好朋友，如果你和他的交谈另有目的，也不宜和他辩论，因为有些事情并不能辩明白，而且很可能越辩越气，最后不欢而散；如果你辩倒对方，那更有可能造成关系的中断！

3. 称赞

喜欢被赞美是人类的天性，其实赞美也是一种爱抚。赞美什么呢？你可以赞美他的观念、见解、才能、家庭……反正对方有可能引以为荣的事情都可以赞美，话虽不多，效果却非常惊人。

诸葛亮对关羽便是采取此法。马超归顺刘备之后，关羽提出要与马超比武。为了避免二虎相斗，诸葛亮给关羽写了一封信："我听说关将军想与马超比武。依我看来，马超虽然英勇过人，但只能与翼德并驱争先，怎么能与你美髯公相提并论呢？再说将军担当镇守荆州的重任，如果你离开了造成损失，罪过有多大啊！"关羽看了信以后，打消了入川比武的念头。

4. 引导

这是最重要的方法，如果你另有目的，尤其需要"引导"这一招。也就是说，你要在对方已经满足时，才把你的意思表现出来，但表现的方式还是要顺着人心，不要让对方感到不快，例如你应该说"我很同意你的观点，不过……"或"你的立场我能理解，可是……"，先站在对方的立场，再提出自己的观点，把对方的意志引到你希望的地方去。

这样的方法可以用于平时与人相处，可以用于说服别人，也可以用于带领下属，效果可以说是事半功倍。

巧用妙语，打好圆场

巧妙地说话，其实就是打好圆场。想要事事有个圆满的收场，就得锻炼自己的口才，提高自己的"语商"。

不管做什么事情，我们都渴望能有个圆满的收场，这就需要我们平时多多读书，多多磨炼，并且平日持之以恒。与此同时，还要注意培养敏捷的表达能力，以及逻辑与语言修辞素养。

有一个销售员在一家百货商店前推销他那些"折不断的"梳子。为了消除围观者的怀疑，他捏着一把梳子的两端使它弯曲起来。突然间，那把梳子啪的一下断了，观众顿时惊得目瞪口呆。这个时候，只见他把断成两半的梳子高高地举了起来，对围观的人群说："女士们，先生们，这就是梳子内部的样子。"

如果一个人平时总是思考如何应付复杂的局面，临场自然不会仓促和不知所措。

有一个卖瓦盆的人，为了能够早点把瓦盆卖出去，便当着顾客的面用旱烟锅子敲了起来。他边敲边喊："听这瓦盆啥响声啊！"可是，令他意想不到的是瓦盆被敲破了，旁边看热闹的人忍不住笑出了声。他忙指着瓦片对身边的人说："你们看这瓦碴子，棱是棱，角是角，烧得多结实呀。"

参加面试时，主考官所问的问题并不一定有什么标准答案，只要能自圆其说便算是成功。

有一个年轻的小伙子来面试，主考官问了一个问题："你为什么要离开现在的企业？"他回答："在那家企业没有前途。""那么怎么样才算有前途？"主考官接着问。"企业蒸蒸日上，个人才能不断提高和发展。""你们公司的产品在市场上的占有率名列前茅，员工收入也很高，这是有口皆碑的，怎么能说在这个企业没有前途呢？"这位求职者被问倒了。为什么会出现这种情况呢？那是因为他不清楚随着问题的不断深入，他先前的论点将无法成立，这样就不能自圆其说了。

我们常常会遇到这样的提问："你最大的优点是什么"和"你最大的缺点是什么"。这两个问题看起来很简单，可是要回答好却不是一件容易的事情，因为接下来主考官有可能会问："你的这些优点对我们的工作有什么帮助？你的这些缺点会对我们的工作带来什么影响？"然后还可能层层深入，"乘胜追击"，求职者是很容易陷入不能自圆其说的尴尬境地的。几乎所有的面试问题都有可能被主考官深化和挖掘，所以在回答问题之前一定要先考虑周到，然后再给予回答，这样才不至于使自己陷入被动的局面之中。

在日常生活中，我们不需要自夸，但在某些场合中，便需要好好运用自己的口才，把话说得巧妙高超。

❀ 说话要**扬己之长，避己之短**

平时说话要懂得扬长避短的道理，多说一些自己的长处，少说一些自己的短处。

古人云："梅须逊雪三分白，雪却输梅一段香。"在常人的眼睛里，每个人或多或少总会在某方面存在一定的缺陷，就算是伟人也毫不例外：拿破仑矮小、罗斯福有残疾，而这些都没有阻挡他们极其辉煌自信的一生。

瑞士银行中国区主席兼总裁李一，在1988年最初去美国迈阿密大学留学时，学的是体育管理专业。他发现那是"富人玩的游戏"，于是在离毕业还有半年时，毅然报考沃顿商学院。

美国沃顿商学院是世界首屈一指的商学院，李一考得并不轻松，前后面试了三次，仍没结果。最后一次面试，他干脆在考场上直截了当地问主考官："如果我没有被录取，最可能的原因是什么？"

"很可能是因为你没有工作经验。在美国,商学院录取的前提条件是要有商务工作经验。"

李一做出的反应不是承认自己的不足,或者是如何改变自己的缺点,而是立刻反驳:"按你们的招生材料所说,沃顿作为世界最优秀的商学院,肩负着培养未来商务领袖的重任。但世界各国发展很不平衡,如果按你们现在的做法,商务成熟的国家会招生特别多,像中国这样的发展中国家可能一个也不招,这跟沃顿商学院的办学宗旨是自相矛盾的。"

出人意料的是,李一的反驳得到了主考官的欣赏。面试出来后,招生办主席秘书给李一打了一个电话:"主席对你的印象特别好,说你很自信,与众不同。"后来,在当年52个申请该校的学生当中,李一成为唯一被沃顿商学院录取的中国学生。

李一的自信赢得了考官的欣赏,为自己铺垫了人生道路上的一块重要基石。更重要的是,他战胜了自己,他能够扬长避短,主动出击。著名管理学家德鲁克博士曾在1999年的《哈佛商业评论》中发表观点:对于一个集体,需要克服的是"短板定理";而对于个人,发挥自己的长处比努力去补齐短板更为重要。

我们都知道田忌赛马的故事,对手的每一匹马都有相对应的绝对优势。没有关系,不需要补齐短板,只要采用能够发挥自己优势的策略,简单地进行以长击短的顺序调整:上等马对中等马,中等马对下等马,下等马对上等马,就能获得完全不同的结局。

其实,每个人都有自己的可取之处。你也许不如同事长得漂亮，但你却有一双灵巧的手，能做出各种可爱的小工艺品；你现在的工资可能没有大学同学的工资高，不过你的发展前程却比他的远大；等等。这并不是一种吃不到葡萄就说葡萄酸的心理，因为世界这么大，永远没有绝对的坏，只有相对的好，永远没有绝对的失败，只有相对的成功。

这世界上的路有千万条，但最难找的就是适合自己走的那条路。每一个人都应该努力根据自己的特长来设计自己的路，量力而行，根据自己的环境、条件、才能、素质、兴趣等确定发展方向。不要埋怨环境与条件，应努力寻找有利条件；不能坐等机会，要自己创造机会。拿出成果来，获得了社会的承认，事情就会好办一些。每个人都应该尽力找到自己的最佳位置，找准属于自己的人生跑道。当你事业受挫了，不必灰心也不必丧气，相信坚强的信念定能点亮成功的灯盏。

每个人都有自己的特质和特长，所以不要怀疑自己，更不要轻易地否定自己。认清你自己的优势与弱点，如果你身上有暂时或是永远无法补齐的"短板"，那么就吸引别人注意你身上的闪光之处。每个人都有自己的发光点，只要你善于利用，就能扬长避短，形成制胜的优势。

❈ **不要**夸夸其谈

有些人讲话，常常不考虑听者的感受，也不让他人有讲话的机会，所以容易引起他人的不满。其实，话语不在多少，只要恰到好处地说到点上即可，说多了反而会引起别人的反感。

古人言："劳谦虚己，则附之者众；骄慢倨傲，则去之者多。"善于交际的人往往虚怀若谷，在谈话中给别人留一片天地；而自以为是的人常常口若悬河、夸夸其谈，不给别人留说话的空间。后者把自己看得很重，常常会让别人"敬而远之"；而前者常常把自己放得很低，虚心接受，自然会赢得大家的尊重。社交中多一点谦和、谦虚、谦让、谦恭，能让你在危急时刻获得绝处逢生的机会。

一个年轻人想到大发明家爱迪生的实验室里工作,爱迪生接见了他。这个年轻人为表示自己的雄心壮志,说:"我一定会发明出一种万能溶液,它可以溶解一切物品。"爱迪生便问他:"那么你想用什么器皿来盛放这种溶液呢?"

年轻人由于把话说绝了,陷入了自相矛盾的境地。如果将"一切"换为"大部分",爱迪生便不会反诘他了。

词用对了,修饰程度不同,说起话来分寸就不一样。如"好"一词,可以修饰为"很好""非常好""最好""不好""很不好"等,这些词要慎重使用。

好的修饰词能使意思表达完整,恰到好处;过于夸张或过于写实的修饰词,则会与客观实际相冲突。屠格涅夫的小说《罗亭》中,皮卡索夫与罗亭有一段对话:

罗:妙极了!那么照您这样说,就没有什么信念之类的东西了?

皮:没有,根本不存在。

罗:您就是这样确信的吗?

皮:对。

罗:那么,您怎么能说没有信念这种东西呢?您自己首先就有一个。

因此，遇到没有把握的事，一定要多用"可能""也许""或者""大概""一般"等模糊意义的词，为自己的判断留有余地。

话多的人不一定智慧多。在人际沟通中，说话切记不要旁若无人、滔滔不绝地讲个不停，应该给人留余地，让别人也有讲话的机会，这才是智者所为。

❀ 学会**保持神秘感**

如果你渴望在社会交往中，保持良好人际关系的同时，得到更多仰望的眼光，那么就要掌握与人保持适度距离的技巧。保持适当的神秘感，会让你更有吸引力。

人们总说，得不到的东西才是最好的，在没有得到之前，总有丰富的想象空间和追逐目标的快乐过程。狮子般的人物一旦与其他人亲近，便失去了威严。这就是重要人物为保持神秘感，总是减少在公众场合露脸次数的原因。所以保持适当的神秘感，会让你更有吸引力。

有一种情况最适用于恋爱中的人。心理学中有一种升值规律，即越是得不到的东西，越是朝思暮想。两个刚认识不久的人一定会非常迫切地希望知道对方的事情，尽管这是理所当然的愿望，却也会造成不利局面。对方一旦了解你的全部事情，对你的兴趣也会随之急速冷却。因此，要使每次约会都有新鲜感，并使他对你持续抱有兴趣，一定要在恋爱期间保有一点神秘感。

不要说太多关于自己的事情，如果从自己出生开始到现在的一切，你都对他说得一清二楚，那你对他就根本没有神秘感可言。因此，若提到自己的事要坚持不说某一时期或某些话题，留出一段空白。

他若邀请你外出游玩，不妨告诉他，你很想去，可惜还有其他约会。这种做法必然会激起他对你的兴趣，男孩子大都喜欢去追一个广受欢迎的女孩，竞争者愈多，他愈感到兴趣盎然。得到这样的女孩，他才会觉得满足。没有人在意的女孩，男孩子是不会感兴趣的。

绝对不让他送到家门口。男女约会后，通常男方会送女孩回家。这时候你可以特别指定只让他送你到车站或巷口，且绝对不跟对方说明理由。这种做法也能制造神秘感。

保持神秘感，并不是指拉远距离，隔着十米远说话。保持神秘感，也要注意保持合适的距离。

一位心理学家做过这样一个实验。在一个刚刚开门的大阅览室里，当里面只有一位读者时，心理学家就进去拿椅子坐在他的旁边。试验测试了整整80人次。结果证明，在一个只有两位读者的空旷的阅览室里，没有一个被试者能够忍受一个陌生人紧挨自己坐下。这个实验说明了人与人之间需要保持一定的空间距离。任何一个人都需要在自己的周围有一个自己把握的自我空间，它就像一个无形的气泡一样为自己割据了一定的领域。而当这个自我空间被人侵犯他就会感到不舒服、不安全，甚至恼怒起来。

我们看到，这样的距离是让人不能承受的，它侵犯了人的私密空间。专家提醒，我们与人的交往应保持以下适当距离：

亲密距离：近范围是15厘米之内；远范围是15～44厘米。这是人际交往中的最小间隔，即我们常说的"亲密无间"，彼此间可能肌肤相触、耳鬓厮磨，以至于相互能感受到对方的体温、气味和气息。远范围身体上的接触可能表现为挽臂执手，或促膝谈心，仍能体现出亲密友好的人际关系。

个人距离：近范围是46～76厘米；远范围是76～122厘米。这是人际间隔上稍有分寸感的距离，身体接触较少，能相互亲切握手，友好交谈，这是与熟人交往的空间。

社交距离：近范围为1.2～2.1米；远范围为2.1～3.7米。这个距离体现出一种社交性或礼节上的较正式的关系。一般在工作环境中和社交聚会上，人们都保持近范围的距离。不同的情境、不同的关系有不同的人际距离。距离与情境和关系不相对应，会明显导致人出现心理不适感。

公众距离：近范围约3.7～7.6米；远范围在7米之外。这是公开演说时演说者与听众所保持的距离。这是一个几乎能容纳一切人的"门户开放"的空间，人们完全可以对处于空间的其他人视而不见，不予交往。这个空间的交往，大多是当众演讲之类，当演讲者试图与一个特定的听众谈话时，他必须走下讲台，使两个人的距离缩短为个人距离或社交距离，才能够实现有效沟通。

如果你在保持良好的人际关系的同时，想要得到更多仰望的目光，那么就要掌握与人保持适度距离的技巧。距离产生的神秘光环一定会让你更加富有吸引力。

PART 03 罗森塔尔效应——几乎每个人都渴望赞美与尊重

美国心理学家罗森塔尔考察某校,随意从每班抽3名学生共18人写在一张表格上,交给校长,极为认真地说:"这18名学生经过科学测定全都是智商型人才。"事隔半年,罗森塔尔又来到该校,发现这18名学生的确超过一般学生,长进很大。再后来这18人全都在不同的岗位上干出了非凡的成绩。这一效应就是期望心理中的共鸣现象。罗森塔尔效应留给我们这样一个启示:赞美、信任和期待具有一种能量,它能改变人的行为,当一个人获得另一个人的信任、赞美时,他便感觉获得了社会支持,从而增强了自我认同感,变得自信、自尊,获得一种积极向上的动力,并尽力达到对方的期待,以避免对方失望,从而维持这种积极动力的连续性。

❀ 人人都渴望被夸奖

赞美对任何人来说都是必不可少的。心理学家威廉·詹姆斯曾说过:"人类本质中最殷切的要求就是渴望被肯定。"

的确，当一个人应该得到赞美而得不到时就会心灰意冷、牢骚满腹，甚至从此自暴自弃。反之，当他听到别人对他长处的赞美时，就会感到愉快，鼓起奋进的勇气。即使他现在还不够完美，只要你给他充分的、恰如其分的赞美和肯定，那么在不久的将来，你就会惊喜地发现，他已经成为你想让他成为的那类人了。

从心理学的角度来看，人们的行为受到动机的支配，而动机又是随着人们的心理需要而产生的。一旦人们渴望得到他人

肯定的心理需要得到满足，这种满足感便会成为其积极向上的原动力。比如在训练运动员的过程中，如果教练员能够适时地对运动员所取得的训练成绩加以肯定，很多时候就可以促使运动员完成他一直无法完成的某一高难度动作或姿势。

喜欢被赞美是人的一种本性。古今中外无数人的言行都证明了这一点。

卡耐基小时候是一个公认的非常淘气的男孩。在他9岁的时候，父亲把继母娶进家门。当时他们是居住在弗吉尼亚州的乡下的贫苦人家，而继母则来自条件较好的家庭。他父亲向她介绍卡耐基时说："亲爱的，希望你注意这个本地最坏的男孩，他可让我头痛死了，说不定他会在明天早餐以前拿石头扔你，或者做出别的坏事，总之让你防不胜防。"

出乎卡耐基意料的是，继母微笑着走到他面前，托起他的头看看他，接着又看看丈夫，说："你错了，他不是本地最坏的男孩，而是最聪明的但还没有找到发挥他聪明才智的方式的男孩。"继母的话说得卡耐基心里热乎乎的，因为在继母到来之前，没有一个人称赞他聪明，他的眼泪几乎滚落下来。从此以后，他和继母建立了真挚的友谊，而这也成为激励他的一种动力，使他日后创造了成功的28项黄金法则，帮助千千万万的普通人走上了成功和致富的光明大道。

没有人不会为真心诚意的赞赏所触动，领导也是如此。下属要善于抓住领导胜过别人的、最引以为豪的东西，并将其放在突出的位置进行赞美，这样往往能产生出乎意料的效果，达到和领导沟通的良性效果。对于这一点，历史上有一个很经典的实例。

清朝的时候,一个叫彭玉麟的官员,有一次路过一条狭窄的小巷。一个女子正在用竹竿晾晒衣服,一不小心竹竿掉了下来,正好打在他的头上。彭玉麟勃然大怒,指着女子破口大骂起来。那女子一看,认出是官员彭玉麟,不禁冷汗直冒。但她猛然间急中生智,便正色道:"你这副腔调,像行伍里的人,这样蛮横无理。你可知彭宫保就在我们此地!他清廉正直,爱民如子,如果我去告诉他老人家,怕要砍了你的脑袋呢!"彭玉麟一听这女子夸赞他,不禁喜气上升,而且又意识到自己的失态,马上心平气和地走了。

晒衣女面对彭玉麟的怒气,急中生智,采用美誉推崇的方式来遏止对方。她不但装作不知道对方是谁反而斥责对方蛮横无理,并且夸彭宫保清廉正直,说向其告状会治他的罪。这并非"当面"夸奖,却胜过当面夸奖,说得彭玉麟心里美滋滋的:自己在民间居然有这么好的吏治声誉,绝不应该为这些小事而损害形象。幡然醒悟之后,便转怒为笑,一场眼看要爆发的争吵就这样被巧妙地化解了。

晒衣女的这一招的确高明,一顶恰到好处的"高帽"往往能浇灭对方的怒火,因为维护自己在别人心目中的好形象是每个人本能的选择,在一番恭维话面前,谁还有心情去生气呢?

清朝末年,著名学者俞樾在他的《一笑》中讲过这样一个故事。

古代有一个京城的官吏,被调到外地任职。临行前,他去跟恩师辞别。恩师对他说:"外地不比京城,在那儿做官很不容易，你应该谨慎行事。"

官吏说："没关系，现在的人都喜欢听好话，我已经准备了一百顶高帽子，见人就送他一顶，不至于有什么麻烦。"恩师一听这话，非常生气地对这位官吏说："我反复告诉过你，为人要正直，对人也该如此，你怎么能这样？"

官吏说："恩师息怒，我这也是没有办法的办法。要知道，天底下像您这样不喜欢戴高帽子的人能有几位呢？"官吏的话刚说完，恩师就得意地点了点头："你说得也有道理。"

从恩师家出来，官吏对他的朋友说："我准备的一百顶高帽子，现在仅剩九十九顶了！"

这个笑话说明谁都喜欢听赞美的话，就连那位自称"为人要正直"的老师也一样。所以，在拜访客户时，请不要忘记适度的赞美。

讨厌别人赞美他的人少之又少。即使有，其本意也未必尽然。因为人都有获得尊重的需要，而赞美则会使人的这一需要得到极大的满足。所以，要想获得他人的好感，最有效的方法就是赞美他。

每个人都有很多优点和个人特色，如果赞美符合他人的实际，就会收到意想不到的效果，若只是凭空捏造、信口开河，则成了虚伪。假如你对我们的养护工人这样说："你真是一个成功人士，你有非凡的气质，你是一个伟大的人物。"那么你一定不会获得他的好感。因为这句赞美的语言你用错了人，自然就显得虚伪。对我们的养护工人你可以用"吃苦耐劳、不偷奸耍滑、对工作敬业、能吃苦不怕脏、聪明朴实、肯动脑筋"

等语言给予肯定和赞美，这样的赞美才显得真诚。

常言道："十句好话能成事，一句坏话事不成。"赞美的语言人人爱听，这是人们的共同心理。恰如其分的赞美会让人精神愉悦，赢得他人的信任和好感。在许多场合，适时得当的赞美常常会产生神奇功效。美国第十六任总统林肯曾经说过："人人都需要赞美，你我都不例外。"人人都渴望赞美，这是人们的共同愿望。领导对职工给予赞美，是对职工工作成绩的肯定，能鼓励职工充分发挥主观能动性和聪明才智，再接再厉，取得更大的成绩；朋友之间、同事之间给予赞美，能使彼此之间感情更融洽、友情更纯真；夫妻之间相互欣赏、赞美，可以增添恩爱、巩固婚姻；当父母的不失时机恰到好处地赞美儿女，既可以鼓励他们百尺竿头更进一步，又可以增强家庭的凝聚力。一个笑容可掬、善于发现别人优点并给予赞美的人，肯定会受到别人的尊敬和喜爱。留意别人的长处，学会欣赏别人、赞美别人，这是一门为人处世的艺术。

❀ 赞美的话要发自内心

如果你的赞美之词不是发自于内心的，那么，你的赞美很难达到预期的功效。

赞美别人就是发现别人的美，并且用恰当的语言表达出来。赞美的语言稍微夸张一点是可以的，但是倘若言过其实，便会让人怀疑你赞美的诚意和动机了。

有这样一个人，在单位里经常赞美同事，见到领导时，赞美的话更是滔滔不绝。见到身材魁梧的领导，他就说："一看就知道您是有福之人啊！"当见到秃顶的领导时，他就说："贵人不顶重发，聪明绝顶啊！"这些话倒是不伤大雅，也还能让领导开心。只是有一次，因为他过分夸大的赞美言词让领导对他有了重新的认识。

某领导在应酬时，酒喝多了，走路时一不小心摔了一跤，这时，这位经常赞美领导的"赞美家"赶紧过来扶起领导，嘴里说道："领导为了工作，连自己的身体都不顾了，就算是喝出胃出血也没有任何怨言。"喝醉了酒的领导一听到有人这样"赞美"他，一下子就火了，指着这位时时不忘赞美领导的人破口

大骂:"你到底会不会说话,你那是称赞我吗?你是盼着我死吧?"这次,平日伶牙俐齿的他再也说不出任何赞美之词了。

上例中那个人的赞美之所以得不到听者的认可,是因为他的赞美之词不是发自内心的。在他的赞美中,有很重的趋炎附势、惺惺作态的成分。这样的赞美是无法打动人心的。

小王是建筑公司的拆迁办主任,在拆迁工作顺利进行的时候,一家钉子户使拆迁工作不得不停下。小王通过了解得知,这家的主人是一名曾参加过抗美援朝的老军人,他之所以不肯搬家,是因为这套四合院是在他光荣离休后政府赠予他的。

随后,小王亲自拜访了这位老人。他进入到老人的书房,看见墙上都是老人身穿军装的照片,不由得说道:"您老年轻时一定是名勇敢的军人。因为我在您身上仿佛见到了您当年奋勇杀敌的勇猛和果断。"老人没有作声。小王继续说:"我小的时候就愿意和我爷爷在一起,他总有许多战场上的故事可以讲,后来他年纪大了,有的故事甚至都讲了20遍,可是每次他都像是第一次讲一样,眼中充满了激动的泪水。我想您所知道的故事一定和我爷爷知道的一样多,甚至比他的还多。而这其中的辛酸不易,我想只有您自己体会得最深刻了。"

说到此,小王起身说道:"老先生,打扰您这么久,真是对不住啊!"说完他就走出了屋子,往大门外走去。当他即将迈出大门时,老人在背后喊道:"明天过来时把拆迁的公文带来,让我好好瞅瞅。"小王心里的大石头终于落了地,老人要看公文,证明拆迁的事情有戏了。

从头至尾,小王只字未提拆迁的事,只是和老人聊家常话。其实，正是小王的家常话打动了老人。小王称赞老人勇敢，称赞老人阅历丰富，这都是发自于内心的赞美。他的赞美之词在老人的心中也激起了层层涟漪。小王真诚的赞美，叩开了老人的心扉。

有的人非常吝惜对他人的赞美，认为那是阿谀奉承的表现，是令人不齿的做法，然而人人都喜欢听到他人的赞美，都以得到他人的赞美为荣。因为，如果能得到别人的赞美，说明自己的行为得到了他人的认可，对赞美他的人自然就会产生好感。无论何时，赞美都拥有神奇的力量，能帮助他人走出困境，是交际中最有效的手段之一。发自内心的赞美，是任何人都喜爱的。

有些人不是出自真心而是随大流，跟着别人说重复的赞美话，或者附和别人的赞美，这会引起对方的反感，因为这样的赞美会令对方认为你是在溜须拍马。

出其不意的赞美让人喜出望外

赞美的新意很重要，需要我们综合各方面的因素来制造出恰当的"新"意，否则便会弄巧成拙、适得其反。

一些人在公共场合赞美别人时，自己想不出怎样赞美，只能跟着别人说重复的话，附和别人的赞美。常言道：别人嚼过的肉不香。五代后梁太祖朱温就严惩过一批鹦鹉学舌拍马屁的人。

一次，朱温与众宾客在大柳树下小憩，独自说了句："柳树好大！"宾客为了讨好他，纷纷起来互相赞叹："柳树好大。"朱温听了觉得好笑，又道："柳树好大，可做车头。"实际上柳木是不能做车头的，但还是有五六个人互相赞叹："可做车头。"朱温对这些鹦鹉学舌的人烦透了，厉声说："柳树岂可做车头！"于是把说"可做车头"的人抓起来杀了。

在整日聚首的人际关系中，一家人之间或一个科室的同事之间，有些赞美很可能多次重复，已经形成某种公式和习惯了，这就没什么意义和作用了。比如，某个处长每次开会总结工作的时候，都像例行公事一样对大家赞扬几句，其内容和说法总是笼统的那么几句话，就像是同一张唱片或同一盘录音带

只是在不同的时间播放一样，让人感觉乏味。

赞美加一点新意，鼓励作用会更大。正如有人所说："一点新意，一片天空。"

赞扬要想有新意，当然就要独具慧眼，善于发现一般人很少发现的闪光点和兴趣点，即使你一时还没有发现更新的东西，也可以在表达的角度上有所变化和创新。

对一位公司经理，你最好不要称赞他如何经营有方，因为这种话他听得多了，已经成了毫无新意的客套话。倘若你称赞他目光炯炯有神、潇洒大方，他可能反而会被感动。

赞美是所有声音中最甜蜜的一种，应该给人一种美的感受。新颖的语言是有魅力的、有吸引力的，简单的赞扬也可能是振奋人心的，但一种本来是不错的赞扬如果多次单调重复，也会显得平淡无味，甚至令人厌烦。一个女人就曾说过，她对别人反复说她长得很漂亮已经感到很厌烦，但是当有人告诉她，像她这样气质不凡的女人应该去演电影，她就会发自内心地感到欣慰。

几乎所有的女人都是很质朴的，但仪态万方这一目标，却是她们孜孜以求的。这是她们最大的追求，并且她们常常希望别人赞美这一点。但是对那些有沉鱼落雁之容、闭月羞花之貌的倾国倾城的绝代佳人，就要避免对其容貌的过分赞誉，因为对于这一点其已有绝对的自信，你可以转而去称赞其智慧和品格。

马克·吐温曾经说过："一句好的赞美能当我十天的口粮。"我们每天都让新鲜的赞美流淌入他人的生活中，那么彼此对生活的积极性就会增强。

❀ 夸人要夸到点子上

把话说到点子上,往往能收到意想不到的效果,而夸人夸到点子上,更会令对方喜出望外。

赞美是人们生活中不可或缺的调味剂,有了它,人与人之间的距离会变得越来越近。如果要消除两人间的隔阂,真心地赞美对方是你最理想的方法。

但如果我们的赞美没有针对性,没有赞美到点子上,那么很可能反而会引起对方的厌恶。

当你与年老的长者交谈时,可以多称赞他引以为豪的过去,因为老年人一般都希望别人能够记住他当年的业绩和往日的雄风;当你与年轻人交谈时,不妨语气稍为夸张地赞扬他的创造才能和开拓精神,并举出几点实例证明他的确能够前程似锦;当你与商人交谈时,可以称赞他头脑灵活、生财有道;当你与知识分子交谈时,可以称赞他知识渊博、宁静淡泊。当然,这一切要依据事实,切不可虚夸。

因为如果恭维过度,会让人觉得你是在阿谀奉承、溜须拍马,所以,在赞美别人时一定要善于寻找到对方最希望被人赞美的地方。下面给大家分享一个小故事:

云莉从升入大学的第一天起,就被同学们评为"班花"。云莉自己也知道,从小到大她听到称赞最多的就是关于她漂亮的外表,对于这样的赞美,云莉感觉有点儿"疲劳"了。其实她内心深处最希望听到别人说她"有才华,将来肯定会有所成就"。云莉的男朋友就是靠着别具一格的赞美才赢得了她的芳心。"在我身上，他总能发现别人发现不了的优点。"云莉开心地说。

由此可见，赞美就得"赞"到点子上。这样的赞美才不会给人虚假和牵强的感觉，而是会使对方听来十分亲切真实，使对方产生一种遇到知音的感觉，从而增进友谊，缩短彼此间的距离。

PART 04 逆反心理——任何强迫感都会伤害人的自尊

逆反心理是指，人们彼此之间为了维护自尊，而对对方的要求采取相反的态度和言行的一种心理状态。生活中常会发现个别人"不受教""不听话"，常与别人"顶牛""对着干"。这种与常理背道而驰，以反常的心理状态来显示自己的"高明""非凡"的行为，往往由于"逆反心理"。为了避免激起别人的逆反心理，我们说话时要注意语气、语调与用词。尽量避免使用命令的辞令，每个人都不喜欢被命令、被驾驭、被强迫或被规定做任

何事。有些词像"应该""必须""务必""一定"等，都是激起反抗情绪的祸源，会引起抗拒的心理。相反，应该以征求同意的方式，尽量使用"我们"，而不要使用"你"或"你们"。千万不要硬碰硬，你最好说出你的道理、想法、观念、意见、理想和问题。尽量避免使用那些容易引起摩擦的文字，以免造成不愉快的关系。

❋ 适当地**贬低自己**

大家都坐过跷跷板，如果一边贴地，另一边必定是荡在高空。而这个跷跷板"和"的原则，也适用于人际关系，即适时当贬低自己，相对地抬高对方。使用这种方法，可以让他人的心理变得松懈。

进一步说，如果对他人采取轻视的态度，这对自己绝无半点好处。因为你刺伤他的自尊心，他会对你产生敌意，从而影响你的人际关系。

例如，我们参加开幕式时，即使那是一家不怎么样的店铺，我们也要恭维地说："这店铺看起来真不错，室内的装潢也很考究。不像我经营的那家，门没做好，窗户也是一大一小的。"这样将对方和自己做具体的比较，并技巧性地贬低自己，表示自己略逊对方一筹，对方将因被人抬高而产生优越感，心里更是舒服。

相反，如果以轻视的口吻对主人说："店铺的柜台再宽一点会比较好。你们下次整修时可要记住啊！"对方听到这样毫不客气的批评，一定会大感不悦，从此对你产生敌意。

我们不妨利用"贬低自己"的诀窍，抬高对方，达到感情投资的目的，如此，成功便离你不远。

某一年年底，日本一家电视台为了举办迎新晚会，邀请了一些具有知名度的演艺人员参加，人们齐聚一堂。当时摄影棚里准备了一桌美味的佳肴，还有装饰豪华的背景。虽是迎新晚会，但演艺人员却因紧张而个个面色沉重，气氛严肃。

就在大伙儿面面相觑时，脱口秀表演者橘家圆藏突然摆出一副天真的小孩模样，竟然吃起摆在桌上的菜肴，还津津有味地说："真好吃。各位，我先用啦！"大家看到这样有趣的画面，每个人都把心情放松，严肃的气氛顿时消融。

橘家圆藏贬低自己，把自己当成天真的小孩来改善所有人的心情，这需要相当的智慧才能做到。

一家酒店正在为员工们举办除岁宴会，并邀请员工眷属共同参与，员工们的先生、太太、孩子齐聚一堂。然而，在这种大众齐聚的场合里，平日谈笑风生的男女服务生却哑口无言，场面有点尴尬。这时一位男性员工勇敢地站起来同大家打哈哈，企图缓和僵硬的气氛，他笑嘻嘻地对着群众述说自己昔日的失恋经验、炒股票赔了不少钱，以及在家中挨老婆责骂等故事。当众人听到这位男性员工失败的经历后，整个会场的气氛便开始热闹起来了。

或许有人仍没有勇气这样做。没关系，对于比较害羞的人，还有一个技巧。例如，与他人第一次见面时，在双方互相不了解的情况下，彼此心中可能都会提高警觉，谈话也总是不够起劲，因此对话尴尬又不自在。这时，不妨以自己的失败经历当话题，这样一来，即使是不擅长赞扬他人的人，也能因此达到贬低自己、抬高他人的效果。

炫耀自己只会引起别人的反感，而谈及自己的失败经历，不但会增强对方的自尊心，更能打开对方的心扉，让对方坦然地接受你。

❀ 藏锋露拙，"示弱"比"示强"更讨人喜欢

在人际交往中，"示弱"是极高的智慧。所谓枪打出头鸟，锋芒毕露必然招来他人的不悦。要与人和谐相处，讨人喜欢，必须学会示弱。

美国心理学家做过这样的调查：一名彪形大汉在拥堵的马路上横穿而过，愿意给他让路的车辆不到50%；而一个老弱病残人士过马路，大家却争着相让，同时大家都觉得自己做了一件好事。

对于人类来说，面对压力不低头的是有个性的人，而适当地选择示弱、认输、放弃的人则是聪明的人。

生活中向人示弱，可以小忍而不乱大谋；工作中向人示弱，可以收敛棱角并蓄势待发。强者示弱，可以展示你的博大胸襟；弱者示弱，可以积累时间渐渐变得强大。

美国第九任总统威廉·亨利·哈里森出生在一个小镇上，他小时候是个文静怕羞的孩子，人们常喜欢捉弄他。他们经常把一

枚5美分硬币和一枚10美分的硬币扔在他的面前，让他任意捡一个，哈里森总是捡那个5美分的，于是大家都嘲笑他。有一天，一位好心人问他："难道你不知道10美分比5美分值钱吗？"

"当然知道，"哈里森慢条斯理地说，"不过，如果我捡了那个10美分的，恐怕他们就再也没有兴趣扔钱给我了。"

与陌生人相处，适当示弱是一种真诚的体现。但大多数时候，我们都习惯在别人面前展示自己坚强美好的一面，总想掩饰自己脆弱的一面。社会心理学家指出，适当地在别人面前表现你比较脆弱的一面，更容易拉近彼此间的心理距离。

向对手示弱，是一种策略。示弱只为迷惑对手，使其麻痹，然后选择时机出奇制胜。

在上级或长辈面前示弱，是一种生存本领。初入社会的年轻人多不懂此理，一开始便以恃才傲物的姿态面对生活，阻断了别人向他传授经验的机会，给他以后的发展留下了隐患。

当然，示弱并非奴颜婢膝地献媚，那样做只会自取其辱。恰当地示弱，是为了避其锋芒，养精蓄锐，蓄势待发。这与

"韬光养晦"的道理是一致的。

表现得强势，必然会让人产生距离感，给人不好相处的印象。要与人拉近距离，搞好关系，就要收起棱角，学会示弱。向人示威，人人都会；向人示弱，却并非人人都能做到，因为示弱既需要勇气，也是一种智慧。

人心都是肉长的，如果添加些眼泪，可以更有效地软化对方。

"泪眼战术"是示弱的一种表现形式，它不仅是女人的专利，纵观历史，男人们也善用此道——三国时代，刘备在与刘璋涪城相会时，他"挥泪诉告衷肠"。这次哭，使得川中军民皆以为刘备是仁慈之主。这也是刘备日后进攻西川时，川中将士多弃甲倒戈、百姓夹道欢迎的主要原因。

用不经意的话暗示别人

在日常交际中，当需要批评或提醒他人而又不便直接向他提出时，便可考虑使用侧面暗示法，从而达到启示、提醒、劝阻、教育他人的目的。

会说话的人知道哪些话可以说，哪些话不可以说。他们懂得用委婉含蓄的话语，不经意地暗示别人，在坚持自己原则的同时，又不会令对方太过难堪。

有一次，小王家里来了客人，聊了几个小时后，这位客人还无意离去。

小王因还有其他事情要做，屡次暗示客人，但是那位客人却

"执迷不悟"。小王无奈之中心生一计，对他说："我家的菊花开得正旺，我们到园子里去看看？"

客人欣然而起，于是小王陪他到花园里观赏菊花。看完后，小王趁机说："还进去坐坐吗？"

客人看看天色，恍然大悟地说："不了，不了，我该回家了，要不就错过末班车了。"

小王没有直接说明自己有其他事情要做而是用不经意的话暗示对方，不仅没有让对方感到尴尬，而且也达到了自己的目的。

一天，几位青年去拜访某教授。不知不觉已谈到深夜，教授接着其中一位青年的话题说："你提的这个问题很值得研究，明天我要去外地参加一个学术会，准备就这个问题找几位专家一块儿聊聊。"听完教授的话，几位青年立刻起身告辞："很抱歉，不知道您明天还要出差，耽误您休息了。"

如果遇上了一位不知情的客人，你让他走也不是，不走也不是，这可是件很让人尴尬的事情。这时，你不妨采取一些巧妙的暗示。诸如看看钟表，或者随意地问他忙否，然后再告诉他你最近都很忙。一般来说，稍微敏感点的客人肯定就会起身告辞，但若是"执迷不悟"的客人还是无动于衷，我们就可以巧妙地转移一下地点，像小王那样用一下"调虎离山"之计，这样既维护了彼此的情感，又不至于耽误自己的事情，可谓两全其美。

在一家高级餐馆里，有一位顾客把餐巾系在脖子上，餐馆经理对此很反感。于是，他叫来了一个女服务员说："你要让这位客人懂得，在我们的餐馆里，那样做是不允许的，但话要说得尽量委婉些。"女服务员来到那位顾客的桌旁，很有礼貌地问："先生，您是刮胡子，还是理发？"话音一落，顾客立即意识到自己的失礼，赶快取下了餐巾。

这位聪明的女服务员没有直接指出客人有失礼之处，而是拐弯抹角地问两件与餐馆毫不相干的事——刮胡子和理发，表面上看来似乎是女服务员问错了，而实际上她通过这种风马牛不相及的事情来提醒这位顾客，不仅使顾客意识到自己的失礼之处，又做到了礼貌待客，不伤害顾客的面子。

❀ 有时说话要隐晦些

直言直语固然好，但有时说话还是要隐晦一些。什么话该摊开来说，什么话该隐晦地说，我们要做到心中有数。

在表达一些意愿和请求时，如果能够合理地把握说话时的分寸，暗藏在话语背后的真正的意思一样可以传达给对方。

1. 以退为进，让人主动接受

暑假时，某高校决定组织青年志愿者到孤儿院献爱心。

带队老师向所有志愿者提出一项要求："希望每位成员能带一名孤儿到自己家中共同过暑假，让他们感受家庭的温暖。"让大家把好不容易盼来的假期全部花在照料孤儿上，这的确有些勉为其难，这项要求当时就遭到了大家无声的拒绝。

短暂的冷场后，带队老师微微一笑，说："我知道这样可能使大家为难了。这样吧，我尊重大家的选择，把原计划改为每周抽出一天时间陪孤儿一起逛逛公园、做做游戏，这样总可以了吧？"这一提议获得了大家的一致通过。

其实，这只不过是带队老师的一个策略而已。他的真实用意实际上就是希望志愿者每周能抽出一天时间陪陪孤儿，不过他明白，在暑假里即使这样一个请求，实践起来也是有一定难度的。于是在提出这样一个请求前，他干脆提出了一个更大的请求——让他们整个暑假照料孤儿，这一请求不出所料地遭到大家的拒绝。只不过，在已经拒绝一次的情况下，再提出一个请求，大家也就不好意思再拒绝了。而且两次请求相权衡，大家自然会选择后者。

2. 满足需要，让人自动回避

19世纪，在维也纳上层社会的妇女中，时兴一种高筒、宽檐的帽子，帽檐上装饰着五颜六色的羽翎。当这些女士进入剧场后，坐在她们后面的观众就只能看到她们的帽子而看不见舞台，于是有不少观众向剧场经理提出抗议。

剧场经理起初只是一味地请求女士们脱帽，但女士们谁也不理睬。后来，经理眉头一皱，计上心来，对女士们说："本剧场照顾年老的女士，只有她们可以不脱帽。"此言一出，剧场中所有的女士都摘下了帽子。

上面这个故事中，剧场经理抓住女士们都希望自己年轻貌美的心理需求而说出的话，让女士们乖乖地摘下了帽子，这是因为剧场经理激起了她们维护自己年轻的心理需求。

以退为进、满足需求都是为了使隐晦的语言能够更好地发挥效用，因此，我们在说话时完全可以借助上面的表达方式，该明说的话要明说，不适宜明说的话要用隐晦的方式说出来。

PART 05　南风效应——动人心者，莫先乎情

南风效应也叫"温暖法则"，它来源于法国作家拉·封丹写的一则寓言。北风和南风比威力，看谁能让行人把身上的大衣脱掉。北风首先来了个寒风刺骨，结果行人把大衣裹得紧紧的；南风则徐徐吹动，顿时风和日丽，行人春意上身，纷纷解开纽扣，继而脱掉大衣，于是南风获得了胜利。

这个故事告诉我们：温暖胜于严寒。运用到与人交往说话中，在与人交谈时，要特别注意讲究方法，要丢掉"北风"式的话语，而多采用"南风"式温和的言语，这样才能建立良好的人际关系，才能使事情有个良好的结局，我们的目标才能不偏离方向。

❋ 温和的言语让人更舒服

这里所说的"温和"有两层含义：一是指说话的方式温和，二是指所说的内容温和。所谓说话的方式温和，是指开口说话的时候，以温和、安详、委婉的语调和语气来说；所谓所

说的内容温和，是指所说的内容真实可靠、实事求是，能够使人的心情趋于温和、愉悦，并且使人的思想积极向善，而不是引发贪婪、憎恨、不满和抱怨等痛苦的情绪。

查尔斯·肖伯有一次经过他的钢铁厂，当时是中午休息时间，他看到几个人正在抽烟，而在他们的头上正好有一块大招牌，上面清清楚楚地写着"严禁吸烟"。如果肖伯指着那块牌子对他们说："难道你们都是文盲吗？！"这样显然只会招致工人对他的反感和憎恶。

肖伯没有那么做，相反，他朝那些人走去，友好地递给他们几根雪茄，说："诸位，如果你们能到外面抽掉这些雪茄，那我真是感激不尽了。"吸烟的人立刻知道自己违犯了规定，于是便一个个把烟头掐灭，同时对肖伯产生了好感和尊敬之情。

因为肖伯没有简单地斥责，而是使用了充满人情味的温和的表达方式和温和的言语，从而使别人乐于接受他的批评。这样的人，谁不乐于和他共事呢？其实，不仅是领导对下属采取温和的说话方式会让下属敞开心扉、接受批评，就是在我们与周围人的正常交往中，也是如此。

俗话说："良言一句三冬暖，恶语伤人六月寒。"当我们以尊重、温和、友好的方式和人交谈时，对方就会在不知不觉中向我们靠近，并愿意敞开心扉，与我们进行亲切的交谈；如果我们以一种居高临下的姿态跟人说话，甚至言辞不恭或太犀利的话，对方就会对我们垒起一堵"心墙"，让我们无法靠近。

所罗门·胡洛克是美国最有成就的音乐经纪人之一。他从事这一行业二十多年来,一直跟艺术家有来往——像夏里亚宾·伊莎德拉、邓肯以及帕夫洛瓦这些世界闻名的艺术家。胡洛克说,与这些脾气暴躁的明星们接触学到的第一件事就是必须温和地对待他们,特别是在跟他们交谈的时候。

他曾担任夏里亚宾的经纪人达3年之久——夏里亚宾是最伟大的男低音之一,曾风靡大都会歌剧院。然而,他却一直是个"问题人物"。他像是一个被宠坏的小孩,用胡洛克的话来说:"他是个各方面都叫人头痛的家伙。"

例如,夏里亚宾会在他演唱的那天中午,打电话给胡洛克说:"胡洛克先生,我觉得很不舒服。我的喉咙像一块生的碎牛肉饼,今晚我不能上台演唱了。"胡洛克是否立刻就和他吵了起来?不,没有。他知道一个经纪人不能以这种方式对待艺术家。于是,他马上赶到夏里亚宾的旅馆,表现得十分温和。"多可怜呀,"他极其忧伤地说,"多可怜!我可怜的朋友。当然,如果

你不能演唱，我立刻就把这场演唱会取消。这只不过使你损失一点钱而已，但跟你的名誉比较起来，根本算不了什么。"

这时，夏里亚宾会叹一口气说："也许，你最好下午再过来一次。五点钟的时候来吧！看看我怎么样。"

到了下午五点钟，胡洛克又赶到他的旅馆去，仍然是一副十分温和的姿态。他再度坚持取消演唱会，夏里亚宾再度叹口气说："哦！也许你最好待会儿再来看看我。我那时可能好一点了。"

到了晚上7：30，这位伟大的男低音答应登台演唱了，他要求胡洛克先上大都会的舞台宣布说，夏里亚宾患了重伤风，嗓子不太好。胡洛克就答应他照办，因为他知道，这是使这位伟大而怪脾气的男低音走上舞台的唯一办法。

胡洛克用自己温和的语言，打动了一个个难缠的艺术家。这告诉我们在这个世界上，没有一个人喜欢说话态度和语气生硬、粗暴无礼的人，也没有一个人喜欢言语尖酸刻薄的人。

仔细观察就会发现，言语尖酸刻薄、不温和实际上是招人讨厌的主要原因。言语生硬、刻薄的人，会让周围的人对其产生极大的厌恶。

被拒绝了心里肯定不好受，而对于被拒绝后的处理方式，则因人而异。有的下属仗着年轻气盛，一句话就把领导顶回去了，搞得双方不欢而散；有的下属虽然心里有些不快，却还能冷静下来，用平和的语气来对领导晓之以理。显然后者是讨人喜欢的，能让领导冷静地思考并认为你很有涵养，转机说不定就会在此发生。

在一家企业面试中,小齐凭借自己的实力已经通过了笔试和前几轮面试。

在最后一轮面试过程中,考官突然问道:"经过了这轮面试,我们认为你不适合我们的单位,决定不录用你,你自己认为你还有哪些不足?"

面对考官的问题,小齐虽然很失望,也比较气愤,但还是平静地回答道:

"我认为面试向来是一半靠实力,一半靠运气的。我们不能指望一次面试就能对一个人的才能、品格有充分的了解和认识。通过这次面试,我学到了很多东西,也发现了自己的不足——既有临场经验的不足,也有知识储备的不足。希望以后能有机会向各位考官讨教。我会好好地总结经验,加强学习,弥补不足,避免在今后工作中再出现类似的问题。另外,希望考官能对我全面、客观地进行考察,我一定会努力,使自己尽量适应岗位的要求。"

其实,考官这是在考察小齐的应变能力,并非真的对他不满。如果他们认为小齐不合适,不可能会再问他问题。

因此,小齐沉着应对,回答时非常谦虚,把重点放在弥补弱点上,这可以看出他积极进取的品质,甚至他还表示要诚恳地向考官讨教,无形中博取了他们的好感。下属求领导办事时亦是如此,遭遇领导拒绝后,如果任凭自己内心的不满发泄出来,只会让领导觉得你不明事理;而如果你在遭遇拒绝后仍能保持言语和气,循序渐进地对领导晓之以理动之以情,相信领导会重新考虑你的提议,有可能你的目的就达到了。

如果一个人没有"言语温和"的素质，那么这个人的一生将在痛苦的争吵声中度过，很难找到祥和与温暖的时日。观察周围的很多人就会发现，不少人其实并没有其他特殊的本领，只是具有"言语温和"的基本素质，其一生就能在幸福和成功之中度过；而又有不少人，虽然拥有一些出众的才能，可是脾气却很暴躁，语言也不温和，出口就让周围的人不开心，这样的人往往一生充满坎坷，家庭不幸福，人际关系也恶劣。

林语堂说："如果我们在世界里有了知识而不能了解，有了批评而不能欣赏，有了美而没有爱，有了真理而缺乏热情，有了公义而缺乏慈悲，有了礼貌而无温暖的心，这种世界将是一个多么可怜的世界啊。"所以，一个人要具备"言语温和"的禀性，培养"温和"与"谨慎"的心灵。当我们的心灵变得温和时，言语自然就会温和；当我们的心灵变得谨慎而细致时，说话自然就会把握分寸，使人感到温暖而体贴。如果一个人具备"言语温和"的禀性，这个人自己也会感到祥和与安乐，并且也会受到他人的欢迎和赞扬。

❀ 善意的交谈让你更容易为人接受

与人交谈时，如果态度良好，更容易赢得别人的好感，你也就更容易为人所接受。

"善待他人就是尊重自己。"给别人一片晴朗的天空，就是给自己一片明媚的天空。当你由衷地发现他人的优点、能力时，别人同时也发现了你的优点、能力。善待他人就是善待自己,这是做人的基本原则。

孟子曾经说过:"君子莫大乎与人为善。"那些慷慨付出、不求回报的人,往往容易获得成功;而那些自私吝啬、斤斤计较的人,不仅找不到合作伙伴,甚至有可能成为孤家寡人。有人可能会问:怎样才算与人为善呢?与人为善说起来很简单,做起来却不是一件容易的事,它包括相当广泛的内容:关心他人,当他人遇到困难的时候,主动伸出援助之手;尊重他人,不去探究他人的隐私;不在背后议论、批评他人;善于和别人沟通、交流;善于和那些与自己兴趣、性格不同的人交往;承认对方的价值和努力,对于错误要负起自己该负的责任……总的说来,善待他人的最重要原则就是"己所不欲,勿施于人",凡事要从对方的角度来考虑。如果能遵从这个原则,你将获得许多好朋友、好伙伴。

战国时代的名将吴起就很懂得与人为善就是善待自己这个道理。《史记》中载有一个关于吴起的故事:他爱兵如子,深得士兵们的爱戴。有一次,一个刚刚入伍的小兵在战争中负了伤,因战场上缺医少药,等到打完仗回到后方时,那个小兵的伤口已经化脓生疽。吴起在巡营的时候发现了,他二话没说,立刻蹲下来,用嘴为那位小兵吸吮伤口、消炎疗伤。那个小兵见大将军竟然如此对待他,感动得热泪盈眶,说不出一句话。其他士兵看了,也深受感动。正因为吴起如此善待士兵,所以士兵们个个英勇善战。

可见,与人为善是我们在寻求成功的过程中必须遵守的一条基本准则。在当今这样一个合作的社会中,人与人之间更是

一种互动的关系。只有我们先善待别人，善意地帮助别人，才能处理好人际关系，从而获得与他人的愉快合作。

我们静下心来仔细思考一下，会发现自己很少赞美他人。我们跟他人比较时，总是会找到对方的缺点，总是会说谁谁谁又做错了、某某某很笨。遇到人家做成功什么事情后，我们会心里说："这有什么，要是我肯定能做得比他好。"而当一个人做事情失败后，我们中间很多人又会在内心里说："瞧瞧，他多笨呀，不行就是不行……"凡此种种，其实就是我们在内心深处不愿意看到他人的长处、不懂得善待他人的结果。

生活总是千差万别的，人的能力也是各种各样的，其实这跟我们的十个手指头不可能一样齐是一个道理。当一个不如我们的人，通过努力在做一件事情，我们用自己由衷的言语赞美一下，对于我们可能不算什么，但是我们想象一下，对方听到这赞美之词，会是一种什么样的心情呢？当一个强于我们的人，轻易完成一件事情后，我们给他赞美的同时，也会发现他成功的原因，我们会在关注他的同时发现他强于我们的原因，我们会要求自己朝着他成功的方向去努力，这总比我们嫉妒他、不服他要好多了吧？当遇到一个做错事情的人，特别是那种做错事情又伤害我们的人，如果我们宽恕他，给他改过的机会，我们得到的肯定不再是气愤之类的感觉；当一个人遇到困难的时候，我们尽力帮助他、善待他，试想一下，当对方说"谢谢"的时候，我们是不是也很开心呢？

皖南山区某县有一个青年农民，他种的水稻品种好、产量高，他总是将自己的优良水稻品种无偿地送给村里的人。村民问他："你这样做不怕我们超过你吗？"这位青年农民回答："我将好种子送给你们，其实也是帮自己。"他知道，周围的人们改良了他们的水稻品种，可以避免自己的水稻品种产生异变，导致减产。

生活中常是这样：对人多一份理解和宽容，其实就是支持和帮助自己，善待他人就是善待自己。如同有句话说的那样：授人玫瑰，手留余香。

有人说良好的人际关系不单单是行动上做出来的，更是从心底里"流"出来的。这句话很有哲理性，它告诉我们在人际交往中要以诚待人，用"心"和他人交往。

在追求成功的过程中，任何人都离不开与他人的合作。尤其是在现代社会里，如果你想获得成功，就应该想方设法获得周围人的支持和帮助。只有你真诚地对待别人，别人才会与你真诚合作。请记住：善待他人也就是善待自己！

❋ 先为对方着想

与对方沟通交流时，最重要的就是能够以真情感动对方。说话的时候先为对方着想，无疑是很好的办法。

因为在一般情况下，自己对某一件事所认为的"对"或"好"并不能代表别人的看法。在沟通时最好先得知对方的看法，看别人怎么理解，你就能采取合适的方式讲话和行事。若你径自表现出"好"或"对"，而不去弄清楚对方是否有相同的看法，那么对方的反应可能会出乎你的意料。

所以在谈话之前你所要做的就是尽你所能了解别人的背景、观点，因此你可以知道：

什么使他们兴奋，什么使他们厌烦，什么使他们害怕。

他们上班时是什么人，他们下班时是什么人。

他们生活中真正需要什么，他们是怎么获得的。

……

知道这些问题的答案，可以避免你犯难堪的错误，使你们的沟通更加融洽。

平时我们最常听到人们的3项抱怨是：

（1）他们认为别人不听他们的话。

（2）他们觉得得不到尊重。

（3）他们认为别人想办法要控制或操纵他们。

在与别人谈话的过程中，如果你先提自己的需要，这3种情况是很有可能发生的。但如果你先提别人的需要，它们就最不可能发生。

大部分人对自己的兴趣大过对别人的兴趣，对自己需要的热衷程度远强于对别人的需要。但是如果你先提对方最有兴趣的、他们需要的事情，就能引起他们的注意，建立联结关系，且赢得他们的信任和尊敬。

当你提对方所需、为对方着想时，你会发现许多可喜的变化，而这些变化对你也是有利的。

首先，当你先提对方的需要时，对方会有以下表现：

（1）较快开始聆听；

（2）注意力比较集中；

（3）听得较久；

（4）对你所说的记得较多；

（5）比较尊重你；

（6）认为你是比较聪明的人，甚至是较好的人，因此你会

得到较大的活动空间和自由;

（7）等你说你自己的需要时，对方会专心地听。

相比较而言，先提对方需要只是一种小投资，而这是相当好的回报。

另一方面，若你先提自己的需要，人们常不愿聆听，他们可能以愤怒的眼神和僵硬的表情回敬你，怀疑你不考虑他们的需要。这种恐惧和不信任，很容易产生公开的敌对。

此外，人通常在冲突开始时会焦虑。任何能缓和他们恐惧的方法，都会使情形变得较轻松并且对每个人都较有利。在这种时候，如果你先为对方着想，提出他人的需要就是一种很好的解决途径。在一些重大事情中，先提对方的需要，也会使你们成为合作伙伴。由此你们可合作、联合对抗问题，而不是互相对抗。

所以，在与对方交流沟通时，如果想取得较为满意的结果，你就必须先为对方着想，满足对方所需。

❀ 说话的魅力在于真诚

真诚的语言是最能打动人的，巧妙地运用充满真情实意的话语，可以促使说者与听者产生情感共鸣，可以使双方的关系变得融洽，从而营造出一种良好的沟通氛围，赢得广泛的人际关系，为成功创造有利的条件。

1915年，小洛克菲勒还是科罗拉多州一个不起眼的人物。当时，当地发生了美国工业史上最激烈的罢工，并且持续达两年之久。愤怒的矿工要求科罗拉多燃料钢铁公司提高薪水，小洛克菲勒正负责管理这家公司。由于群情激奋，公司的财产遭受破坏，军队前来镇压，因而造成流血事件，不少罢工工人被射杀。

那种情况可以说是民怨沸腾。小洛克菲勒后来却赢得了罢工者的信服，他是怎么做到的呢？

原来，小洛克菲勒花了好几个星期结交朋友，并向罢工者代表发表了一次充满真情的演说。那次的演说可谓不朽，它不但平息了众怒，还为小洛克菲勒赢得了不少赞誉。演说的内容是这样的：

"这是我一生当中最值得纪念的日子，因为这是我第一次有幸能和这家大公司的员工代表见面，还有公司行政人员和管理人员。我可以告诉你们，我很高兴站在这里，有生之年都不会忘记这次聚会。假如这次聚会提早两个星期举行，那么对你们来说，我只是个陌生人，我也只认得少数几张面孔。由于上个星期以来，我有机会拜访整个南区矿场附近的营地，私下和大部分代表交谈过，我拜访过你们的家庭，与你们的家人见过面，因而现在我不算是陌生人，可以说是朋友了。基于这份相互的友谊，我很高兴有这个机会和大家讨论我们的共同利益。由于这个会议是由资方和劳工代表所组成，承蒙你们的好意，我得以坐在这里。虽然我并非股东或劳工，但我深觉与你们关系密切。从某种意义上说，也代表了资方和劳工。"

这样一番充满真诚的话语，是化敌为友的最佳途径。假如小洛克菲勒采用的是另一种方法，即与矿工们争得面红耳赤，用不堪入耳的话骂他们，或用话暗示错在他们，用各种理由证明矿工的不是，那结果只能是招惹更多怨恨和暴行。

此外，在人际交往中，我们经常会遇到"祝贺"这种交往形式，一般是指对社会生活中有喜庆意义的人或事表示良好的祝愿和热烈的庆贺。通过祝贺表示你对对方的理解、支持、关心、鼓励和祝愿，以抒发情怀、增进感情。

祝贺的语言要真诚、富有感情色彩，语气、表情、姿态等都要有情感。这样才会有较强的鼓动性与感染力，才能达到抒发感情、增进友谊的目的。

道歉也是人际交往中常见的交流活动。为人处世，犯错误总是难免的，毕竟"人非圣贤，孰能无过"。但是犯错误后的态度非常重要。所以犯错误后，我们首先要坦率承认、真诚道歉。

你道歉的时候态度真诚，别人就会原谅你。相反，有的人在犯错后态度极差，道歉时让人看不到一丝真诚，有的甚至根本就不道歉，只是一味地为自己辩解，结果使彼此之间的裂痕越来越大。

古人云："有朋自远方来，不亦乐乎！"这道出了朋友间的深情厚谊，反映了他们肝胆相照、充满真诚的交往过程。可以说，充满真诚、以诚暖人是交友说话、打动人心的重要因素，是赢得知心朋友的重要法宝。

PART 06 好心情原理——说话时机重于说话内容

心理学中有一个重要现象：人心情好的时候，觉得什么都好，以前看不惯的事也觉得可以容忍了。这一现象我们称之为好心情原理。这一原理在口才中的运用便是：在别人心情好的时候请求帮助，你很可能会如愿以偿。

❀ 会听话，更要**会适时说话**

在工作中，常常会看到这样的下属，他们从不主动和领导交谈，只是在领导安排工作时和领导说两句。这样的人虽然都能够很好地完成工作，但是他们并不受领导的重视。

下属在与领导沟通时，成为良好的倾听者是十分重要的，但是更重要的是学会在合适的时机说话，因为领导需要的不是自言自语，而是和人交流，他们想要听到下属的反馈和建议。

所以，作为下属，我们除了要随时倾听领导的话之外，更要在领导需要时适时地说话，这样才能得到领导的信任。

安陵君是战国时期一个非常受楚王宠爱的大臣，他位高权重，享尽了荣华富贵，其他的大臣无不对他敬佩有加，对此安陵君感到十分高兴。但是他的朋友江乙却觉得安陵君现在虽然享受着荣华富贵，但是这些都是楚王给予他的，所以安陵君必须巩固自己在楚王心中的地位，否则要是有一天楚王不再宠爱他了，那么他就什么都没有了。于是江乙对安陵君说："您看，虽然现在您待遇优厚，国人都对您跪拜行礼，听从您的号令，但是这些都是楚王给您的，我们都知道酒肉朋友不可信、以色事人者不能长久，同样，楚王总有不再宠爱您的时候，那时您要怎么办呢？"

听了江乙的话，安陵君也想到了自己的地位有一天可能不保，于是他请教江乙，问他该怎么办。江乙告诉他说："只要告诉大王您愿意和他同生共死就可以了。"安陵君欣然接受了江乙的建议，但是三年的时间过去了，安陵君并没有向楚王进言。江乙感到十分不高兴，他质问安陵君是不是不相信他说的话，安陵君解释说不是他不相信江乙，而是说话的时机还没有到。

就这样又过了一段时间。一天，楚王带着众大臣到云梦泽去打猎，其间一头野牛冲着楚王狂奔而来，结果被楚王一箭射死了。对于楚王精准的箭法，随侍的大臣和护卫们都齐声称赞，一时间整个云梦泽都掌声雷动。

楚王自己也十分高兴，他感叹地说："今天的游猎让我非常愉快啊，但是等到我死去后，谁还能和我一起享受像今天这样的快乐呢？"

群臣一时不知该如何应对，安陵君知道他说话的时机到来了,于是他痛哭流涕地来到楚王的面前说:"大王一直厚待我,大王允许我和您坐在一起,和您乘坐同一辆马车,大王对我的恩惠太多了。等到大王去世之后,我愿意和大王一起奔赴黄泉,为大王鞍前马后在所不惜。"

听了安陵君的话,楚王感动不已,他立即封赏了安陵君,从此安陵君的地位再无人能撼动了。

世人在谈论这件事时都对江乙的才智大加赞赏,但是更加钦佩的是安陵君把握时机的能力。

孔子在《论语·季氏》里说:"言未及之而言谓之躁,言及之而不言谓之隐,不见颜色而言谓之瞽。"这句话的意思是:不该说话的时候说了,叫作急躁;应该说话的时候却不说,叫作隐瞒;不看对方的脸色变化,贸然信口开河,叫作闭着眼睛瞎说。

这三种毛病都是没有把握说话的时机,没有注意说话的策略和技巧。因为说话是双方的交流,不是一个人的单方面行为,它要受到诸如说话对象、特定时间、周边环境等种种因素的限制,所以说话要把握时机。如果该说的时候不说,时机转瞬即逝,很快便会失去成功的机会;同样,如果不顾说话对象的心态,不注意周边的环境气氛,不到说话的火候却急于抢着说,很可能引起对方的误解甚至反感。如果信口开河,乱说一通,后果就更加严重。

因此,作为下属,除了具备才能、善于听领导的话之外,更要具有能够在适当的时机说话的能力。有些事情我们虽然想要和领导说,但是首先要做好和领导谈话的准备,把所有领导

可能提出的问题都列出来，不要在和领导交谈时语意不明、表述不清或者逻辑混乱。

然后要了解领导的性格爱好，找到能够投其所好的说话方式，用自己真诚的态度去打动领导。

当时机成熟时，不要犹豫，一定要及时和领导沟通，不要错失良机。这时我们要记住，不要在领导面前夸夸其谈、弄虚作假。同时，当领导的观点和你的想法相冲突时，不要正面和领导冲撞，要学会用委婉的方式表达自己的意愿。另外还要避免在交谈中得意忘形。

记得不要因为害怕承担责任而在和领导交谈时总是强调某些事情和自己无关，这会让领导觉得你是一个没有担当的人，这些言语会招来领导的反感和厌恶。

在工作中，我们不但要做到该听的时候听，还要做到该说的时候说。只有这样，我们才能得到领导的信任，在事业上更上一层楼。

❀ 看准领导情绪，把握时机说对话

我们去商店买东西时会观察到营业员的推销方法。好的营业员不是一开始对谁都热情，他会找准你对商品已经表现出喜爱之情的时机适时向你推销。例如"这件衣服跟您的蓝色裙子很搭，您穿上更显得皮肤白皙了"，这时候心花怒放的顾客多半会爽快地买下商品。

同样，和领导说话时，下属的身份无异于商品推销员，只不过我们向领导推销的是我们的想法和理念。看准领导的情绪再适时说话，是向领导成功推销的主要秘诀之一。

刚毕业的高明怀着满腔热忱进入了现在的公司，他不仅天生好学，而且作为新人热情高涨，想尽快在工作中做出一番成绩，所以他每天都向领导请教，不仅请教自己的项目组长，而且常常直接去问部门经理。大家看见这个新人如此肯上进，都愿意毫无保留地教他各种工作技巧。

这一天，项目组长张大姐正在上小学的儿子病了，接到班主任的电话，张大姐急坏了，跟领导请了假正收拾背包打算去学校接儿子去医院。碰巧高明有一张图纸看不懂，而这张图纸是张大姐画的，一定要请教她才行。

高明赶紧拦住了行色匆匆的张大姐："张姐，这个图例是什么意思啊，我半天都没看懂。"

张大姐头也没顾得上抬，说："小高，我得赶紧去孩子学校一趟，等我回来告诉你啊。"

高明却仿佛没看到张大姐着急的样子，仍旧紧跟了上去：

"不行啊，您看这都3点了，等您回来都下班了，就一个小图例，您就现在告诉我吧。"

"你这孩子，真是的！"张大姐丢下这一句话，头也不回地走了。

高明还摸不到头脑。这时他决定直接去问经理，走到经理办公室门口却正好听见经理在发火："这么简单的一个报告，居然有6处错误，还有一个错别字，你的4年大学就是这样读的吗？"随后看见一位女同事面色难看地抱着文件走出来。

高明紧跟着就进去了，把图纸往经理办公桌上一摊，指着图纸问："经理您看，这个图例是什么意思？"

正在气头上的经理没好气地说："学校制图课没学过吗？回去看教材！"

不明所以的高明只好灰溜溜地出来了，他问坐在身边的一位老同事："今天领导们都是怎么了？"

老同事意味深长地说："小高，先放下手中的图纸，好好学习一下怎么选择合适的时间跟领导说话吧。"

高明之所以接连在两位领导那里碰了钉子，原因就在于他没有找准和领导说话的时机，说的又都是当时领导不想听的话。我们可以想象，在张大姐那里，接孩子看病比教高明看图纸更重要而且紧急；在经理那里，正为错误百出的报告发火的领导当然也没有心情指导高明图例的小问题，况且上一位挨批评的同事刚刚被经理认为在学校没有好好学习，高明无论如何也不应该拿着书本上最基础的问题去问经理，可谓是撞在枪口上了。

那么我们如何才能找准合适的时机和领导说话，做一名识趣的下属呢？

　　首先，在说话之前，要注意观察领导。正常情况下，领导的脸色既不会太阴沉也不会太高兴，而是面色平静，正在有条不紊地做自己的工作。同时还要注意观察环境，看是否有客人在领导的办公室里，是否有紧急情况正需要领导去处理，要先确定当时领导有时间、有精力和你谈话后再敲门进入领导的办公室。

　　其次，如果进入领导办公室后才发现领导情绪不好，也不需要急于退出来。可以先给领导倒一杯茶，如果是平日里关系不错的领导还可以适当安慰几句。如果得知了领导情绪不好的原因，可以尽量帮助领导解决问题，这样以后你需要领导帮你解决问题时也许会更加顺利。

当然，揣摩领导情绪，找准时机，挑领导感兴趣的事情说话，并不等同于整天察言观色、逢迎拍马，而是要掌握一种工作中和领导交往的方法，看准领导情绪，把握好时机说对话。

抓住闲谈的机会，适时推销自己

从传播学的角度来讲，沟通分为正式沟通与非正式沟通两种。

正式沟通一般指在组织系统内，依据组织明文规定的原则进行的信息传递与交流。例如组织与组织之间的公函来往、组织内部的文件传达、召开会议、上下级之间的定期情况交换等。

非正式沟通是指在正式沟通渠道之外进行的各种沟通活动，一般以办公人员之间的交往为基础，通过各种各样的社会交往而产生。它的作用在于可以弥补正式沟通渠道的不足，传递正式沟通无法传递的信息，使领导了解在正式场合无法了解到的重要情况，了解下属私下表达的真实看法，为决策提供参照；减轻正式沟通渠道的负荷量，促使正式沟通效率的提高；等等。

结合下属的日常工作，在办公室向领导汇报工作属于正式沟通，而工作之余与领导闲谈就属于非正式沟通。这种闲谈可以在工作之外，增进领导与下属彼此在各方面的了解。当然，这也是下属推销自己的大好时机。

又到了校园招聘的季节，去年刚刚大学毕业进入公司的招聘助理张晴，在这一年中兢兢业业地做了好多其他老员工不愿做的工作，默默无闻地加了很多次班，可是升职加薪似乎仍然和她没关系。

这一天，公司董事长亲自来人力资源部过问今年校园招聘的准备工作，到了午休时间就顺便和员工们一起去食堂用餐，张晴刚好坐在董事长旁边。

张晴虽然是第一次与董事长距离这么近，但她毫不紧张，自然地和董事长闲谈起来："董事长，从这次准备校园招聘工作开始，我就不断想起去年您在我们学校做校园宣讲会的情景，至今仍对您说的话记忆犹新。当时您讲完了自己的创业史，说道，只有同企业一同成长，员工才能取得更快的进步、更大的成就。"

董事长显然很高兴有员工能够准确地记住自己说过的话："你说的还真是一字不差，我的确这样说过。"

张晴接着说道："当时我备受鼓舞，特别渴望做出一番成就，能够有一天在事业上做一名像您一样的成功者。所以，这几天我一直在想，能不能把'同企业一同成长'变成我们公司的一种正式的文化理念，运用到这次校园招聘中来？这样一定能够起到吸引应届生、鼓舞士气的效果。"

董事长听了，顿时眼前一亮："这个创意非常好，具体就由你来执行。执行的过程中如果有什么困难和要求，你就直接向我汇报。"

得到董事长的"尚方宝剑"后，张晴更加努力工作，将创意完美地运用到校园招聘工作中，取得了良好的效果。校园招聘工作结束后,董事长直接授权人力资源部经理将张晴任命为企业文化专员。张晴的才能终于有机会得以进一步发挥了。

原本是一次不经意的与领导的午间闲谈,却给张晴的职场之路带来了意想不到的机遇。这种看似偶然的机遇当中,实际上蕴含着种种必然,我们在此可以逐条分析,加以学习。

首先,张晴与领导的闲谈,看似"闲",实则不然。张晴挑起的闲谈话题并不落俗套,不评价衣着打扮,不打听私人状况,而是不经意地谈起了工作。而所谈的工作,张晴又早有准备,有自己成熟的想法和建议。因此张晴轻而易举地把和领导的谈话引入到自己擅长的领域中。

其次,张晴与领导的闲谈始于对领导的含蓄恭维。无论是真是假,张晴的确一字不差地背出了董事长讲话的原文。作为领导,当然会对如此尊敬自己的员工另眼相看。既然是与领导闲谈,当然要找领导喜欢的话题,这样一个好的开始才能够引发领导的谈话兴趣,使其赞成自己的想法。

最后,与领导交流的机会是宝贵的,起于闲谈而不能止于闲谈。在向领导推销了自己的想法之后,要积极地去落实,拿出切切实实的工作成绩来回报领导。这样才能起到闲谈的最终目的——让领导注意到你的才能,并委以重任。

领导平时很忙,作为下属,能够直接介入其中的机会很少。而如果下属抓住了和领导闲谈的机会,就等于抓住了以另一种方式向领导推销自己的机会。

❀ 切合时机，说出恰当的话

子禽曾经向墨子请教："多说话有好处吗？"墨子答道："蛤蟆、青蛙，白天黑夜叫个不停，叫得口干舌疲，可是没有人去听它的叫声。你看那雄鸡，在黎明按时啼叫，天下震动，人们早早起身。多说话有什么好处呢？重要的是话要说得切合时机。"

墨子告诫我们，多说无益，重要的是说话要切合时机。

"多言何益，唯其言者之时也。"与领导说话尤其要注意这一点。通常情况下，领导不会直接说出自己的意图，但又十分希望自己的下属能够认清形势场合的变化，通过对形势的判断理解他隐含的意图，说出他想听的话。

因此，作为一个聪明的下属，要学会灵活处事，领悟领导的做事方法与技巧，在具体事务中通过察言观色猜测领导的意图，选择在合适的时机说出适宜的话。

大明房地产公司在市郊投资了一块地皮，正准备建造一批商品房，由于刚交付了一大笔土地使用费，再加上各种手续的费用，公司的流动资金便有些紧张。小道消息传出后，承包商怕投资的钱打水漂，纷纷来公司索要欠款。

这一天，建筑承包商王某来公司见老板，希望把上期的60万欠款结清。老板很为难，他知道，欠债还钱，天经地义，公司也有能力拿出60万还款，但是最近用钱的地方太多了，虽然给他60万不多，但如果别的地方再用钱就比较紧张了。而且二期工程马上要开工，公司还希望继续做工程。不过假如一分钱不还的话，其他承包商肯定人心惶惶，公司的损失不可预计，但这又不便直接向承包商全部透露。

于是，老板将公司会计小刘叫进来，问："目前公司账上还有多少钱？看看有没有60万余款拿出给王总。"

小刘心里知道，老板不可能对公司的账目一无所知，叫自己进来是因为承包商要账，想用自己的话做挡箭牌，其实老板既不想让承包商以为自己的财务紧张，又不想把所有的欠款放出去。

小刘考虑了一下工程的进度和财务的进账出账，说："老板，目前账上还有几百万元的资金，但是土地开发的费用在今天下午需要交到土地管理局，另外还需要上交税务款，今天只能拿出30万现款，不过，等下期工程完成后，房子卖出，就会有一笔款入账。"

老板听完后很不好意思地跟王某说："王总，您一向了解，开工前公司的资金总是周转不开，而且政府部门的钱必须交付，小刘会计的话您听到了，这样，今天先还给您30万，等工程完工，肯定少不了您的钱，行吗？"

王某想想，情况确实也是，并且欠款已经拿到一半，便也无话可说，告辞离开。

老板因为借会计小刘之语拒绝了承包商，达到了自己想说的话语，等承包商走后，老板对小刘的随机应变称赞有加。

在上面的例子中，如果小刘直接说有几百万流动资金，可以给承包商结清欠款，那么老板就难做了。即使结清了，后期资金也很容易出现问题。但如果不结清，承包商肯定更不会罢休。小刘正是通过察言观色，明白了领导的心思，顺应老板的意图，说出了领导想说的话。

其实，小刘面临的情况在公司里时常会有发生，这个时候，作为下属的你如若能和领导很默契地配合，为其排忧解难，相信会赢得领导的信任和赞赏。

和领导说话讲究的是一个时机的问题。说话、做事时机的把握对于成败的结果往往起关键的影响作用。当你切入的时机成熟，可能会事半功倍；如果时机不成熟或时机不对，往往不会有效果，更有甚者会收到与预期相反的效果。

因此，切莫与领导的意图反着来，那样只会引起领导的反感。你只有在合适的时机说话，才能被领导重视，在对的时机说出对的话，才有可能起到关键的作用。

当然，如果你真的不知道何时表达自己的意见更合适，那就先把自己的本职工作做好，不要刻意去揣摩领导的意图，否则，如果在不恰当的时机说了不该说的话，就会触动职场中的雷区，这样是得不偿失的。

PART 07 缄默效应——学会把话语权交给对方

当我们与他人出现争执时，我们无谓的解释、反驳可能使对方停止陈述，但这可能只是表面的屈服或因言辞不力而被迫停止激烈的论述，对某事保持暂时的"缄默"，而对方内心中却可能充满对立的情绪，我们因此而难以获得对方发出的真实信号、信息。相反，如果我们保持安静，则能使对方心情放松，充分发表真实的意见、看法。这在心理学上被称为"缄默效应"。与人交流时，如果我们能保持安静，不插话、不反驳，待对方述说完全结束后再进行解说、论述，则可以获得更多准确的信息，而无须自行猜测或妄断对方的想法。同时，也可以避免我们因采用语言压制或某种强迫手段使对方中止表述，给对方留下反感的印象。

与人交流，我们必须学会倾听，通过积极的倾听掌握对方语言中的关键信息，获知对方的真实想法，并适时地给予对方尊重。我们可以按照心理学技巧训练自己的倾听能力，提高自己在人际交往中的倾听技能。

❀ 把说话的权利留给别人

我们也许有过这样的经历：和别人聊起一个双方都很感兴趣的话题时，对方开始打开话匣子，没完没了地说。一开始，自己还觉得很投机，后来就开始不耐烦，接着是厌烦。原因是什么？很简单，对方只顾自己说，而忽略了你。谁都不乐意一味地听别人说话，所以，与人交谈时，即使是一个很好的话题，对方很感兴趣，说话时也要适可而止，不可无休无止，说个没完，否则会令人厌倦。说完一个话题之后应当停一下，让别人发言，若对方没有说话的意思，那么整个局面便会由于你的发言而人心向你，这个时候仍必须由你来支持局面，那么就需要另找话题，如此才能引起双方的兴趣并维持热烈的气氛。

在谈话当中，对方的发言机会虽为你所控制，但是应容许别人说话，给别人说话的机会。更好的方法是找机会诱导别人说话，这样气氛更浓，双方的兴致更高，朋友之间的关系也更融洽。当说到某一节点时可征求别人对该问题的看法，或在某种情况下请他试述自己的见解。总之，务必使对方不致呆听着，才不失为一个善于说话的人，不失为一个明智的人。如果话题转了两三次，而别人仍没有将说话机会接过去的意思，或没有主动发言的能力，则应该设法在适当的时候把谈话结束。即使你精神好，也应该让别人休息。自己包揽大半发言的时间，是不得已时才偶然为之的方法。千万不要以为别人爱听你说话，就不管别人的兴趣而随便说下去，这背离了说话的艺术之道。

在社交上，最好的谈话，是有别人的话在里面。那种看起来不爱说也不爱听的人，常常坐在一个角落里，吸着香烟，当他偶然听见另外一些人哄堂大笑时，也照例跟着一笑，但是这种笑显然是敷衍的，因为这种笑容随即就收敛了，他的目光已经移到窗外或者其他的目标上。你要明白，这类人或因年纪不同，或因学问较高，而时下在座的其他人比较市井气一点，谈天说地，问题无非是饮食男女、金钱女色，或出语粗俗，言不及义，使较有修养的人望而却步，所以他才独自躲在一角。只要你知其症结所在，便可以在几句谈话中探得他的学问兴趣，然后和他谈论下去，这样便很自然地引起谈话兴趣。只要你恰当地提一些问题，就可以得到一个增长你学识的机会。他见你

谈吐不俗，一定会引你为知己，如此一来，僵局就打开了。年纪较大或较小的一类，因年龄差距大，社会经历、生活经验不同，因而兴趣不同，趣味也无法相投，这种情况也可以采用上述方法来打开话题。

❀ 做个倾听高手

在日常生活中，能聆听别人意见的人，必是一个富于思想、有缜密的思维和谦虚性格的人。这种人在人群中，起初也许不太引人注意，但最后必是最受人敬重的。因为他虚心，所以受所有人欢迎；因为他善于思考，所以为众人所敬仰。

怎么做一位倾听的高手呢？

首先是要"专注"。别人和你谈话的时候，你的眼睛要注视着他，无论他的地位和身份比你高或低，你都必须这样做。

只有虚浮、缺乏勇气或态度傲慢的人才不去正视别人。

其次,别人和你说话时,不可做一些与此无关的事情,那是不恭敬的表现。而且当他偶尔问你一些问题,你就会因为不留心听他所说的话而无从回答。

聆听别人的话时,偶尔插上一两句赞同的话是很好的。不完全明白时加上一个问号也是非常必要的,因为这正表示你对他的话留心了。

但是,你不可以把发言的机会抢过来,滔滔不绝地说自己的,除非对方的话已告一段落,该轮到你说话时才可以这样做。

无论他人说什么,你都不可以随便纠正他的错误,如果因此而引起对方的反感,那你就不可能成为一个良好的听众了。批评或提出不同意见,也要讲究时机和态度,否则好事会变成坏事。

有些人常喜欢把一件已经对你说过好几次的事情重复地说,也有些人会把一个说了好多次的笑话还当新鲜的东西。你作为一位听众,此时要练习忍耐的美德了。你不能对他说"这话你已经说过多次了",这样会伤害他的自尊心,你唯一能做的事就是耐心地听下去,你心里明白他是一个记忆力不好的人。你应该同情他,而且他对你说话时充满了好感和诚意,你应该同样用诚意来接受他的诚意。

但如果说话的人滔滔不绝而你又毫无兴趣,觉得花时间和精力去应酬他是十分不值得的。这时,你应该用更好的方法,使他停止说这些乏味的话,但千万要注意,不可伤害他的自尊心。

最好的方法是巧妙地引他谈第二个话题，尤其是一些他内行而你又感兴趣的话题。

为了让自己更会倾听，最好还要做好以下5个方面的训练：

（1）训练倾听时的注意力。想听得准确，必须排除干扰。可以用这样的方法来训练：同时打开两台以上的收音机，播放不同内容，然后复述各个收音机播放的内容。

（2）训练倾听时的理解力。可用这样的方法：找朋友闲聊，但要有意识地锻炼自己的理解力。

（3）训练倾听时的记忆力。就是学会边听边归纳内容要点，记住关键性词语，以及重要的事实和数据。

（4）训练倾听时的辨析力。迅速分辨出争论各方的不同观点和逻辑关系，并加以评析。

（5）训练倾听时的灵敏力。达到在各种场合能很好地与各种对象交谈。

经过足够的训练，再加上实际锻炼，你一定会成为一名倾听高手。

❀ 时机未到时就得**保持沉默**

哲学家说，沉默是一种成熟；思想家说，沉默是一种美德；教育家说，沉默是一种智慧；艺术家说，沉默是一种魅力。在人际交往当中，沉默是一种难得的心理素质和可贵的处世之道。

心理学告诉我们，在不同的场合环境中，人们对他人的话语有不同的感受、理解，并表现出不同的心理承受力。正因为受特殊场合心理的制约，有些话在某些特定环境中说比较好，但有些话说出来未必好。同样的一句话，在此说与在彼说的效果就不一样。因此，说什么、怎么说，一定要顾及说话的环境。如果环境不相宜、时机未到，最好的办法是保持沉默。

一家日本公司同一家美国公司正进行一场贸易谈判。

谈判一开始，美方代表滔滔不绝地向日商介绍情况，而日方代表则一言不发，埋头记录。

美方代表讲完后，征求日方代表的意见。日方代表恍若大梦初醒一般，说道："我们完全不明白，请允许我们回去研究一下。"

于是，第一轮会谈结束。

几星期后，日本公司换了另一个代表团来参加谈判，谈判桌上新的日本代表团申明自己不了解情况。

美方代表没有办法，只好再次给他们介绍了一遍。

谁知，讲完后日本代表的态度仍然不明朗，仍是要求道："我们完全不明白，请允许我们回去研究一下。"

于是，第二轮会谈又告休会。

过了几个星期后，日方再派代表团，在谈判桌上故技重演。唯一不同的是，这次，他们告诉美方代表一旦有讨论结果会立即通知美方。

一晃半年过去，美方没有接到通知，认为日方缺乏诚意。就在此事几乎不了了之之际，日方突然派了一个由董事长亲率的代表团飞抵美国开始谈判，抛出最后方案，以迅雷不及掩耳之势逼迫美方加快谈判进程，使人措手不及。

最后，谈判达成一项明显有利于日方的协议。

这场谈判成功的关键在于一句俗话——"会说的不如会听的"，听出门道再开口，而开口便伤对方"元气"。

在生活中，我们有时故作"迟钝"未必就代表我们不是聪明人，"迟钝"的背后隐藏着过人的精明。有人推崇一种"大智若愚型"的艺术，即在商业活动中多听、少说甚至不说，显示出一种"迟钝"。其实这样做的目的是为了获得最大的利益。少开口，不做无谓的争论，对方就无法了解你的真实想法；反之，你可以探测对方动机，逐步掌握主动权。

这时候的沉默，实际上是"火力侦察"。

"话到嘴边留半句,不可全抛一片心""言多必失,语多伤人""君子三缄其口"的古训,都把缄口不言奉为练达的安身处世之道。今天,我们亦应谨记这些古训,该沉默时一定要三缄其口。沉默,是一种态度;沉默,是一种特殊语言;沉默,也会赢得百万金。

❀ 受到攻击时,**沉默是最好的方法**

雄辩如银,沉默是金。在我们的生活中,有些时候确实是沉默胜于雄辩。与得体的语言一样,恰到好处的沉默也是一种语言艺术,运用好了常会收到"此时无声胜有声"的效果。

假如我们在生活中遇到个别强词夺理、无理辩三分或者出言不逊、恶语伤人的人,与之争辩是非或是反唇相讥,往往只能招来他们变本加厉的胡搅蛮缠。对付这种人的最好办法往往不是以眼还眼、以牙还牙,而是保持沉默。这种无言的回敬常使他们理屈词穷、无地自容,正如鲁迅先生所说:沉默是最好的反抗。

国外某名牌大学曾发生过老师和校长反目的情形,该校校长遭到许多老师的围攻。当时,也有一群学生冲进校长的研究室,对他提出各种质问。但是,无论教师、学生说什么,这位校长始终不开口,双方僵持了几个小时后,教师、学生们终于无可奈何地走了。

这位校长保持沉默,实际上也是一种反抗,同时又给对方一种高深莫测的感觉,从而造成心理上的压迫感。由此看来,

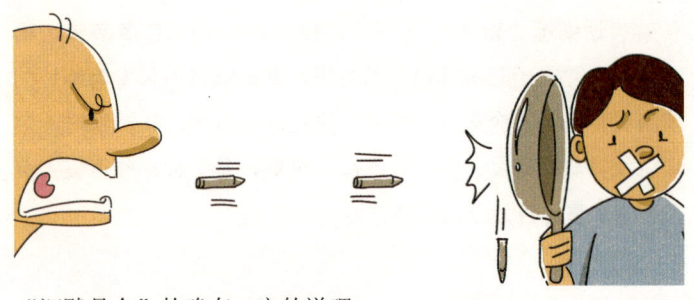

"沉默是金"的确有一定的道理。

当对方出于不良动机，对你进行人身攻击，并且造谣诽谤时，如果予以辩驳反击，又难以分清是非，这时运用轻蔑性沉默便可显示出锐利的锋芒。你只需以不屑的神情，嗤之以鼻，就足以把对方置于尴尬的境地。

某单位两个采购员，名叫田宁和郑伟。田宁因超额完成任务而受奖赏，郑伟却因没尽力而被罚。但郑伟没认识到自己的问题，反而说三道四。一次在公众场合，他含沙射影地说："哼，不光彩的奖励白给我也不要！有酒有烟我还留着自己用哩，拍马屁，咱没有学会！"

田宁明白这是在骂他，不免怒火顿生，本想把话顶回去，可是转念一想觉得如果和他争吵，对方肯定会胡搅蛮缠，反而助长其气焰。于是他强压怒火，对着郑伟轻蔑地冷笑一声，以不值一驳的神色摇了摇头，转身离去，把郑伟晾在一边。

郑伟的脸红一阵白一阵的，窘极了。

众人也哄笑道："没有完成任务还咬什么人，没劲！"至此，郑伟已经无地自容。

在这里，田宁的轻蔑性沉默产生的反驳之力比用语言反驳显得更为有力、得体，更能穿心透骨。这也许是对付无理挑衅的最有效的反击武器。

有些人在遇到麻烦的时候，常常喋喋不休、唠叨不止，殊不知这样正好暴露了自己的弱点。处在尴尬情况下，与其聒噪不停，甚至说错话，倒不如保持沉默。

沉默像乐曲中的休止符，它不仅是声音上的空白，更是内容的延伸与升华。沉默是一种无声的特殊语言，是一种不用动口的口才。

恰当运用沉默的方式

在特定的环境中，沉默常常比论理更有说服力。我们说服人时，最头痛的是对方什么也不说。反过来，如果劝者保持沉默，什么也不说，被劝者的抱怨或无知就找不到市场了。

不同的沉默方式有不同的作用，运用时必须恰到好处。

1. 不理不睬的沉默可让人摆脱无聊的纠缠

当你正为自己的事情忙得不可开交的时候，同事却不知趣地想跟你闲聊，或者有推销员厚着脸皮赖着不走，或者有人让你去做你不想做的事情。这时，你应尽可能对他们一言不发，不理不睬。过一会儿，他们见你无反应，定会知趣地走开。

2. 冷漠的沉默能使犯错误者认错改正

有一个小学生，一天他拿了同学一件好玩的玩具，晚饭前回来，装出一副若无其事的样子，同往常一样笑吟吟地说："妈妈，我回来了！""姐，我饿了。""怎么了？"沉默。

"我没做错事啊!"还是沉默。妈妈眼睛瞪着他,姐姐背对着他,全家都冷冰冰地对待他。他终于不攻自破了:"妈、姐,我错了……"

3. 毫无表情的沉默能让人深思

有些人发表意见时态度很积极,但不免有些偏颇,令人难以接受,此时若直截了当地驳回,易挫伤其积极性,若循循诱导又费时,精力也不允许,最好的办法便是毫无表情的沉默。他说什么,你尽管听,"嗯""啊"……什么也不说,等他说够了、告辞时,再用适当的不带任何观点的中性词和他告别:"好吧!"或者说:"你再想想。"别的什么也不用说。这样,他回去后定然要竭思尽虑:今天谈得对不对?对方为什么不表态?错在哪里?或许他会向别人请教,或许自己就会悟出原因。

4. 转移话题的沉默能使人乐而忘求

对要回答的问题保持沉默,而选准时机谈大家都喜欢的热门话题,使对方无法插入自己的话题,此人就会从谈话中悟出道理,检讨自己。

5. 信心坚定的沉默能使人顺服

某领导有一次交代下属完成一件较困难的任务,当然,他能胜任。交代之后,对方讲起了"价钱"。于是该领导义无反顾地保持沉默,连哼也不哼。"困难如何大……""条件如何差……""时间如何紧……"说着说着下属就不说了,最后说了一句:"好,我一定完成。"

沉默是金,有时沉默不语能够出奇制胜,滔滔不绝反而有理说不清。

PART 08 完美笑话公式——幽默能够使语言更具魅力

美国科学家提出一个完美笑话公式：$x = (fl + no)/po$。根据这一公式，人们不仅可以批量生产笑话，而且还可以得出最完美的笑话。x表示笑话的完美程度，f代表笑话的有趣程度，l表示笑话的长度，n表示听笑话者笑得前仰后合的次数，o表示引起的尴尬程度，p表示双关语的数量。x的值在0到200之间，200分的笑话就是最完美的笑话。

科学家将完美笑话定义为"能在语句简练的叙述中，通过具有喜剧因素的妙语让人笑得前仰后合，但又不会引起社交场合的尴尬"。科学家认为，笑话能否成功的关键在于是否具备让人乐不可支的妙语。同时，笑话的长度也很有讲究，不能太短也不应太长。科学家公布的这个笑话公式，对以往强调的双关语因素嗤之以鼻，凡是过多使用双关语的笑话，都被科学家判定为"构思平庸"。这个笑话公式是由一些心理学家和喜剧表演艺术家切磋后得出的，据说他们进行这项研究的动机是想证明看似严肃的科学家其实也很有幽默感。这个笑话公式的作者之一——心理学家海伦·皮彻认为，人们完全可以根据这个公式批量生产笑话，但创作者是否有喜剧天分仍是笑话作品成功与否的关键。

❉ 言语多点幽默，让话语变有趣

幽默是运用意味深长的诙谐语言抒发情感、传递信息，以引起听众的快慰和兴趣，从而感化听众、启迪听众的一种艺术手法。如果我们的言语中能多点幽默，那么我们所说的话将会更加有趣，会吸引更多的人。

一位著名的作家曾经说过：生活中没有哲学还可以活下去，然而没有幽默的话，恐怕只有愚蠢的人才能生存。幽默是一个人的学识、才华、智慧在语言中的集中闪现，是一种能抓住可笑或诙谐想象的能力，是对社会上种种不协调、荒谬、偏颇、弊端、矛盾实质的揭示和对某些反常规言行的描述。幽默的语言可以使我们内心的紧张和重压释放出来，化作轻松的一笑。在沟通中，幽默的语言如同润滑剂，可有效地降低人与人之间的"摩擦系数"，化解冲突和矛盾，并能使我们从容地摆脱沟通中可能遇到的困境。

有一对夫妇带着一个6岁的孩子去租房，他们看中了一处房子，可房东不肯将房子租给他们。原因是房东喜欢安静，从不将房子租给有孩子的人。夫妇交涉无果，于是6岁的孩子对房东说："您可以将房子租给我呀，我没有孩子，只有爸爸妈妈。"房东笑了，真的把房子租给了他们。孩子从成人的视角看问题，构成了独特的趣味思维形式，让人感受到一种自然天成的天真情趣。

由此看来，幽默不是故作天真，而是从多重视角去透视事件或问题，并找出其中富有情趣的一面，对其进行凸现化、集中化的语言处理，从而化紧张、严肃为轻松、谐趣。幽默是人们适应环境的工具，是人类面临困境时减轻精神和心理压力的方法之一。契诃夫说过："不懂得开玩笑的人，是没有希望的人。"可见，生活中每个人都应当学会幽默。多一点幽默，就会少一点气急败坏，少一点偏执极端。

幽默可以淡化人的消极情绪，消除沮丧与痛苦。具有幽默感的人，其生活充满情趣，许多看来令人痛苦烦恼之事，他们却应付得轻松自如。用幽默来处理烦恼与矛盾，会使人感到和谐愉快、友好幸福。那么，怎样使语言富有幽默感呢？不妨试试以下几种方法：

1. 颠倒成趣

把正常的人物关系，或者动机与效果在一定条件下互换位置。

曾风靡一时的舞蹈家邓肯写信向戏剧大师萧伯纳求爱，她在信中说："如果我俩结合，生下的孩子，既有我美丽的外表，又有你睿智的头脑，这该多妙呀！"萧伯纳却风趣地回信说："如果孩子的外表像我，头脑却像你，那该有多糟啊！"

2. 移花接木

把在某种场合下十分恰当的情节或语言，移植到另一迥然不同的场合中，达到张冠李戴、"荒唐"可笑的幽默效果。

生物学家格瓦列夫在一次讲课时，一个学生突然学起鸡叫，引起一片哄笑。格瓦列夫却不动声色地看了下自己的挂表说："我这只表误时了，没想到现在已是凌晨。不过，请同学们相信我的话，公鸡报晓是低等动物的一种本能。"

3. 故意卖关子

首先故意提出一个容易使人产生误解的结论，然后再做出一个出人意料的分析和解释。

英国作家、《福尔摩斯探案全集》的作者阿瑟·柯南道尔在罗马时，有一次乘坐出租车去旅馆，途中与司机聊了起来。司机问："你是柯南道尔先生吗？"

"你怎么知道我的名字？"柯南道尔奇怪地问道。

"啊，简单得很，你是在罗马车站上车的，你的穿着是英国式的，你的口袋里露出一本侦探小说来。"

"太了不起了！"柯南道尔叫起来，他很惊奇在意大利会碰到第二个"福尔摩斯"。他习惯地问一句："你还看到其他什么痕迹没有？"

"没有，没有别的，除了在你的皮箱上我还看到你的名字之外。"

可见，司机故意卖关子，让柯南道尔误以为他是第二个"福尔摩斯"，然后司机再出乎意料地解释，造成了强烈的幽默感。

4. 巧设悬念

当你叙述某件趣事的时候，不要急于展示结果，应当沉住气，给听众营造一种悬念。假如你迫不及待地把结果讲出来，或通过表情动作的变化透露出来，幽默就会失去效力，只能让

人感到扫兴。

美国有个倒卖香烟的商人到法国做生意。一天,他在巴黎的一个集市上大谈抽烟的好处。突然,从听众中走出一位老人,径自走到台前,那位商人吃了一惊。

老人在台上站定后,便大声说道:"女士们,先生们,抽烟的好处,除了这位先生讲的以外,还有三大好处哩!"美国商人一听这话,连连向老人道谢:"谢谢您了,先生,看您相貌不凡,肯定是位学识渊博的人,请您把抽烟的三大好处当众讲讲吧!"老人微微一笑,说道:"第一,狗害怕抽烟的人,一见就逃。"台下听众一片轰动,商人不由得心里暗暗高兴。"第二,小偷不敢偷抽烟者的东西。"台下听众连连称奇,商人更加高兴。"第三,抽烟的人永不老。"台下听众惊诧不已,商人更加喜不自禁,听众中要求解释的声音一浪高过一浪。老人把手一摆,说道:"请安静,我给大家解释!"商人格外振奋地催促老人说:"老先生,请您快讲!""第一,抽烟之人驼背的多,狗一见到他会认为他是在弯腰拾石头打它,能不害怕吗?"台下听众笑出了声,商人心里一惊。"第二,抽烟的人夜里爱咳嗽,小偷以为他没睡着,所以不敢去偷。"台下听众一阵大笑,商人大汗直冒。"第三,抽烟人短命,所以没有机会衰老。"台下听众哄堂大笑。此时,大家发现商人不知什么时候溜走了。

这则幽默故事一波三折,层层推进,老人在把听众的胃口吊得足够"高"时,才不慌不忙地把真实意思表达出来。这就是巧设悬念的魅力。

在与别人交往时难免会发生一些不必要的摩擦,如果此时能从容地开个玩笑,紧张的气氛就能得以缓解,而且对方还会被你的魅力吸引,被你的宽广胸怀感动,最后真正乐意地接受你。

幽默是一种智慧的表现,它必须建立在拥有丰富知识的基础上。一个人只有具备审时度势的能力、广博的知识,才能做到谈吐幽默,妙言成趣。因此,要培养幽默感必须不断充实自我,不断从浩如烟海的书籍中汲取幽默的智慧。

❀ 善用调侃,让自己获得好人缘

拥有好人缘,未必要比他人多付出多少艰辛,未必给他人多少好处。好人缘是在日常生活中通过各种方式不断沉淀和积累而来的,适当的调侃是让自己获得好人缘的有效手段之一。

幽默是人的天性,没有人不向往愉悦的生活。当遇到不如意时,会调侃的人更懂得如何调剂。当受到不公平待遇时,他们即使心情郁闷到极点，也会通过独有的幽默和调侃的语言给人传递出快乐的信息。这样的人乐天且幽默，对生活充满激情，浑身上下洋溢着一种能使人愉悦的气场。

在机关单位上班的老陈人缘极好，单位中无论是领导还是同事，只要提到老陈，没有人会说他的不好。

老陈是个大胖子，行动不便，可是他从未因为胖而自卑。一次，办公室的同事们趁午休的空当闲聊，说到了"胖"这个话题。性格开朗的老陈对同事们说："你们信不信，其实我是个极具亲和力的男人？当在公交车上让座时，我完全能够让两位老人或三位身材苗条的女士坐下。"老陈的一席话博得在座的同事哈哈大笑，这种轻松愉快的自我调侃表现出他非凡的亲和力。老陈的谈吐给同事们带来了轻松感，使交谈的氛围更加和谐融洽。

其实，适当的调侃不但能在日常社交中起到催化剂的作用，让你获得好人缘，还能帮你获得意想不到的收获呢！

紫欣是个性格挑剔而又感性的女孩，大学毕业后交过几个男朋友，结果都无疾而终，这令家人和朋友都很不解。在众人的期盼之下，紫欣终于宣布了自己即将结婚的消息！

结婚那天，紫欣的好多亲友都来了，看着她幸福的样子，好朋友们禁不住问她："你丈夫到底有什么好，能让你义无反顾地选择了他？"因为朋友们都知道，紫欣的丈夫并不是众多追求者中的佼佼者，他既不是最帅的，也不是最有能力的，而紫欣却毅然地接受了他的求婚。紫欣嫣然一笑，说道："其实没有什么特别的，只是和他在一起我觉得很快乐，无论遇到什么情况,他都能用他那恰到好处的幽默来逗我笑!"

原来如此。新郎以幽默的调侃赢得美人的芳心,"侃"到爱人,"侃"出好姻缘。

调侃可以为我们带来正面效应,但我们不要就此认为只要是调侃就会收到理想的效果。适当的调侃的确可以为平淡的生活带来一份美意、一丝涟漪,让生活变得有趣,但是调侃千万不能过度,肆无忌惮的调侃只会让人觉得自己是在被人开涮,会让人产生误会,更别说获得对方的好感和认可了。

所以,要掌握好调侃的度。调侃要分时间、场合,最重要的是要注意被调侃的对象,说话要分轻重,这样才能避免过度调侃而引发的不快。

❀ 将幽默融入到意见中去

想要向别人表达不满或者其他意见却又不想直接说时,我们可以将幽默融入到意见中,这样既不伤人,又能达到预期的目的。

工作和生活中经常会出现一些让人不能认同的做法,如果理直气壮地说出自己的想法,甚至略带指责的语气,那么对方不仅无法心悦诚服地接受你的意见,还可能会认为你是个自大狂。此时不妨换个方式提意见,将幽默融入你的意见之中。

当遇到令人不痛快的事情时,利用幽默来表达自己的意见,双方相互一笑,事情也就过去了。

杨小姐是一家餐厅的服务员,时常遭遇客人的刁难。一

天，餐厅来了一位喜欢挑剔的女士，点了一份煎鸡蛋，正好是杨小姐接待的。女士对杨小姐说："我要的煎鸡蛋和别人的不一样，蛋白要全熟，但是蛋黄要生的。放少许盐，放点胡椒粉。最重要的是，鸡蛋一定要是乡下散养的柴母鸡刚刚下的新鲜鸡蛋！"

杨小姐听过她的诸多要求后，气得不行，但是她没有用不满的语气提出意见，而是出乎意料地说："您提出的这些要求我都记下了，但是对于您所要求的那只下蛋的母鸡我还要确认一下，它的名字叫小美，您看合适吗？"

故事中，杨小姐没有直接表达她对这位挑剔女士所提的苛刻要求的不满，而是顺着对方的思路，提出了一个更不符合逻辑的可笑问题来提醒对方：她的要求实在是过分，根本无法满足。

杨小姐所说出的任何一个字都没有伤及对方,这样不但提出了意见,而且也维护了那位女顾客的自尊。试想,在这种情况下,那位挑剔的女士还会因为对母鸡的名字不满而继续挑剔吗?

❋ 婉言曲说成幽默

有些事直接发表自己的见解不太合适,容易让人误解或不愉快,婉言曲说是很好的方法。而且这种婉言曲说不同于修辞里的委婉修辞方法,它是形成幽默的一种语言艺术。

王麻子是个极爱占小便宜的人,常常在别人家白吃白喝,吃完了上顿等下顿,住了两天住三天。一次,他在一朋友家里吃了三天后,问主人道:"今天弄什么好吃的呀?"

主人想了想,说:"今天我们弄麻雀肉吃吧!"

"哪来那么多麻雀肉呢?"

主人说:"先撒些稻谷在晒场上,趁麻雀来吃时,就用牛拉上石磨一碾,不就得了吗?"

这个爱占便宜的人连连摇手说:"这个办法不行,这样还没等石磨过来,麻雀早就飞跑了。"

主人一语双关地说:"麻雀是占惯了便宜的,只要有了好吃的,怎么碾(撵)也碾(撵)不走。"

现在我们谈论的"婉言曲说"的幽默法,可以说是"婉曲"的变格,它是说话人故意把所要表达的本意绕个圈子曲折地说出来,利用婉言来获得幽默效果。

克诺先生来到一个陌生的城市,走进一家小旅馆,他想在那儿过夜。

"一个单间带供应早餐要多少钱？"他问旅馆老板。

"不同房间有不同的价格，二楼房间15美元一天，三楼房间12美元一天，四楼10美元，五楼只要7美元。"

克诺先生考虑了几分钟，然后提起箱子就走。

"您觉得价格太高了吗？"老板问。

"不，"克诺回答，"是您的房子还不够高。"

一般说来，幽默应避免敌意和冲突，否则，幽默就会被减弱或者消亡。从这个意义上讲，婉言曲说最适合构成幽默。

一个法国出版商想得到著名作家的赞扬，借以抬高自己的身价。他想，要得到一个大人物的好感，必须先赞扬他。

这天，他去拜访那位著名作家。他看到作家的书桌上正摊着一篇评论巴尔扎克小说的文章，便说："啊，先生，您又在评论巴尔扎克了。的确，这么多年来，真正懂得巴尔扎克作品的人太少了，算来算去，也只有两个。"

作家一听就明白了出版商的意图，便让他继续说下去。

"这两个人，其中一个是您了，可是还有一个呢？您说，他应当是谁？"

作家说："那当然是巴尔扎克自己了。"

出版商顿时像泄了气的气球，悻悻地走了。

出版商想求得知名作家的赞扬，故意登门拜访。作家不好直接拒绝，就来了个婉言曲说。出版商把世间懂巴尔扎克作品的人确定为两个：一个，他自然要送给作家了；另一个，他是给自己预备的。但自己说出来，又显得太没涵养，况且自己认可的东西并不一定能得到作家的赞同,还是启发作家说出来吧。由此,出版商一直沿着自己的设计和思路,准备着一种情感——他期待着作家的赞扬,让作家指出他是懂巴尔扎克作品的第二个人。

作家并不回绝对方的话,因为那太扫人兴了。但是他有意漠视对方的"话外音",一句答话,让对方栽了个大跟头,作家回答另一个懂巴尔扎克的人是巴尔扎克自己。于是对方没戏唱了,只好离去。

凡有大成就者,向来都是说话的专家,他们不仅仅擅长于经营自己的一份事业,而且在待人接物上有着独到的迂回之术,他们能够在让人发笑的过程中不知不觉加入自己的观点。

著名的法国钢琴家乌尔蒙,年轻时有一天,他弹奏莫里斯·拉威尔的名曲《悼念公主的孔雀舞曲》,节奏太慢,正在听他弹奏的拉威尔忍不住对他说:"孩子,你要注意,死的是公主,而不是孔雀。"

在这里,拉威尔将公主与孔雀这两种原来互不相干的事物,出人意料地联系起来,使人们产生惊奇,并在笑声中意会到拉威尔话语的真正含义。

拉威尔对乌尔蒙的演奏节奏太慢这一问题,并不是采取直接批评的方式,而是采用婉转的暗示:"死的是公主,而不是孔雀。"这样,演奏者首先得回味一下,拉威尔的话到底是什么意思?弄清楚了,便意识到自己处理作品中的失误——应该加快速度。要快到什么程度呢?拉威尔的话给了提示,是孔雀舞曲。演奏者的脑海中定会浮现出美丽的孔雀翩翩起舞的英姿。拉威尔的旁敲侧击，使乌尔蒙明白了自己的问题所在。

一群人围在伦敦白厅前，中间躺着一个小男孩，蜷缩在地，痛苦地呻吟着，原来他吞了一枚2英镑的硬币到肚里。围观的人眼看孩子痛得不行了，都急得不知如何处置。这时，从人群中走出一位先生，他走到小孩身边，抓住小孩的腿，把他倒提起来，猛力地摇晃了几下，忽然听到"呼"的一声，那枚硬币从小孩的嘴里喷了出来。围观的人舒了一口气。

一位旁观者问那位先生："你是医生吗？"

"不！"那人回答，"我在税务局工作，叫花子见到我都得逃。"

这个幽默令人喷饭，把税务局"抠钱"的特点夸张得无以复加。

幽默是一种高超的语言艺术，这种艺术是在婉言曲说中产生的，说话直愣的人不可能创造出幽默来。按部就班，一是一，二是二，实说实，虚说虚，没有任何的发挥就不可能碰撞出幽默的火花。

PART 09 欲扬先抑定律——"打"与"送"的顺序决定批评的效果

心理学中有这样一个现象:先贬后褒,先抑后扬,易得人好感。这就是欲扬先抑定律。批评一个人应该讲究方法,可以运用一下欲扬先抑定律,对别人先否定后肯定,先抑后扬,这样你批评的话语别人才更乐意接受。

❀ 批评别人时**要给对方台阶下**

当批评别人的时候,对方可能会有下不来台的时候。这时如果能巧妙地给人台阶下,就可以为对方挽回面子,缓和紧张难堪的气氛,使事情能顺利进行。要达到这样的目的,就应该学会使用下列技巧,在批评别人时给对方台阶下。

1. 给对方寻找一个善意的动机

装作不理解对方尴尬的举动,故意给对方找一个善意的行为动机,给对方铺一个台阶。

有一位老师曾经讲过这样一个故事:

一天中午,他路过学校后操场时,发现前两天帮助搬运实验器材的几位同学正拿着一个实验室特有的凸透镜在阳光下做聚焦实验。当时那位老师就想：他们哪来的凸透镜？难道是在搬器材时趁人不备拿了一个？实验室正丢了一个。是上去问个究竟还是视而不见绕道而去？为难之时，同学们发现了那位老师，从同学们慌忙的神情中老师肯定了自己的判断。当时的空气就像凝固了似的，但是这位老师很快想出了一个妙方，他笑着说："哟，这凸透镜找到了！谢谢你们！昨天我到实验室准备实验，发现少了一个凸透镜，我想大概是搬器材过程中丢失了，我沿途找了好几遍都未能找到，谢谢你们帮我找到了。这样吧，你们继续实验，下午还给我也不迟。"同学们轻松地点了点头，一场尴尬就这样被轻松化解了。

这位老师采用了故意曲解的方法，装作是他们帮助老师找到了凸透镜，将责怪化成了感激，自然令学生在摆脱尴尬的同时又羞愧不已。

2. 顺势而为

依据当时当场的势态，将对方的尴尬之举加以巧妙解释，使原本只有消极意味的事件转而具有积极的含义。

有一次，某县县教委的一些同志去一所学校听课，校长安排1班的李老师讲课，这下可使李老师犯难了。他既怕课讲得不好，又担心有的学生回答问题时表现不佳，有失面子。课堂上，他重点讲解了词的感情色彩问题。在提问了两位同学取得良好效果后，接着提问县教委一位领导的孩子："请你说出一个形容×××的美丽的词或句子。"

或许是课堂气氛紧张，或许是严父在场，也可能兼而有之，这名同学一时语塞，只是站着。

李老师和那位领导都显出了尴尬的脸色。但瞬间，这位李老师便恢复正常，随机应变地讲道："好，请你坐下，同学们，××同学的答案是最完美的，他的意思是说这个人的美丽是无法用文字和语言来形容的。"

这一妙解为县教委领导孩子尴尬的"呆立"赋予了积极的意义，使他顺利下了台阶，而李老师本人和那位领导也自然摆脱了难堪。

3.委过于不在现场的第三者

故意将对方的责任归于不在现场的他人，主动地为对方寻找遮掩不妥行为的借口。

一位女顾客在某商场为丈夫购买了一套西服，回家穿后，丈夫不大喜欢这种颜色。于是，她急忙将西服包好，干洗后拿到商场去退货。面对服务员，她说那件衣服绝没穿过。

服务员检查衣服时，发现了衣服有干洗的痕迹。机敏的服务员并没有当场找出证据来拆穿她，因为服务员懂得一旦那样做，顾客会为了顾及自己的面子而死不承认的。这位服务员就为顾客找了一个台阶。她微笑着说："夫人，我想是不是您家的哪位搞错了，把衣服送到洗衣店去了？我自己前不久也发生过这类事，我把买的新衣服和其他衣服放在一起，结果我丈夫把那些衣服一块送去洗了。我想，您大概是也碰到了这种事情，因为这衣服确实有洗过的痕迹。"

这位女顾客知道自己错了，并且意识到服务员给了她台阶下，于是不好意思地拿起衣服，离开了商场。

4.将尴尬的事情严肃化

故意以严肃的态度面对对方的尴尬举动，消除其中的可笑意味，缓解对方的紧张心理。

第二次世界大战时，一位德高望重的英国将军举办了一场祝捷酒会。除上层人士之外，将军还特意邀请了一批作战勇敢的士兵，酒会自然是热烈而隆重。没料想，一位从乡下入伍的士兵不懂酒席上的一些规矩，捧着面前的一碗供洗手用的水喝了，顿时引来达官贵人、夫人小姐的一片讥笑声。那士兵一下子面红耳赤，无地自容。此时，将军慢慢地站起来，端着自己面前的那碗洗手水，面向全场贵宾，充满激情地说道："我提议，为我们这些英勇杀敌、拼死为国的士兵们干了这一碗。"言罢，一饮而尽，全场为之肃然，少顷，人人均仰脖而干。此时，士兵们已是泪流满面。

在这个故事里，将军为了帮助自己的士兵摆脱窘境，恢复酒会的气氛，采用了将可笑事件严肃化的办法，不但不讥笑士兵的尴尬举动，而且将该举动定性为向杀敌英雄致敬的严肃行为。乡下士兵不但尴尬一扫而尽，而且获得了莫大的荣誉，成为在场的焦点人物。

❀ 把握好说话的分寸，不可太露骨

事情有缓急，说话有轻重。有些人在日常交际中，考虑问题缺乏理智，不计后果，说话没轻没重，以致说了一些既伤害他人也不利于自己的话。其实，把话说得有轻有重，并非人们想象的那么难。只要将心比心，把对别人说的话当作对自己说，想一想，就知道我们所说的话有多少分量了。

说话轻重，通常出现在规劝或批评对方的情况中，所以掌握好轻重是非常重要的。谁都知道"人非圣贤，孰能无过"，所以，当我们发现对方行为有所缺失时，不必说得太露骨，稍微暗示一下对方，或者旁敲侧击地提醒，对方通常能够明白你的意思，还会对你的善意规劝表示好感。

宋朝益州的张咏，听说寇准当上了宰相，对其部下说："寇公奇才，惜学术不足尔。"张咏与寇准是多年的至交，他很想找个机会劝劝老朋友多读些书。

恰巧时隔不久，寇准因事来到陕西，刚刚卸任的张咏也从成都来到这里。老友相会，格外高兴。临分别时，寇准问张咏："何以教准？"张咏对此早已有所考虑，正想趁机劝寇准多读书。可是仔细一琢磨，寇准已是堂堂宰相，一人之下万人之上，怎么好直截了当地说他没学问呢？

张咏略微沉吟了一下，慢条斯理地说了一句："《霍光传》不可不读。"回到相府，寇准赶紧找出《汉书·霍光传》，从头仔细阅读，当他读到"光不学无术，暗于大理"时，恍然大悟，自言自语地说："此张公谓我矣！"是啊，当年霍光担任过大司马、大将军要职，地位相当于宋朝的宰相，他辅佐汉朝立下大功，但是居功自傲，不好学习，不明事理。这与寇准有某些相似之处。因而寇准读了《霍光传》，就明白了张咏的用意。

虽然张咏与寇准过去是至交，但如今寇准位居宰相，直截了当地说不一定合适。在这种情况下，张咏的一句赠言"《霍光传》不可不读"可以说是绝妙的。别小看这一句话，其实它胜过千言万语。而张咏通过让寇准去读《霍光传》这个委婉的方式，使寇准愉快地接受了他的建议。

那些熟谙用暗示手段提醒别人的人，通常能将自己善意的评价和论断很好地传达给对方，其结果通常使评价方和被评价方获得双赢。虽然人人皆知直言不讳是耿直的表现，但是物极必反，有时候态度越强硬，越达不到你想要的效果。最为高明的手段根本不提"批评"二字，而是逐渐"敲醒"听者，启发他自我反省。

奉劝别人的话并不是随口说出来的，我们必须思考应该以什么样的方式把它说出来而不会让对方难堪。对于那些有自知之明的人，最好采用暗示的方式，因为这样做就可以达到劝说的目的了，无须再把话挑明，以至于多加一层伤害。

❋ 批评时**应遵守的原则**

批评者如果能够遵循批评的基本原则，那么他的批评将会更容易被对方所接受。

世上没有十全十美的人，每个人都有可能会犯错。有的人会忍不住大发雷霆，严厉斥责犯错的人。然而在一阵狂风暴雨之后，你可能会沮丧地发现，你的"善意"并没有被对方接受。但是，倘若我们给批评裹上"糖衣"，也许会更容易为人所接受。

其实，批评不一定要用尖刻的言语，有时"温柔细语"更能起到劝说、批评的效果。

在生活和工作中，批评是必不可少的，因为缺点每个人都有，只有认识到自己的缺点并加以改正，才有可能获得进步。这就是批评的价值所在。

但是，在批评时，一定要讲究方式、方法，否则难以达到预期效果。那么，批评需要遵循哪些原则呢？

1. 体谅对方的情绪

开门见山地批评他人显得有点残酷，会给对方的心理蒙上一层阴影。所以，当你在批评他人时，不妨设身处地站在对方的立场考虑一下，自己是否能接受得了这种批评。如果批评的话自己听来都有些生硬，那么就该检讨一下自己的措辞。

另外，也要考虑批评的场合。不注意场合的批评，任何人都很难接受。

2. 诚恳而友好的态度

批评是一个敏感的话题，哪怕是轻微的批评，都不会使人感到舒畅，而且批评者此时会显得很挑剔。所以，如果批评者态度不诚恳，语气居高临下，反而会引发矛盾，使对方产生对立情绪。

因此，批评必须注意态度，诚恳而友好的态度往往能使摩擦减少，使批评达到预期效果。

3. 只说眼前，不提过去

批评应该站在如何解决当前问题、将来如何改进的立场上进行。这样的批评才是理想、得当的。

4. 批评时一对一，莫让他人听到

批评时若有他人在场，被批评者会有屈辱感，由此心生反感，找理由辩解，而无心自省。因此，不到万不得已，不要当众批评他人。

❋ 看透但不点透：事情说得太白会伤和气

人非圣贤，有时难免会做一些不恰当的事。在这种情况下，就要把握好指责他人的分寸，即使看破别人的心思也不要去点破。

在人际交往中，有的事不必弄得太明白，只要大家心知肚明就可以了。俗话说：看透别说透。事情说得太直白，反而会伤和气，或显得太无聊。懂得此道理，在交际中自然游刃有余。

一日，在县法院工作的老姜在街上巧遇做律师的好友老刘。一番寒暄之后，老刘说："我正想去找你，恰好就遇到你了。"

"有啥事我能帮上忙的？"老姜好奇地问。

"×镇的朱××诉周××赔偿一案，你们受理的吧？"

"是啊。"

"周××是我的老乡。他是复员军人、共产党员，这人……"老刘说。

老姜插话笑道："你不必介绍他的政治面貌了，我们又不选拔干部。如果看政治面貌，那么，若遇上一件书记告贼的民事案子的话，岂不是连审判程序也不必进行，直接判书记胜诉就行了吗？"

"对对对。"老刘连连点头。

"人们总爱把犯过错误的人看扁，犯过错误的人又不敢激烈申辩自己的正确主张。你是明理之人，为他辩护即可起到维护其合法权益的作用。你说，对吗？"老姜说。

"言之有理。"

一番说笑后，二人分手了，没有因此产生半点隔阂。

相反，那些事事追究到底、口无遮拦地说出心中所想的人，在很多时候往往会破坏原本融洽或可能融洽的气氛。

在一次会议上，张教授遇见了一位文艺评论家。互通姓名后，张教授对这位文艺评论家说："久仰久仰，早就知道您对星宿很有研究，是位大名鼎鼎的天文学家。"评论家半天没有反应过来，以为是张教授搞错了，忙说："张教授，您可真会开玩笑，我是搞文艺评论的，并不研究什么天文现象。您是不是弄错了？"张教授正言答道："我怎么是跟您开玩笑呢？在您发表的文章里，我时常看到您不断发现了什么'著名歌星''舞台新星''歌坛巨星''文坛明星'等众多的星宿，想来您一定是个非凡的天文学家。"弄得这位评论家尴尬不已，什么也没说，坐了一会儿就走了。

为人处世，需练就一双"火眼金睛"，同时也要做一只"闷嘴葫芦"，这样才能万无一失。像故事中的张教授以为自己看得挺明白，于是就对人大加指责；而老姜则不同，他明白"看透不说透"的道理。这两种人在处理事情时得到的结果也自然不同了。

谁都会有出错的时候，如果只是一味地泄私愤、横加批评、讲刺话，总是数落对方"你怎么这么笨""你怎么总是这样""你这样做太不应该了"等，是不太妥当的。

因此,当某人行事真有问题时,他在内心有时会反省,觉得抱歉、恐慌、不知所措,此时如果你再批评指责他,那么他会因为你的指责而羞愧难过,有的甚至从此一蹶不振,无法再树立自信。如果换种语气、换个方式,比如"从今以后,你会做得比这次好",或者"我想,下次你一定不会再犯这样的错误了"等诸如此类的话,对方不仅会感激你对他的信任,同时会感受到你的真诚,更重要的是有了改正错误的信心,对方在今后的工作、生活中必定会更加小心谨慎。

第二篇

好口才离不开心理学

PART 01 妙语寒暄，寻找共鸣沟通

❋ 沟通要有**情感共鸣点**

沟通时，要想使得场面更和谐，就一定要找到对方感情的突破口，只有情感上有了共鸣，交流才能继续下去。

日常交往并不是总在熟人间进行，有时你甚至要闯入陌生人的领地。当进入一个陌生的家庭、环境时，要迅速打开局面，首先要寻找理想的突破口。有了突破口，便可以以点带面或由此及彼地发挥开去，从而实现让对方在感情上接受你的效果。

纽约某大银行的乔·利特奉上司指示，秘密进入某家公司

进行信用调查。正巧利特认识另一家大企业公司的董事长，这位董事长很清楚该公司的行政情况，利特便亲自登门拜访。

当他进入董事长办公室，才坐定不久，女秘书便从门口探头对董事长说：

"很抱歉，今天我没有邮票拿给您。"

"我那12岁的儿子正在收集邮票，所以……"董事长不好意思地向利特解释。

接着利特便开门见山地说明来意，可是董事长却含糊其词，一直不愿做正面回答。利特见此情景，只好离去，没得到一点儿收获。

不久，利特突然想起那位女秘书向董事长说的话，同时也想到他服务的银行国外科每天都有许多来自世界各地的信件，那上面有各国的邮票。

第二天下午，利特又去找那位董事长，告诉董事长他是专程为他儿子送邮票来的。董事长热情地欢迎了他。利特把邮票交给他，他面露微笑，双手接过邮票，就像得到稀世珍宝似的自言自语："我儿子一定会高兴得不得了。啊！多有价值！"

董事长和利特谈了40分钟有关集邮的事情，又让利特看他儿子的照片。之后，没等利特开口，他就自动地说出了利特想要知道的那家公司的内幕消息，足足说了一个钟头。他不但把所知道的消息都告诉了利特，又召来部下询问，还打电话请教朋友。利特没想到区区几十张邮票竟让他圆满地完成了任务。

人常说：要让一个母亲开心，那就去赞扬她的孩子。找到情感共鸣，沟通自然会顺畅。

❀ 分清别人说的场面话

场面话大家都在说,但究竟哪些场面话是真的,哪些场面话是虚言的应酬,我们要做到心中有数。

走入社会后很多人就会发现,虽然自己名片盒里的名片越来越多,但真正无话不谈的朋友还是那么几个。绝大多数是场面上的朋友,迎来送往,无非是个"你好"加上"再见"。苦恼的是,若是真正的朋友,就算相对无语,彼此也不觉得尴尬;但场面上的朋友就不同了,毕竟从见面到分开之间的一段空白还是要去填的。善于应酬的人,也就是公认的社交高手,总能漂亮地完成使命,让彼此轻松愉悦地过一段时间;反之,则空留尴尬的笑脸和一段难熬的时间。

一个法资公司的大老板每年环球巡游一次,听各国首席执行官们述职,当然,也顺便见一下各国雇员。只是全球数万张面孔,哪儿记得过来?于是他每年都问同样的三个问题:你是哪个大学毕业的?学的是什么专业?何时来到我们公司的?除了首席执行官们之外,公司其余的人每年都要回答一次。

大多数员工对待这三个问题就像对待元首阅兵一样,把答案像口令一样喊出来而已,从不奢望自己能被大老板记住,除了一个信息技术工程师。他每次回答完"我的专业是建筑设计"之后,都会解释一下为何原来的建筑设计师会转行到信息技术领域。这是个漫长的故事,但大老板老是记不住,于是他连续讲了三年。第四年,当他又开始讲第四次的时候,大老板制止了他:"好像有个挺长的故事是吗?无论如何,我代表公司感谢你的努力工作。"可怜的人只好把他那感人的奋斗史收了起来。

老板只是客套一下，谁知他竟当了真。

坐上大老板的位置后，也许不用再花心思设计机灵的场面话；但下属就不同了，场面上反应机敏与否，直接关系到将来的前程。

一次会议的中场休息之后，许多人迟到，大老板面露愠色。大部分人默默地进来，默默地入座，空气十分凝重。只有一个中层女经理，人未到话先到："哎呀呀，卫生间的队好长啊。老板，你怎么雇了这么多女人啊！"一句话把大老板逗乐了。

在一个鸡尾酒会上，有个商人模样的老外过来打招呼，琳达马上放下冰橙汁，与他握手。他笑问琳达："为什么你的手冰冰的呀？"她忙着解释，朝那杯冰橙汁乱指。他马上摇头："不不不，你只需要说'但我的心是热的'就行了。"

一句话提醒了琳达。

其实他并不关心为何琳达的手是冷的，而琳达也并无义务

解释为何自己的手是冷的。不过是两个陌生人找个话题混个脸熟而已,什么话开心、什么话可以博个笑脸,就讲什么话。

场面话人人都在说,但究竟所说的场面话哪些是真的、哪些只是基于社交的礼节虚言的应付,我们的心中要有数,这样才不至于因为没有分清对方的场面话的虚实而造成尴尬的局面。

❈ 初次见面,赞美的话要说得准

对于初次见面的人,最好避免以对方的人品或性格为谈话内容,即使是赞美对方"你真是个好人",对方也容易产生"才第一次见面,你怎么知道我是好人"的疑念及戒备心。

通常情况下,不是直接称赞对方,而是称赞与对方有关的事情,这种间接赞美在初次见面时比较有效。打个比方,如果对方是女性,她的服装和装饰品将是间接赞美的最佳对象。

唐码和不少朋友的家人都相处得很好,其中与一位夫人的友谊甚至超过和她丈夫的友谊。本来唐码只认识她的丈夫,那么他怎么成了她全家的朋友呢?起因是在与她初次见面的那次宴会上唐码随便说出的一句话。

当时,唐码被介绍给这位朋友的夫人,由于当时没有适当的话题,就顺口说了一句"你配戴的这个坠子很少见,非常特别"。唐码说这句话完全是无意的,因为他根本不懂女人的装饰品。出人意料的是,这个坠子果然很特别,只有在巴黎圣母院才买得到,这是她的心爱之物。随便说出的这句话,使夫人联想起有关坠子的种种往事,从此他们便成了好朋友。

要恰如其分地赞美别人是件很不容易的事。如果称赞不得法，反而会遭到排斥。为了让对方坦然地说出心里话，必须尽早发现对方引以为豪、喜欢被人称赞的地方，然后对此大加赞美。在尚未确定对方最引以为豪之处前，最好不要胡乱称赞，以免自讨没趣。试想，一位原本已经为身材消瘦而苦恼的女性，听到别人赞美她苗条、纤细，又怎么会感到由衷的高兴呢？

赵明长得很像一位演员。每当他和朋友一起到饭店去，初次见到他的服务小姐都会对他说："你长得真像电影明星！"的确，无论是赵明的容貌还是气质都与那位演员非常相似。一般而言，说某人很像名演员，是一种恭维之词，被称赞的人通常不会不高兴。赵明的反应却不同，他听了服务小姐的奉承后，原本不喜欢开口的他，变得更加沉默了。

对于赵明的反应，服务小姐很是诧异。赵明的反应一点也不奇怪，因为服务小姐的赞美根本不得法。赵明了解自己的缺点，就是容易给人冷漠的印象，而那位电影明星在屏幕上所扮演的正是冷酷无情的角色。所以，如果说他酷似那位电影明星，这哪里是在赞美，分明是指出了赵明的缺点。

另外，从第三者口中得到的情报有时在初次见到对方时能起到重要的作用。因此，利用所得到的情报当面夸奖对方，当然也会为自己赢得主动。但是，如果你将这些情报、传言直接转述给对方，恐怕只会遭到冷遇。所以，赞美之词一定要说得准确，才能帮助你进一步拓展人际关系。

❀ 面对不同的人用**不同的交谈方式**

不同的人所关注和喜欢的东西也会不同，面对不同的人，我们要学会说不同的场面话。只有投其所好，场面话才能引起对方的兴趣，谈话才能持续下去。

与人交谈时，如果想要达到"交谈甚欢"的境界，最常见的方法就是"投其所好"。如果想要求人办事，那就更得在说话的时候投其所好。要知道，如果你能投其所好，说的话就能深入人心；如果反其所好，只会招来对方的厌恶，甚至还会给自己带来麻烦。有个人们耳熟能详的童话故事就能说明这个道理：

有一个年轻的渔夫，一天收网的时候，发现网里有一个旧瓶子。他把瓶塞打开，突然一阵浓烈的烟雾喷出来，很快变出一个比山还大的巨魔。

这时，巨魔突然笑着说："哈哈！年轻人，你把我救出来，本来我应该感谢你的，可是，你做得太迟了，倘若你早一点把我救出来，你就可以得到一座金山啦！唉，又让我等了500年，我太不耐烦了，我已经许了恶愿，要把救我出来的那个人一口吃掉！"

那年轻人吃了一惊，但立即镇定地说："哟，这么小的一个瓶子，怎么能把你装下呀？你一定在说谎，你再回到瓶子里让我看看吧。"

那巨魔听后，竟大笑说："哈哈哈哈，我不会上当的！《天方夜谭》早把这个古老的故事说过了，我如果再钻入瓶子里，你把塞子塞上，我不就完蛋了吗？"

"你看过《天方夜谭》？真是一个博学多才之士呀！那你看过苏格拉底的哲学著作吗？"

"哼！这500年来，我被关在瓶子里，穷读天下的经典著作，苦苦修行，莫说是西方的巨著，连中国的《大学》《中庸》《论语》《孟子》我都念得熟透了。"

"啊，那么《史记》你也颇有研究吧？墨子的著作也有涉猎吗？"

"别说了，经史子集无一不通！"

"不过，我想你一定没有见过《红楼梦》的手抄本，这是一部难得一见的版本呢！"

"哼！你这个小子太小觑我了，这本书的收藏者正是我呀！让我拿出来给你开开眼界吧！"

刚说完，只见巨魔立即又化作一阵浓烟，徐徐进入瓶子里。这时候，年轻的渔夫不再迟疑，连忙用瓶塞堵住了瓶子。

每个人都有可能是他兴趣所在领域的专家，激发对方的兴趣，你不仅会获得新知，有时加以利用还能够逢凶化吉。年轻的渔夫就是利用这一点降服了巨魔。

与对方能够畅谈的原则，就是能够顺着对方的喜好交谈。心理学家告诉我们，对于不同类型的人要用不同的交谈方式。

1. 人际关系型

如果对方时常提到自己和某个人的关系，或是某个人和另一个人的关系，就代表他对人际关系很有兴趣。如果你让他知道你也懂得人际关系学，那么，他就会很乐意和你谈下去。

2. 逻辑思维型

如果这个人说话有条理、很利索，而且用词精确，那么这种人通常喜欢有逻辑地去思考，谈话滴水不漏。因此在对话时，你不能只是说出自己的感觉，应尽量调动自己的分析能力，去分析事物背后的道理。

3. 情感丰富型

当你讨论到对于某个人或某件事情的想法时，如果对方说出"这个人好可怜……"之类的话，代表他情感丰富，凡事凭感觉，而且好恶分明。面对这种人，不要谈理论、讲求逻辑分析，他对此可能一点兴趣也没有。

4. 艺术欣赏型

这种人喜欢谈论美术或音乐等话题，你可以和他讨论最近最热门的商品设计或音乐表演等，请教对方的意见，不仅让对方有一个表现的机会，而且你也能从中学到一些知识。

有一位学者曾说过："如果你能和任何人连续谈上10分钟

并且让对方产生兴趣,那你便是一流的说话高手。"两个陌生人初次见面,如果不能善用机会,投其所好地找出话题,说不好该说的场面话,必然不能取得交谈的成功。投其所好,谈论别人感兴趣的事物,会使人感觉受到尊重,同时也是一种深刻了解别人并与之愉快相处的方式。

❀ 给别人面子就是给自己面子

说话一定要给别人留情面,要知道给别人面子就等于是给自己面子,这样彼此之间才都有面子。

"人要脸,树要皮",让自己有面子的最有效方法:先给别人一点面子。

有位文化界朋友,每年都会受邀参加某单位的杂志评鉴工作。这项工作虽然报酬不多,但却是一项荣誉,很多人想参加却找不到门路,也有人只参加一两次,就再也没有机会了。有人问这位文化界人士,为何他能年年有此"殊荣"?他在年届退休,不再参加此项工作后才公开秘诀。

他说,他的专业眼光并不是关键,他的职位也不是重点,他之所以能年年被邀请,是因为他很会给面子。

他在公开的评审会议上一定会把握一个原则:多称赞、鼓励而少批评。但会议结束之后,他会找来杂志的编辑人员,私底下告诉他们编辑上的缺点。

因此虽然杂志有先后名次,但每个人都保住了面子。正因为他顾虑到别人的面子,因此无论是承办该项业务的人员还是杂志的编辑人员，都很尊敬他、喜欢他，当然也就每年都找他当评审了。

每个人都要面子。如果你是个对面子无所谓的人，那么你必定是个不受欢迎的人；如果你是个只顾自己面子，却不顾别人面子的人，那么你必定是个要吃亏的人。

年轻人常犯的错误是，自以为有见解，自以为有口才，逮到机会就大发宏论，把别人批评得脸一阵红一阵白，他自己则大呼痛快。如此下去，总有一天会吃到苦头。

事实上，给别人面子并不难，也无关道德，其实从某种程度上说，给别人面子基本就是给自己面子。

PART 02 慧语仁心，用沟通消除隔阂

❋ 劝架调解有技巧

不对争执双方做人格上的评价，而强调双方在性格、能力等方面的差异性，在客观上起到褒贬的效果，从而化解争执。人们在吵架的时候，经常为了谁对谁错、谁好谁坏而争执不休，直接的褒贬至少会引起一方的不满，甚至伤害其自尊心。因此，劝架者在对一方进行劝解时应该避重就轻，不对双方道德上的孰优孰劣做出判断，而是强调二者在个性、能力上的差异，适当地"褒一方，贬一方"，可使被褒的一方心里得到满足并放弃争执，而又不伤害被贬的一方，使劝解成功。

小陈和小杨是某学校新来的年轻教师，小陈心细，考虑事情周到，小杨性情有些鲁莽，但业务能力较强。一次，两个年轻人发生了争执，小陈说不过小杨，感觉很委屈，跑到校长处诉苦。校长拍拍小陈肩膀说："小陈啊，你脾气好，办事周到，这个大家都清楚，也都很欣赏，可是小杨天生是个躁性子，牛脾气一上来什么都忘了，等脾气过去了就天下太平。你

是一个细心人，懂得从团结同事、搞好工作的角度看待问题，你怎么能跟他那暴性子一般见识呢？"一番话说得小陈脸红了起来。

这是一个通过强调双方差异来解决纠纷的典型例子。校长没有直接批评小杨，而是反复强调小陈脾气好、小杨性格暴躁，这实际上是通过比较两人截然不同的性格来肯定小陈待人办事的方法是正确的，小陈领悟到校长的意思，自然也不会再跟小杨计较。

此外，在褒一方、贬一方时，作为调解纠纷的第三人应记住以下几点，以免褒贬不当而引起当事人的反感，让事情变得更糟。

1. 忌激化矛盾

很多调解纠纷的第三者在"褒一方，贬一方"时，由于方法不当反而加剧了矛盾。这主要是因为：

第一是强化了当事人本来就不该有的消极情绪，从而火上浇油，扩大了事态。

第二是"惹火烧身"。因方法不当，激怒了当事人，使当事人把全部的不满和怨恨情绪都转移到了第三者身上，第三者成了他的对立面和"出气筒"。

2. 忌急于求成

人们常说，善弈棋者，每每举一而反三。做别人的思想工作好比下棋，也要珍视这"三步棋"的做法，要耐心细致，再三斟酌。如果条件不具备就急于求成，总想快刀斩乱麻，其结果往往是事倍功半，成效甚微，甚至把矛盾激化。

3. 忌官腔官调

要克服官腔官调，最主要的是应该增强作为一个普通人的意识，以普通人的姿态出现在人们面前，彻底改变那种高高在上、唯我独尊、主观武断的官僚作风和指手画脚、发号施令的作风。

还必须注意坚持实事求是的态度，慎用套话，加强语言表达能力的培养。

4. 忌空洞说教

要避免空洞说教，尤其要从道理上使人信服，思想观点要明确，语言要朴实新颖。以上三个方面都要下功夫。

5. 忌反常批评

必须努力克服以下几种不正确的批评方式：

批而不评式、阿谀奉承式、隔靴搔痒式、褒贬对半式。

以上几种不正确的批评方式，均属于调解纠纷的"败笔"。要想使调解达到转变对方态度、修正对方错误的目的，就应该正确运用批评的武器，切忌简单化和庸俗化。

6. 忌不分场合

如果不分场合，信口开河，不管人前人后，指名道姓地对人进行说服，效果往往不佳，搞不好还会出现与当事人的良好动机截然相反的结果。

❋ 发生冲突时**切忌失去理智**

人与人之间难免因某种原因产生摩擦，这时如果把话说得过重，就会使矛盾激化；相反，如果压制自己的情绪，则会让事情平息下来。

日本得过直木奖的作家藤本义一，是位颇为知名的人。

一次，他的女儿超过了晚上时限10点钟，于12点方才带醉而归，开门的藤本夫人自是破口训斥了一顿，之后还说：

"总而言之，你还是得向父亲道个歉。"

顿时，她也清醒了不少，感到似乎大难就要临头了，于是便怯怯地走向父亲的卧房，而面色凝重的父亲却只说了句："你这混蛋！"之后便愤然离去，留下了无言的女儿独自在黑暗中。

虽然只是一句话，但却深深刺痛了她的心，然而晚归之事，自此便不再发生。

为人父母者都有责备孩子的经验，多半也了解孩子可能有的反抗心，所以要他们反省是相当困难的。通常会以一句"你是怎么搞的，我已经说过多少次……"想让他们了解并且反省，此时他们若有反抗的举止，父母又会加一句："你这是什么态度？！"然后说教更是没完。

如此愈是责骂，孩子的反抗心便愈是高涨，家长就愈是希望他们反省，反而愈得不到效果，于是情况就会变得更糟。但藤本义一的这种做法，使他女儿的反抗心根本无从发泄，反而转变为反省的心。

因藤本夫人的一顿训斥，已足够引起女儿的反抗心，但藤本义一却巧妙地将它压抑住，反而使女儿的内心感到十分歉疚，因为父亲的一句"混蛋"，实胜过许多无谓的责骂，她除了自我反省，实在无话可说。

压制自己的情绪，在遇到愤怒的事情时，切勿失去理智、口不择言。通常有些过头话都是在情绪激动时脱口而出的。人们为了战胜对手，往往夸大其词，着意渲染，"攻其一点，不及其余"，甚至使用污言秽语。如夫妻吵架时，丈夫在气头上说："我一辈子也不想见到你！"这话显然是气话、过头话，是冲动状态下的过激之言。事过之后，冷静下来，又会追悔莫及。所以，在情绪激动时，要特别注意控制，切莫怒不择言、出语伤人。同时，因为双方有矛盾，说话就难免很冲、带刺，如果你也采取同样的态度回击，则积怨更深，最好的办法就是避其锋芒。钢刀砍在石头上，肯定会溅起火星；如果钢刀砍在棉花上，则软而无力，对方也不会再强硬下去。历史上廉颇与蔺相如"将相和"的故事，告诉我们的就是在与有误解或隔阂的人相处时，应避其锋芒，不要硬碰硬，不说过头话，使用的语气不要咄咄逼人，如果一方能主动示弱，便有利于矛盾的化解。

❋ 拿不准的问题不要武断

一般人并不怕听反对自己的意见，不过人人都愿意自己用脑筋去考虑一下各种问题。对于自己未必相信的事情，都愿意多听一听，多看一看，然后再下判断。

为了给别人考虑的余地，你要尽量缓冲你的判断结论。把你的判断限制一下，声明这只是个人的看法，或者是亲眼看到的事实，因为可能别人跟你有不尽相同的经验。

除去极少数的特殊事情，日常交往中，你最好能避免用类似这样的语句来说明你的看法，如"绝对是这样的""全部是这样的"，或者"总是这样的"。你可以说"有些是这样的""有时是这样的"，甚至说"大多数人都是这样的"。

凡是对自己没有亲历，或不了解的事实，或存有疑点的问

题发表看法时，要注意选择恰当的限制性词语，准确地表达。如说："仅从已掌握的情况来看，我认为……""如果情况是这样的话，我认为……""这仅仅是个人的意见，不一定正确……"这些说法都给发言做了必要的限制，不但较为客观，而且随着掌握的新情况的增多，有进一步发表意见或纠正自己原来看法的余地，较为主动。

有时是因事实尚未搞清，有时是因涉及面广，或者自己不明就里，在这些情况下都不宜说过头话，而应借助委婉、含蓄、隐蔽、暗喻的策略方式，由此及彼，用弦外之音巧妙表达本意，揭示批评内容，让人自己思考和领悟，使这种批评达到"藏颖词间，锋露于外"的效果。例如，可以通过列举和分析现实中他人的是非，暗喻其错误；通过列举分析历史人物的是非，烘托其错误；也可通过分析正确的事物，比较其错误等。此外，还可采用多种暗示法，如故事暗示法，用生动的形象增强感染力；笑话暗示法，既有幽默感，又使他不尴尬；逸闻暗示法，通过逸闻趣事，使他听批评时，即使受到一点影射，也易于接受。总之，通过提供多角度、多内容的比较，使人反思领悟，从而自觉愉快地接受你的意见，改正错误。

❁ 道歉态度要诚恳

对待言语失误，道歉时态度诚恳是很重要的。只要内心真诚，即使说话不得当，也能得到别人的谅解。

与人交往，不可避免地会说错话、做错事，得罪人也就在所难免了，严重时甚至会给别人造成沉重的精神痛苦和巨大的经济损失。对此，我们需要及时认识到自己的错误，诚恳道歉，并主动承担责任，一般情况下，是能得到别人的原谅的。

道歉并非耻辱，而是真挚和诚恳的表现。伟人有时也道歉。丘吉尔起初对杜鲁门的印象很坏，但后来告诉杜鲁门说以前低估了他——这句话是以赞誉方式做出的道歉。有的人虽然道歉了，但总想为自己的过失寻找借口，以保住自己的面子，这样做只能让人觉得你没有诚意。没有诚意的道歉是不会获得他人的谅解的。

道歉，有时只不过是"对不起"简简单单三个字，然而有时却是一种心灵美的外在表现。

一位中国访问学者在美国曾遇到这么一件事。

有一天,她埋头赶路,一边走一边思考问题,因为有点儿走神,没注意对面走来一位男士,一时收不住脚步,一脚踩在男士的鞋上。当然,她脱口而出说了声:"对不起!"但令她十分奇怪的是,在她道歉的同时,那位男士也说了一声:"对不起!"这位女士好奇地问:"我踩了你,你为什么要向我道歉呢?"

那位男士十分真诚地说:"夫人,我想,是因为我挡了您的路您才踩到我脚上的,所以是我妨碍了您,我应该向您道歉!"

从这番话里我们就可以看出,勇于道歉的人常常是善于体谅他人、善于设身处地为他人着想的人。

诚心诚意的道歉,应该语气温和、坦诚直率、堂堂正正,不必躲躲闪闪、羞羞答答,更不要夸大其词、奴颜婢膝,一味往自己脸上抹黑。那样,别人不仅不会接受你的道歉,甚至还会觉得你很虚伪。

PART 03 妙语解围,营造轻松的交往气氛

❋ 话不投机时,**不想尴尬快转弯**

我们日常在与他人进行交流之时,因话不投机也往往会造成一些尴尬,令气氛紧张。

话不投机有多种情况,第一种情况是某种言谈举止使人为难,那就要及时转换话题,以缓和气氛。

两个青年去拜访老师,在谈话中提到:

"老师,听说您的夫人是教英语的,我们想请她指教一些问题,行吗?"

老师为难地沉默了片刻,说:"那是我以前的爱人,前不久分手了。"

"哦?对不起,老师……"

"没什么,喝点水吧。"

"老师,您的书什么时候出版?快了吧?……"

这样转换话题,特别是提出对方很愿意谈的话题,就会使谈话很快恢复正常,气氛活跃起来。

话不投机的第二种情况，是有人有意或无意地和你开玩笑，带有挖苦意味，使你窘迫甚至生气。如你的头发脱落许多，有人很可能挖苦你是"电灯泡""不毛之地"。在这种情况下，你不可恼羞成怒，伤了和气，也不能忍气吞声，硬装没事。最好是一笑置之，豁然大度地来两句："好啊！这说明我是绝顶聪明。没听说吗？热闹的大街不长草，聪明的脑袋不长毛！"这样答复，话题未转，内容却引申、转折了，既摆脱了窘境，又自我表扬，岂不妙哉？

　　第三种情况是双方意见对立谈不拢，但问题还要解决，不能回避。这种话不投机的情况就需要绕路引导。

　　在找对象的问题上，母子有矛盾。儿子不愿也不能和母亲闹僵，只好等待时机再说。这天吃饭时，母亲又唠叨起来："你这孩子，怎么就不听妈的话呢？人家局长的女儿，人长得不错，又有现

成的房子，你为什么不和人家谈，偏要……""妈，快吃饭吧，菜凉了不好吃……"儿子先回避话题，意在绕路引导，然后再向母亲解释自己对待个人问题的原则，以获得母亲的理解。

联系工作，洽谈生意，也可能话不投机，陷入僵局。只要还有余地，就可提出新的话题，绕弯引导。如甲方推销四吨卡车，而乙方不要四吨的，想要两吨的。这时，甲方若硬着头皮争执，只会越谈越僵，不欢而散。如能转移话题，绕弯引导，从季节、路途、载重多少与车辆寿命长短等各种因素来促使乙方考虑只用两吨的弊病，或许能"柳暗花明又一村"，开辟新的销售途径。

在社交应酬场合，有时候会遇到一些让人左右为难的问题，如果按照对方设计的思路去想问题、回答问题，那么无论如何回答都会落入对方设计的圈套。此时，就需要人们有非凡的反应能力，最好能够借助周围的环境，迅速转移话题，以有效地避免自己的尴尬。

当然，这种及时转弯的应变能力是靠不断的实践培养出来的，但也并不是遥不可及的。只要平时多加锻炼，必然会有所收获。

✻ 多说两个"对不起"，可化解瞬间爆发的火气

戴尔·卡耐基时常带着自己心爱的小狗到他家附近的森林公园去散步。为了保护游客的安全，这个公园有个规定，

必须为狗戴上口笼、拴上链条，才可以进入公园。一开始，卡耐基按照规定遛狗，可是看到自己的爱犬可怜的模样，很不忍心，于是就将口笼和链条取下，让爱犬无拘无束地在公园里玩耍。

没想到这被一位公园警察看到了，他走了过来，对卡耐基说："你没有看到公园门口贴的公告吗？"

卡耐基争辩道："噢，我的狗是不会咬人的。"

警察一听，厉声警告卡耐基："法官可不会管你的狗会不会咬人，下次再被我看到，你自己对法官说去！"

过了几天，卡耐基一大早就带了爱犬，到公园里一处很空旷的地方溜达，看看四下无人，于是又将狗的口笼和链条取了下来。

说来也巧，上回碰到的那个警察不知从哪里钻出来了。卡耐基见到警察慢慢地走过来，心想大事不妙，这下准逃不掉。根据上次的经验，和他争辩只会让他更恼火。

卡耐基想了想，以满面羞愧的表情迎上前去。

他故意很难为情地对警察说："警官，对不起，你才警告过我，可我又犯错了，我有罪，你逮捕我吧！"

警察愣了一下，笑意爬上原本严肃的脸庞，他很温和地对卡耐基说："我知道谁都不忍心看到自己的狗可怜兮兮的模样，何况这里没有什么人，所以你取下了口笼。"

卡耐基轻声回答道："但是，这样做是违法的。"

警察望了望远处："这样吧！你让小狗跑到那个小丘后头，让我看不见，这件事就算了。"

"对不起"这三个字看来简单，可是它的效用不是别的字所能比拟的。这三个字，能使顽固者点头，能使怒气消减，甚至能化敌为友。

　　你在汽车上踩了别人的脚，说声"对不起"，被踩的人自然不会计较什么了。若因为你的过失，使别人吃亏，而你还不承认自己的错误，好像别人吃亏是咎由自取似的，这就不能使别人原谅你了。

　　消除厌恶感，避免伤害对方的感情，最聪明的办法是：自己谦逊一点。自己有过失的时候立刻道歉，别人会给予宽容。

　　"对不起"三个字，意思无非是让别人占上风。你既然让他占了上风，他还有什么更多的要求呢？

　　从刚懂事起，父母、老师就教导我们要诚实，要勇于认错，要知错就改。想想小时候养成了一个多么好的习惯，而长大后却逐渐生疏起来。看看我们的周围，经常可以听到"我不会……因为遗传……""我迟到，因为……""我的计划没完成，因

为……"等，即使错了，"对不起"之类的话我们也难以说出口。面对同事和朋友，我们拉不下脸面，怕被瞧不起；面对长辈和领导，我们怕失去信任；面对小辈，我们怕失去威信；面对客户，我们怕承担责任……正是在这些害怕中，我们一点点地丧失勇气、迷失自己，更重要的是，容易让人感到我们没有修养。

大大小小的失误，在我们工作中真的发生了很多很多，可我们并没有及时地说"对不起"，我们忙于找借口来拒绝承担自己的责任。

在交际应酬的过程中，说了"对不起"、认了错就真的会被瞧不起，会被认为能力差，会丢面子，会得不到信任，会失去威信吗？我们都知道，多少夫妻之间的相濡以沫、多少同事关系的一如既往，关键皆在于双方能坦然地承认自己错了。卡耐基有名的人际关系原则中有一条：如果错在你，应当立即、断然地承认。我们要认识到认错并不会丢面子，也不会说明你能力差，相反，它能证明你是个有勇气的人，大家也都会喜欢一个勇于承认错误的人。

❈ 面对有意刁难，**要化被动为主动**

在应酬场上，你难免会遇到一些刁钻古怪的人，他们一般都会对人进行刁难。如果你恼羞成怒，对刁难者进行指责，就会激起对方的反击，由此引发"战争"；但如果你表现得过于温和，又会让对方觉得你是一个软弱易欺的人，没准还会找机会再刁难你。

不仅是从政者，社交人士也需要掌握一些应酬技巧，巧妙应对别人的有意刁难，才能既保住自己的面子，又不至于因回敬过头而显得失礼。

1. 装糊涂

应酬时，有时会遇到某些人针对一些细微的事情对你发难，存心要让你难堪，企图让你成为全场的笑话。这时，如果你和他针锋相对，就会中了他的激将法，丧失了自己的风度。你不妨揣着明白装糊涂，全当不懂对方的话，让对方的预期心理落空，自讨没趣。

2. 用一个反问来作答

应酬场上，有些人就是喜欢抛给别人两难问题，喜欢看别人左右为难的样子。这时，与其在是与不是两个答案中左右为难，不妨把这个问题直接抛回给对方，来一句："不知您的看法如何呢？"

3. 以相同思维反击

应酬中，当面对别人的有意刁难，你不能直接回答时，不妨采用与对方一样的思维，以他的逻辑，再设一个相同句式的问题来反问他，请君入瓮，这样就可以巧妙地把球踢还给对方，让他也尝尝这种左右为难的滋味。

此外，在面对他人的有意刁难时，我们应先有意放松、消除对方的戒备心理，为能牢牢地把握主动权打好基础，再予以反击，令对方措手不及。

总之，应酬时，当我们遇到别人的有意刁难时，一定要保持沉着冷静的心态，化被动为主动，才是最佳的应酬法。

PART 04 从"心"说服,把话说到对方的心窝里

❋ 以"利"服人

你是否会为他人着想,为他人做一点事呢?几乎所有脱离群体、以自我为中心的人,他们的座右铭都是"人不为己,天诛地灭",这也就是为什么一旦有人优先考虑他人所托之事时,就会传为美谈,而且备受称颂和尊重的原因了。因为这样的人实在太少!

是的,通常我们行动的目的都是"为自己",而非"为别人"。如果能够充分理解这一点,那么想要说服他人就会比较容易了。因为只要了解对方真正想追求的利益所在,进而满足他的欲望便可达到目的。

肿瘤患者放疗时,每周要测一次血常规,有的患者拒绝检查,主要是因为他们没意识到这种监测的目的是保护他们自己。

一次,护士小王走进病房,对患者说:"王大嫂,该抽血了!"

患者拒绝说:"不抽,我太瘦了,没有血,我不抽了!"

小王耐心地解释:"抽血是因为要检查骨髓的造血功能是否正常,例如白细胞、红细胞、血小板等,血象太低了就不能继续做放疗,人会很难受,治疗也会中断!对身体也不好。"

患者好奇地说:"降低了又会怎样?"

小王说:"降低了,医生就会用药物使它上升,仍然可以放疗!你看,别的病友都抽了!一点点血,对你不会有什么影响的。再说还可以补回来呀。"

患者被说服了:"好吧!"

相信很多人都经历过,在说服别人或想拜托别人做事情时,不管怎样恳求对方,对方总是敷衍应付、漠不关心。这时你首先要用利益来唤起对方的关心,然后再说服诱导。在推销方面,推销员为了唤起顾客的注意,并达到80%的购买率,往往是先诱导、后说服。

在英国工业革命方兴未艾时,以发明发电机而闻名的法拉第,为了能够得到政府的研究资助,去拜访首相。

法拉第带着一个发电机的雏形,非常热心并滔滔不绝地讲述着这个划时代的发明。但首相的反应始终很冷淡,一副漠不关心的样子。

事实上,这也是无可奈何的事情,因为他虽然是一个了不起的政治家,但要他看着这种周围缠着线圈的磁石模型,心里想着这将会带给后世产业结构的大转变,实在是太困难了。但是法拉第在说了下面这句话后,却使原本漠不关心的首相突然变得非常关心起来。他说道:"首相,这个机械将来如果能普及的话,必定能增加税收。"

显而易见，首相听了法拉第所说的话后，态度突然有了强烈的转变。其原因就是这个发动机将来一定会带来相当大的利润，而利润增加必能使政府得到一笔很大的税收，而首相关心的就在于此。

在很多人眼里都把利益看成首要的，那么以"利"服人是一大先决条件。但是，将这条最基本的要点抛于脑后的却大有人在，他们没有满足对方最大的利益，一心一意只是想要满足自己的私欲，所以反而无法达成自己的目的。例如以下这个故事：

日本某酒厂的产品负责人成功研发了新型水果酒，为求尽快让产品打进市场，于是他决定说服社长批准大量生产。

"社长，又有新的产品研发出来了。这次的产品是前所未有的新发明，绝对能畅销。连我都喜欢的东西，绝对有市场。我敢拍胸脯保证。"

"什么新产品？"

"就是这个，用梨汁酿制的白兰地。"

"什么？梨汁酿的白兰地？！那种东西谁会喝？况且喝白兰地的人本来就少，更甭说用梨汁酿的白兰地……就是我也不会去喝。不行！"

"请您再评估评估，我认为很具有可行性。用梨汁酿酒本来就不多见，再加上梨子有独特的果香，一定很适合现代人的口味。"

"嗯，我觉得还是不行。"

"我认为绝对会畅销……请您再重新考虑一下。"

"你怎么这样唠叨？不行就是不行。"

"好歹也要试试看才知道好坏，这是好不容易才研发出来的呀！"

"够了，滚吧！"

最后，社长终于忍不住发火。这位负责人不仅没能说服社长，反而坏了自己的名声。

该如何做呢？首先应充分考虑对方的利益为何，再考虑自己的利益何在，然后将两者合并起来，找出双方共有的利益所在，最后再着手进行劝说。

下面我们再看一个例子。卡内基作为钢铁大王，却对钢铁制造不甚了解，那么他成功的原因是什么呢？关键就在于他知道如何跟人打交道。

他知道名字对一个人的重要性。当他还是个孩子的时候，在田野里抓到两只兔子，他很快就替它们筑好了窝，但发现没有食物，因此他想到了一个妙计——把邻居小孩找来，说，如果他们能为兔子找到食物，就以他们的名字来为兔子命名。

这个妙计产生了意想不到的效果，因此卡内基永远也忘不了这个经验。

当卡内基与乔治·波尔曼都在争取一笔汽车生意时，这位钢铁大王又想起了兔子给他的经验。

当时卡内基所经营的中央能运公司正在与波尔曼的公司竞争，他们都想争夺太平洋铁路的生意，但这种互相残杀对彼此的利益都有很大的损害。当卡内基与波尔曼都要去纽约会见太平洋铁路公司的董事长时，他们在尼加拉斯旅馆碰面，卡内基说:"波尔曼先生,我们不要再彼此玩弄对方了。"

波尔曼不悦地说:"我不懂你的意思。"

于是,卡内基就把心里的计划说出来,希望能兼顾二者的利益,他描述了合作的好处以及竞争的缺点。波尔曼半信半疑地听着,最后问道:"那么新公司要叫什么名字呢?"卡内基立刻答道:"当然是叫波尔曼汽车公司啦。"

波尔曼顿时展露了笑容,说道:"到我的房间来,我们好好讨论这件事。"

我们都知道说服他人要攻其要害,而逐利就是每个人的通病。

一个人可能会同时具有想去相信别人，却并不真正相信别人的两种心态。谨慎而顽固的人多持不信任人的态度，并以这种态度来左右自己的行为。他并不是没有相信人的意念，但更具有希望人家能信任他的强烈意念。对于这种人，先为他设计一套理由："你这么做，不但对你自己，对他人也是有帮助的。"以此来晓以大义将更有说服力，毕竟利益是多多益善的。

譬如，一位卖宝石的推销员这样对一个正在犹豫不决的主妇说：

"你用这些东西一定能使你更美，而你的先生也会更喜欢你。"

这句话的含义是说你这么做并非全是为了自己，同时也为了你先生，她必定极乐意买下。如果更进一步地说：

"即使你买了它，若想脱手也能高价卖出，这样对于你的家又何尝没有帮助？"

对方一听，必定会认为她买下这个东西并非为她一人，也是为了家。对于一个正在犹豫不决的主妇来说，最好的方法是对她说"不仅对你好，对整个家都好"等类的话语，必定很容易将货品推销出去。

这种方法并非只适用于商场。日本古代名人丰臣秀吉有一次想没收所有农民的刀枪铁器等，但遭到了农民们的激烈反对。由于他们受过太多的欺骗，对那些统治者也早已恨透了，此时若以强压手段必引起农民的反抗。于是他便灵机一动说："这次我要将这些没收的武器用来制造寺庙用的器材、铁钉等，使神灵得以供奉。并且为了国家、为了全民，更需要百姓专心于耕作。"于是农民们便都心甘情愿地将武器交出了。

在被劝说者缺乏自信力的时候,为了将其导向你所设置的既定目标,必须突出这样的利与得,而这样的害与失最好就避而不谈,这是说服对方所采取的一种策略。

❈ 刚柔相济,劝诫更有效

明朝人张嘉言驻守广州时,沿海一带设有总兵、参将、游击等官职。总兵、参将部下各有数千名士兵,每天的军粮都要平均分为两份。

参将的士兵每年汛期都要出海巡逻,而总兵所管辖的士兵都借口驻守海防,从来不远行。等到每过三五年要修船不出海时,参将部下的士兵只发给一半的军粮,如果没有船修而不出海,就要每天减去三分之一的军粮,以贮存起来待修船时再用。只有总兵的部下军粮一点也不减,当修船时另外再从民间筹集经费。这种做法已沿袭很久,彼此都视为理所当然。

不料,有一天,巡按将此事报告了军门,请求以后将总兵部下的军粮减少一些,留待以后准备修船时再用。恰巧,这位军门和总兵之间有矛盾,于是就仓促同意削减军粮。

总兵各部官兵听到消息后,立即哄然哗变。他们知道张嘉言在朝廷中很有威信,就径直围逼到张嘉言的大堂之下。

张嘉言神色安然自若,命令手下人传五六个知情者到场,说明事情真相。士兵们蜂拥而上,张嘉言当即将他们喝下堂去,说:"人多嘴杂,一片吵闹声,我怎么能听清你们说些什么？"

士兵们这才退下。当时正下大雨，士兵们的衣服都淋湿了，张嘉言也不顾惜，只是叫这几个人将情况详细说明。这几个人你一言我一语，都说过去从来没有扣减总兵官兵军粮的先例。

张嘉言说："这件事我也听说了。你们全都不出海巡逻，这也难怪上司削减你们的军粮了。你们要想不减也可以，不过那对你们并没有什么好处。上司从今以后会让你们和参将的士兵一样每年轮换出海巡逻，你们难道能不去吗？如果去了，那么你们也会同他们一样，军粮会被减掉一半。你们费尽心机争取的东西还是拿不到的，这些肯定要发给那些来替换你们的士兵。如果是这样，你们为什么不听从上司，将军粮稍微减少一点呢？而你们照样还可以做你们大将军的士兵。你们再认真考

虑一下吧！"

这几个人低着头，一时无法对答，只是一个劲儿地说："求老爷转告上司，多多宽大体恤。"

张嘉言问："你们叫什么名字？"

他们都面面相觑不敢回答。

张嘉言顿时骂道："你们不说姓名，如果上司问我'谁禀告你的'，让我怎么回答？"

这几个人只好报了自己的姓名，张嘉言一一记下，然后对他们说："你们回去转告各位士兵，这件事我自有处置，劝他们不要闹了。否则，你们几个人的姓名都在我这儿，上司一定会将你们全部斩首。"

这几个人顿时吓得面容失色，连连点头称是，狼狈退了出去。

后来，总兵部下的士兵每日被扣军粮，士兵们竟然再也没有闹事的。张嘉言的这招恩威并施堪称经典。

在说服他人的过程中，采用刚柔相济的劝诫之术，一方面能使别人体面地"退"，另一方面又坚持自己的原则，使自己的主张得到采纳。这种方法可以为许多事情的处理留有余地。

太史公司马迁在《史记·滑稽列传》里记载：战国时期，齐威王荒淫无度，不理国政，好为长夜之饮。上行下效，僚属们也全不干正事，眼看国家就要灭亡了。可是就在这种节骨眼上却没有谁敢去进谏，最后只好由"长不满四尺"的淳于髡出面了。但是淳于髡并没有气势汹汹、单刀直入地向齐威王提出规谏，而是先和他搭讪聊天。

他对齐威王说："咱们齐国有一只大鸟，落在大王的屋顶上已经3年了，可是它既不飞，又不叫，大王您知道是什么原因吗？"

齐威王虽然荒淫好酒，但是他本人却和夏桀、商纣这样的坏到骨子里去的人物有着巨大的不同，所以当听到淳于髡的隐语之后，他就被刺痛并醒悟了，于是很快回答说："我知道。这只大鸟它不鸣则已，一鸣就要惊人；不飞则已，一飞即将冲天。你就等着看吧！"

说毕立即停歌罢舞，戒酒上朝，切实清理政务，严肃吏治，接见县令共72人，赏有功者1人，杀有罪者1人。随后领兵出征，打退要来侵犯齐国的各国诸侯，夺回被别国侵占去的所有国土。齐国很快又强盛起来。

淳于髡并没有以尖锐的语言来进行劝谏，而是避开话锋，柔语细说中又带有一丝强硬与责备，这样对方很容易主动接受建议。

软硬兼施的方法还可以以两种人合作逼人就范的形式来实施。

在许多影视作品中都有审讯犯罪嫌疑人的场面，其中最有效的审讯手段莫过于此：先是一位警员声色俱厉地威胁、恐吓犯罪嫌疑人，把他逼到进退两难的边缘；这时又一位陪审的警员出场，他态度十分温和地对犯罪嫌疑人表示信任和理解。

首先由攻击型的警员来审问犯罪嫌疑人，以凌厉的攻势摧毁对方的意志，向他说明他的罪证确凿、他的同伙都招供了，等等，把他逼到进退两难的边缘。接受了这样的审讯后，有的人会屈服，而顽固的犯罪嫌疑人则会死不认罪。

在这种情况下，则再派另一位温和型的警员审问他。警员完全站到犯罪嫌疑人的立场上，真心地安慰他、鼓励他——"你的兄长都希望你得到宽大处理，希望你为他们考虑"等。对这种软招，犯罪嫌疑人往往会自惭形秽，坦白自己的一切犯罪行为。

无论是在影片中还是现实生活中，使用这种技巧，罪犯十有八九会坦白认罪的。

这种手法是一种奇异的心理法则，又称"缓解交代法"。由攻击型和温和型的两个人合作，一方首先把审问对象逼到心里的死胡同里去，令他一筹莫展；这时另一个人出来指点给他一条路。在这种情况下，被审问者会自然地奔向那条可以脱身的路了。

❋ **换个角度说话**让他心悦诚服

说服他人做什么事可以根本不用面对面提出你的意愿，也不用说得明白无误，采用一种旁敲侧击的方法有时候更有效。

公元前636年，在外流浪19年的晋公子重耳，在秦穆公的帮助支持下，就要回国为王了。

渡河之际，壶叔把他们流亡时的旧席破帷仍然当宝贝似的搬上船，一件也不舍得丢掉。重耳一看，哈哈大笑，说自己就要回国为王了，还要这些破烂干什么？他命令壶叔全部抛弃这些东西。狐偃对重耳这种未得富贵先忘贫贱的言行非常反感，担心以后重耳会像抛弃破烂一样，把他们这些陪伴他长期流浪的旧臣也统统抛弃。

于是，他当即向重耳表示，他愿意继续留在秦国，因为在外奔波了19年，自己现在心力交瘁，身体已经像刚才重耳丢弃的旧席破帷一样无法再用，回去也没有什么价值了。

重耳一听便明白了狐偃的意思，马上做了自我批评，并让壶叔把东西一一捡回，表示回国后，一定不会忘掉狐偃的功劳和苦劳，要狐偃和他同心同德，治理晋国。

在对别人进行劝服时，由于种种原因不好直说，不能直截了当地点出对方的意见和观点是错误的，这时若能旁敲侧击，以事物启发人，会更容易被对方接受。

著名的出版业巨子哈斯特是从创办一份小型报纸起家的，经过几年的奋斗，他拥有了23种报纸和12种杂志。一次，这位杰出的人物遇到了一件令人烦恼的事情：著名的漫画家纳斯特为他绘制了一幅令他大失所望的漫画。

哈斯特觉得这样可不行，一定要想办法让他重画一幅令人满意的漫画才行。可是怎样才能让那位著名的漫画家重画一幅杰出的作品呢？而且，还有一个问题就是，这样一来原先那幅失败的作品就会因此而报废，他一定会有挫败感的，怎样才能让他愉快地重画呢？

当天晚上，大家一起共进晚餐的时候，哈斯特着重对那幅失败的作品好好地赞赏了一番，他表示："本地的电车时常让许多小孩子不慎伤亡。有的时候，驾驶电车的司机看上去简直不像活人，倒像个死人。照我自己看来，那些人好像只是瞠目结舌地看着孩子们在街上玩耍，却毫无顾忌地驾驶电车冲上前去。"这时，纳斯特激动地一跃而起，惊奇地说道："老天！哈斯特先生，这个场景足以画出一张让人震撼的图画来啊！你把我那张画作废吧，我给你重新画一张更出色的。"就这样，纳斯特异常激动地待在旅馆里，连夜赶制，第二天果然就送来了一幅异常深刻的漫画。

精明的哈斯特诱使纳斯特主动提出将自己的画作废，并自愿加班赶制一幅新的漫画，是哈斯特利用暗示将看似突发奇想的灵感不着痕迹地移植到了纳斯特的心里，以使纳斯特兴致勃勃地完成了一幅新的杰作。

对于有抵触情绪的人正面说服虽然能够表达说服者的诚心，却不能达到消除对方抵触情绪的目的。而如果在形式上加以改变，却能达到正面说服所不能达到的效果。

在第二次世界大战末期，美军付出很大代价攻占了太平洋上的一座日本岛屿。最后的十几名日本士兵退到一个山洞里，无论洞外的美军怎么喊话，他们拒不缴枪，并拼命朝外射击。美军此时真是无可奈何。忽然有位美国兵灵机一动，半开玩笑式地向洞里的日本兵做出一个许诺：如果投降，就让他们去好莱坞一游，看一看影星们的风采。没想到这句话产生了意想不到的效果，枪声停止了。那些刚才还开枪顽抗的日本兵一个个爬出了洞穴，缴枪投降了。最后，美军司令部为了维护信誉，竟真的安排这些俘虏飞抵好莱坞，大饱了一次眼福。

侧面说服并非是歪打正着。二十几岁的日本兵虽被灌输了不少武士道精神，但正当年少，哪个不做少年郎的梦？好莱坞是个梦幻的世界，它吸引着世界各地成千上万年轻人的心，对于这些无视生命的日本兵来说也有着超凡的魅力。美国士兵正是利用了这种心态，达到了说服的效果。

约翰的公司正值生意兴隆之际，忽然因一件意外的事件濒临破产。约翰回到家中，痛哭流涕，想到这20年的艰难创业即将毁于一旦，他的精神陷入极端绝望的境地。他不吃饭不睡觉，心里满是自杀的念头。他的妻子琼一开始也和约翰一样悲痛欲绝，但她看到约翰的样子，明白该是自己拿出勇气的时候了。她一遍遍地劝慰约翰，说些"忘记这一切，从头干起"的鼓励话。但约翰好像没有听到，依然沉湎于自己的绝望心境中。琼看到正面的劝慰不能奏效，灵机一动，计上心来，她坐在约翰的身旁，大哭了起来，一边哭一边诉说起今后生活的可怕："你的公司破产了，我们这个家可怎么办？两个孩子的学费怎么筹？我怎么和孩子们去解释？他们将不能和同学一起去度假。"琼哭得那么伤心,约翰在妻子哭声中从迷茫的状态下慢慢清醒了过来。他想起了自己对妻儿的责任,想起这个打击也同样降临到了家人身上。他立刻收起了悲伤,对琼说:"不要难过,我们重新开始。"琼笑了,对约翰说:"看来得扮演被安慰者才行。"

关键时刻,琼调转了角色,变换了角度,使约翰重新恢复了勇气。

我国的古人很喜欢采用一种叫"隐语"的手法来表达自己的意见。这种方法更为含蓄,给人一种优美、曲折的感觉。通常是借别的词语或手势动作做出暗示,让对方猜测。巧妙使用隐语不仅可以把话讲得生动、脱俗,而且容易引起对方的注意和兴趣。

周武王灭殷,入纣都朝歌。听说殷朝有位德高望重的长者,于是武王前去面见,询问殷朝灭亡的原因。

长者对武王说:"您要想知道这个答案,请以某一天的中午时分为期,到时再谈。"约定的日期到了,可是长者没有来,武王感觉很奇怪。周公说:"我已经知道了。此人是个君子,礼义要求他不能非难自己的君王,所以不能明言直说。至于他期而不到,言而无信,实际上暗示了殷灭亡的原因。他是在用隐语来回答我们的问题啊。"

春秋时,齐景公伐鲁,接近许城时,找到一个叫东门无泽的人。齐景公问他:"鲁国的年成如何?"东门无泽回答说:"背阴的地方冰凝到底,朝阳的地方冰厚五寸。"齐景公不明白,把这事告诉了晏子。晏子回答说:"这是一位有知识的人,您问年成,而他回答冰,这是合于礼的。背阴地方的冰凝固,朝阳地方冰结五寸,这表明节气正常,节气正常意味着政治平和,政治平和上下就团结,上下团结年成自然好。您攻打一个粮食充足、群众团结的国家,恐怕会把齐国百姓弄得很疲惫,会死伤不少战士,结局恐怕不会如您的愿。请对鲁国以礼相待,平息他们对我国的怨恨,遣返他们的俘虏,来表明我们的好意吧。"齐景公说:"好!"于是决定不再伐鲁。

隐语需要对方有一定的领悟能力,否则也达不到预期的效果。因此,我们在对对方进行旁敲侧击的同时,必须考虑到对方的心理和立场。

PART 05 处变不惊，妙语应对他人的不善

❋ 以其人之道，**还治其人之身**

当有人无理取闹时，聪明的人不妨用一种幽默的方法以其人之道还治其人之身，进行有力而又不失礼的反击，一举攻陷对手。

"以其人之道，还治其人之身"是指按照对方的逻辑去理解或推论，由此及彼，最后"物归原主"，使其搬起石头砸自己的脚，自食其果。

使用这种幽默返还法，要善于抓住对方的一句话、一个比喻、一个结论，然后把它接过来去针对对方，即把对方给你的荒谬语言或行为及不愿接受的结论，经逻辑演绎后还给他，以其人之道，还治其人之身。

这种方法用于对付那些耍赖之人最有成效，往往能使对方的无理取闹不攻自破，使对方作茧自缚。

一个懒汉去朋友家做客。早晨起床后，他不但不收拾床铺，朋友替他叠被时，他还振振有词地说："反正晚上要睡，

现在何必去叠？"饭后，懒汉将碗筷一推，一动不动地坐在沙发上闭目养神。朋友又得收拾桌子，又得洗刷餐具，懒汉说："反正下顿还要吃，现在何必洗呢？"到了晚上，朋友劝他把脚洗一洗，这样既讲卫生，又有益于健康。懒汉又耍赖，反驳说："反正还要脏，现在何必洗呢？"于是，朋友打算惩治他一下。第二天，吃饭的时候，朋友只顾自己，对懒汉不管不顾。懒汉来到饭桌旁，见没有自己的碗筷，便嚷道："我的饭呢？"朋友问道："反正吃了还要饿，你又何必去吃呢？"睡觉的时候，朋友也同样只顾自己，不理懒汉，懒汉见状，焦急地问道："我睡哪儿？"朋友反驳道："反正迟早要醒，你又何必要睡？"懒汉急了，叫道："不吃不睡，不是要我死吗？"朋友泰然答道："是啊，反正总是要死，你又何必活着？"说得懒汉哑口无言。

故事中的朋友紧紧抓住了懒汉的荒谬逻辑，顺竿上树，以其人之道，还治其人之身，使得懒汉无话可说。

在使用"以其人之道，还治其人之身"的幽默术时，关键在于抓住对方的语言逻辑，然后以此为基点，推出荒唐的结论，令对方的诘难不攻自破。

我们提倡做老实人说老实话，但若太过老实宽厚，反倒会纵容别人不恰当的言行。所以，面对别人的无礼攻击和嘲笑挖苦，我们一定要学会以其人之道还治其人之身，维护自己的利益和尊严。

从前有个贪婪成性的财主，每次吩咐别人办事时都想从别人身上揩点油水。有一天，财主派一名长工去买酒，但又不给长工钱，分明是要长工自己掏腰包买酒给他喝。长工感到有些莫名其妙，便问："老爷，没有钱怎么能买到酒呢？"财主生气地说："花钱买酒谁不会呢？要是你能不用钱就买回酒，那才是有本事呢！"这位长工本来就机智过人，他知道财主的心眼小，于是便一言不发地拿着酒瓶出去了。

过了一会儿，长工拿着空瓶回来，他走到财主身边说："老爷，酒买回来了，你慢慢喝吧！"财主拿过酒瓶一看，里面空空如也，便大发雷霆："岂有此理，你是怎么给我办事的？酒瓶空空，叫我喝什么？小心我扣你半年工钱！"

那位长工慢悠悠地说道："老爷，酒瓶里有酒谁不会喝？你要是能够在空瓶里喝出酒来，那才是真有本事呢！"财主气得直翻白眼，一句话都说不出来。

显然，这个财主只想占长工的便宜，如果长工不能有效地反驳他荒谬的论调，就有可能遭到财主的严厉训斥，或者是自己贴钱给财主买酒，无论如何，吃亏的都是他自己。

在现实生活中，如果我们遇到了无理取闹、蛮不讲理的人，一定要据理力争，适当反驳，切不可一味地任其摆布。那么，具体应该如何去反击这种无理取闹的行为，让对方承认自己的错误呢？首先，要控制自己的情绪，以大丈夫的涵养与气量，在气场上镇住对方；然后，要冷静考虑对策，从中选出最佳方案，以免做出莽撞之举；最后，还要选准打击点，反击力要猛，使对方哑口无言。

嘉华和浩明同是一家外贸公司的职员，他们的主管是从日本留学回来的。由于这家公司主要从事对日贸易，所以懂得日语的人很吃香。他们的主管能说一口流利的日语，自然成为老板眼中的红人。但这个主管是个很高傲、瞧不起人的人，尤其当他得势之后，就更加目中无人了，对手下员工大吼大叫是家常便饭，最让员工看不惯的是，主管经常用日语骂人。

嘉华、浩明和几个同事都会一点日语，所以经常被主管要求用日语对话。一旦他们听不太懂的时候，主管就会用极其鄙视和嘲笑的口气说："你们这些人简直笨得要死，连简单的对话都不会。"类似这样的语言常常把他们说得无地自容。

几次被主管的言词侮辱之后，浩明决定不再跟主管用日语对话了。主管用日语问问题，浩明就用汉语回答，这样一来可把主管激怒了，大声地用日语骂开了。虽然自己的日语并不流利，但是浩明听得出来那都是很难听的脏话。浩明再也无法忍受这样的主管了，于是当天就递了辞呈。

嘉华不太赞同浩明的做法，他选择了积极应战。于是嘉华努力学日语，不知不觉两年过去了，嘉华的日语进步飞快。除了平时跟主管对话已经很少出错之外，对于公司的业务也开始直接参与，不像从前那样只做幕后工作了。

有一次，主管吹毛求疵，对嘉华工作中不满意的地方唠叨了起来，嘉华不慌不忙地开始跟主管辩解，不但日语说得流利顺畅，句句有理、头头是道，并且气势逼人。虽然平时经常对话，但也都是些商务常用句子，今天嘉华张口说了这么一大串来，主管也很吃惊，最后被嘉华逼得无话可说。办公室里顿时响起了雷鸣般的掌声，大家都为嘉华的精彩表现叫好。

主管从那次以后也收敛了许多，因为公司里不再只有他一个人能够流利地讲日语了。而且由于他以前对待员工的态度太差，人缘也不好，不久就被降职了。

浩明选择逃避，而嘉华选择积极面对。其实嘉华战斗的方式很简单，就是"以其人之道，还治其人之身"。主管个性高傲，而这种高傲的资本就是他懂日语，所以嘉华努力学习日语并以此为"武器"对付他。

总之，对于故意寻衅的人和尖酸刻薄的语言，我们一定要学会反击，而不能一味地忍让和宽容，让对方得意。

❀ 把握语言反击的有效性

不适当的或者过度的反击并不能起到有效的反击作用，因此，反击时一定要把握好度，使自己的语言反击更有效。

在冲突中，我们反击的目的是调节和改善自己所处的人际关系环境，是为了解决矛盾而不是扩大矛盾。这是反击有效性的重要标志。良好的口才是战胜对手的一大法宝，但良枪在手，用不好也会走火，伤人害己。因此，利用语言进行反击时，需要把握好度。

所谓"度"，就是要按照自己对环境的敏锐判断，明确自己的优势和劣势，准确把握该说什么、怎样说、说到什么程度。

要掌握好度，首先要抓住主要矛盾，不要扩大打击面，不应把本来可以争取的中间力量甚至朋友统统都推到与自己对立的阵营中去，使自己陷于孤立、被动的境地。

其次，应控制打击的力度，不要一棍子把人打死、一句话把人噎死。反击时应为对方留一点余地，掌握打击的分寸。因为大多数人都爱面子，给对方留有余地实质上是为缓和彼此间的冲突留下了回旋的空间，也为自己留一条后路。如果你把对方逼进了死胡同，他别无选择只能与你对垒，结果双方剑拔弩张，到头来两败俱伤。这并不是我们反击的目的。然而，在生活中许多人并不能深刻理解这一道理。

阿伟暗恋上了佳佳，但佳佳心有所属，并不为他所动。终于到了佳佳的生日，阿伟决定在生日晚会上"火"一把。在摇曳的生日烛光里，阿伟动情地唱起了："对你爱，爱，爱不完……"佳佳感觉阿伟在大庭广众之中令她很难堪，但她只淡淡笑了笑，以舒缓的语调说："看不出阿伟平时不声不响，原来歌喉如此优美。我们该为将来那位有幸拥有他深情歌声的女士祝福。"这句话，似是赞美，但给了阿伟明确的答案，既给阿伟留足了面子，又使自己轻松婉拒了他的心意。

事实上，在现实生活中，只有把握语言反击的广度和深度，才能保证语言反击的力度，有效地达到反击的目的，使自己不再受气。

❋ 以妙语暗示自己的实力，**让对方知难而退**

有时，我们基于种种限制，无法直接反驳对方，这时不妨用妙语暗示自己的实力，让对方知难而退。

实力是一个人的资本。实力摆在明处，别人自然不敢造次；但实力若被隐藏，不为人所注意，有可能就得受气。因此，在必要场合，于不动声色中显示自己的实力，可以让对方知难而退。

绵里藏针是暗示自己实力的一种有效方法，其特点是含而不露。在反击中，语调平和，言辞委婉得体，既予对方以尊重，不伤害对方的情感和体面，又巧妙地暗示自己也不是好惹的。一般情况下，对方会知趣地就此打住。

有个经理，本性好色。一日，见一位公关小姐姿色美艳，便恭维道："小姐，你是我见过的最漂亮的女孩子。今晚下班后我请客，不知小姐可否赏光？"公关小姐虽然厌烦至极，但职业的本能使她必须有所克制。于是，她彬彬有礼地答道："这位先生，非常抱歉。下班后我必须去武术学校同一位真正永远也忘不了我的人约会。"

"你是说你的男朋友？在武术学校？"经理半信半疑

地问。

"是的。我们是同学。"

这下可令这位经理目瞪口呆了。他怎么也想不到面前这位身材匀称的姑娘身怀武艺，这就已经够他应付的了，更何况还有一位武术学校的男朋友。公关小姐见状，意味深长地笑起来："他可是个醋坛子，这事我可不敢含糊。"这位心存非分之想的经理只得灰溜溜地离开了。这位小姐没有横眉冷对，也没有出言不逊，而是于淡淡的话语中暗示了自己的实力，使原本轻视她的经理顿时望而生畏。

这种绵里藏针，以妙语暗示自己实力的反击方法，柔中见刚，达到以柔克刚的效果。运用此法不仅可以巧妙地使自己摆脱受气的境地，又无损对方的体面，而且以自己良好的修养显示了内在的威慑力。

❈ 先发制人，获取辩论中的主动权

在辩论时，最经常也是最有效的战略就是主动出击，先发制人，因为只有在进攻、进攻、再进攻中才能始终把握主动权。

先发制人重在一个"先"字，贵在一个"制"字。当你意识到别人将要说一些对你不利的话或让你办一些不想办的事时，你可以抢先开口，或截，或封，或堵，或围，或压，或劝，明确地告知对方免开口，打断对方的话题，用其他话题岔开。这样就能牢牢掌握交际的主动权，达到自己的目的。

辩论不是简单的舌战，更不是街头泼妇骂架，而是进攻与防守综合艺术的运用。顾头不顾尾的蛮攻和忍气吞声的防守都会导致失败。

孙子曰："备前则后寡，备后则前寡，备左则右寡，备右则左寡，无所不备，则无所不寡。"在辩论时，最常见也是最有效的战略就是主动出击、先发制人，但又不能盲目进攻，要掌握进攻技巧，才能取得好的效果。

1. 正面进攻

辩论中，与对方短兵相接，面对面地直接驳斥对方的论点，尤其是中心论点，指出对方论点的错误和明显违背事实和常理的地方，使其主张不能成立，是辩论制胜的法宝。这就是所谓正面进攻。这是大规模的正规军决战常用的手法，最常用，也最难以掌握。

1988年，"亚洲地区大学生辩论赛"预赛的第一场，中国香港中文大学队对新加坡国立大学队，辩题是"个人功利主义是社会进步的最重要因素"。辩题即论点，站在反方的香港中文大学队的一名队员发言指出："孙中山领导辛亥革命，推翻了中国两千多年的封建统治，难道是因为个人功利主义吗？爱迪生发明了电灯，造福于全人类，难道是因为个人功利主义吗？"

上述例子中采用的就是正面进攻，直接反驳辩题。只用两个反问句，举出两个无可辩驳的历史事实——孙中山领导的辛亥革命，中国及全世界都知道；爱迪生的科学发明，给全世界带来了光明，更是世人皆知。论者用这两个促进社会进步的重大历史事实，直接证明"个人功利主义是社会进步的最重要因素"这一论点的错误。这一方法的效果是全面而且有力的。

2. 侧面进攻

侧面进攻指不与对方正面交锋，或是因对方论点看似十分坚强，难以找到漏洞，而从侧面驳斥对方的论据，或提出对方论据逻辑上的毛病，加以迎头痛击，彻底打垮对方。

3. 迂回进攻

迂回进攻是指不与对方近距离接触，而先远距离地进攻，如从挑剔对方的论辩态度不妥或论辩风度有失，开始诘难，进而抓住对方的论辩漏洞，深入进行驳诘。用这种方法，往往能使对手措手不及，难以应答。

4. 包围进攻

包围进攻是指当对方分论点很杂时，可以分割包围对方核心论点、周围的分论点及论据，逐一进行驳诘，最后推翻对方的核心立论。既然对方分论点不能成立，其核心立论自然也不成立。在辩论中，要做到先发制人，抢先掌握主动权，只有以正确的进攻方式攻击对手，在攻击过程中发现对方的破绽抢先下手，进而穷追猛打，方可达到自己的目的，并一举取胜。

理直气壮，有理之人要先以气势取胜

有的人总是有意无意地向我们提出不公平、不合理的要求。面对这种情况，我们必须据理力争，争取自己应得的权益。这就要求我们理直气壮地说话，从而在气势上征服对方，打击对方的嚣张气焰。

爱看足球比赛的人都知道，足球比赛有一句至理名言，那就是"足球是圆的"。它的意思是说球场上风云变幻，胜负并不全依强弱而定。那么，是什么因素使得足球比赛具有这样的悬念呢？无疑就是"气势"。所谓"主场之利"，指的就是主队士气上升，具有了气势，在这样的情况下，往往会有超水平的发挥。

谦虚和无能是两回事。自己没有主见、对他人言听计从很可能会被划入"无能"的范畴，真正的谦虚绝不是唯他人马首是瞻，而是在该表达自己意见的时候也要坦率地表达。可见，谦虚固然重要，但"当说则说，当怒则怒"的姿态也不可缺少。如果不能坚持自己的主张，而一味地迁就别人，对方很可能会将你看轻。沟通心灵、统一意见的最好办法，莫过于意见分歧的双方坦率地将自己的看法和盘托出，找出其中的分歧再相互协商。在这个过程中,没有以势压人,也没有盲目服从,这才是谦虚的最好演绎,互相信赖的关系也由此萌生。

俗话说:"人善被人欺,马善被人骑。"有些人专爱拣软柿子捏。对这样的人,能忍则忍,忍无可忍时,不如反击。

当人的感情受到伤害时,我们中的大多数人会十分愤怒,表现为张口结舌或者满脸通红。那么,到底怎样才能摆脱这种窘迫的处境呢?这得依情形而定。如果你的上司在你同事面前三番五次地责备你,你可以心平气和地指出:"我们是否可以私下谈这个问题?"如果伤害你的人是你的配偶或亲密朋友,你可以向其说明你为此感到非常痛苦,这远比以同样的方式去回击对方要好得多。有人故意羞辱你时,你可以采取比较激烈的方法。有时,你必须使这种羞辱立即停止。你可以说:"你已经使我难堪了。你不介意告诉我这都是为了什么吗?"或者说:"你似乎心烦意乱,是不是我有什么事使你不高兴了?"

不管发生了什么事情,都要避免动怒,千万不要发火。如果不够心平气和,你只会使对方占上风,使别人对你产生不满情绪。再说,和那些别有用心的人生气并不值得。

一位作家刚完成一本书,正陶醉在人们的赞美声中,另一个作家对他有些嫉妒,不顾别人的劝说跑去和他说:"我喜欢你这本书,是谁替你写的?"他马上回敬道:"我很高兴你喜欢,是谁替你读的?"

聪明的作家面对另外一个作家的攻击并没有恼怒,而是以智慧的语言进行反击,驳得对方无话可说。

在受到不公正待遇时,你可以将事情置于大庭广众之下,摆出自己正当的理由，以强硬的态度坚决有力地驳斥对方。这样，我们就可以让对方在众目睽睽之下，理屈词穷，被迫做出让步。

提问在据理力争中显得十分重要，它能够营造一种势不可当的气势。但需要注意的是，据理力争必须把双方都置于大庭广众之下。如果只有双方两人，而你又处于一种弱势的地位，那么，你恐怕就无法据理力争。

当对方气势汹汹、兴师问罪之时，你不要被他的强势吓倒，而应昂首挺胸地迎上前去，以自己的强势压住对方。这时，对方会被你的这种威势震住，从而不得不改变他的姿态，做出让步。

PART 06 言语暖心，简单话语也能劝慰他人

❀ 朋友失意，安慰的话一定要得体

当我们的朋友遭遇不幸时，我们的反应往往不够得体。我们总是说出他们不愿意听的话，令他们难过；他们需要我们时，我们却不在他们身边；或者，就是和他们见了面，我们也故意回避那个敏感的话题。既然我们并非存心对他们无礼或冷漠，那么，为什么我们会在其实愿意帮忙的时候有那样的表现呢？

我们大多数人都有过这样的经验，就是无意中说错了一句话，巴不得能把它收回。我们怎样才能在某个人处于困难时对他说出适当的话呢？虽然没有严格的准则，但有些办法可使我们衡量情况，做出得体而真诚的反应，这里是一些建议：

1. 留意对方的感受，不要以自己为中心

当你去探访一个遭遇不幸的人时，你要记得你到那里去是为了支持他和帮助他。你要留意对方的感受，而不要只顾自己的感受。

不要以朋友的不幸际遇为借口,而把你自己的类似经历拉扯出来。要是你只是说:"我是过来人,我明白你的心情。"那当然没有什么关系。但是你不能说:"我的××死后,我有一个星期吃不下东西。"每个人的悲伤方式并不相同,所以你不能硬要一个不像你那样公开表露情绪的人表现悲伤。

2. 尽量静心倾听,接受他的感受

失去了亲人的人需要哀悼,需要经过悲伤的各个阶段然后说出他们的感受和回忆。这样的人谈得越多,越能减轻痛苦。要顺着你朋友的意愿行事,不要在这种情况下设法逗他开心,要静心倾听,接受他的感受,表示了解他的心情。有些在悲痛中的人不愿意多说话,你也要尊重他的这种态度。一个正在接受化学治疗的人说,她最感激一个朋友的关怀,那个朋友每天给她打一次电话,每次谈话都不超过一分钟,只是让她知道他惦记着她,但是并不坚持要她报告病情。

3. 说话要切合实际,但是要尽可能表示乐观

泰莉·福林马奥尼是麻州综合医院的护理临床医生,曾给几百个艾滋病患者提供咨询服务。据她说,许多人对得了绝症的人都不知道说什么才好——他们说些"别担心,过不了多久就会好的"之类的话,明知这些话并不真实,而病人自己也知道。

"你到医院去探病时,说话要切合实际,但是要尽可能表示乐观。"福林马奥尼说,"例如'你觉得怎样'和'有什么我可以帮忙的吗',这些永远都是得体的话。要让病人知道你关心他,知道有需要时你愿意帮忙。不要害怕和他接触,拍拍

他的手或是搂他一下,可能比说话更有安慰作用。"

4. 主动提供具体的援助

一个悲恸的人,可能对日常生活的琐碎细节感到不胜负荷。你可以自告奋勇,向他表示愿意替他跑腿,帮他完成一项工作,例如替他接送学钢琴的孩子。"我摔断背骨时,觉得生活完全不在我掌握之中。"一位有个孩子的离婚妇人说,"后来我的邻居们轮流替我开车,使我能够放松下来。"

5. 要有足够的耐心

丧失亲人的悲痛在深度上和时间上各不相同,有的往往持续几年。"我丈夫死后,"一位老人说,"儿女们老是说:'虽然你和爸爸的感情一直很好,可是现在爸爸已经去世了,

你得继续活下去才好。'我不愿意别人那样对待我，好像把我视作摔跤后擦伤了膝盖而不愿起身似的。我知道我得继续活下去，而最后我的确活下去了。但是，我得依照我自己的方法去做，悲伤是不能够匆匆而过的。"

在另一方面，要是一个朋友的悲伤似乎异常深切或者历时长久，你要让他知道你在关心他。你可以对他说："我能理解你的日子一定不好过。但我觉得你不应该自己应付这种困难，让我帮你好吗？"

❀ 站在同一起点上，现身说法

失意者的情绪往往很浮躁，不能平静下来，如果在这种状态下，有个人拿自己类似的经历来说给对方听，一定能给他很大启发。

小陈不耐烦地坐在办公桌前，望着堆在面前的一沓沓报表，一点也提不起工作的兴致来。最近，公司里连续调整了几次人事，与他一起进公司的几个同事都升职了，而小陈却始终窝在原岗位上动不了，想起来心里真是憋屈："论业绩论水平，我哪点比他们差？唯一不到家的功夫就是不如他们会在领导那里溜须拍马。唉，现在这个社会，奉承也是一种本事啊！"

快下班的时候，小陈被乔副总经理叫进了办公室。中年的副总坐在宽大的办公桌后面，一副和蔼而又严肃的表情，对小陈说："你最近好像情绪不太稳定？"语气中虽然充满着温和与关切，但小陈却分明感到了一种难以抗拒的威严。他忐忑不安地坐在椅子上，乔总不仅没有批评他，反而轻轻地叹了一口气，说："小陈啊，你是聪明人。今天找你来，我只想跟你讲一段我过去的经历，希望你听了之后能及时调整自己的心态。

"10年前，我从汕头大学读完硕士后，通过应聘进了这家公司。当时我在公司里年纪最轻，而学历却是最高的，因此，当时的老板胡总非常赏识我。为了报答胡总的知遇之恩，我工作得格外卖力，很快就成了公司的业务骨干，每次有重要的谈判，胡总都要把我带上。于是在大家心目中，我是胡总跟前的红人，而我自己也觉得前途一片光明。我相信，只要自己加倍努力，两年内升任为公司的中层管理人员应该是不成问题的。

"两年后，公司的人事部经理到了退休的年龄。大家纷纷猜测新的人事经理人选，都认为我是最佳人选。就在我自以为看到了曙光的时候，董事会的决定很快下来了，办公室的另一位姓黄的业务员被任命为新的人事经理。得到消息的一刹那，我真有些不敢相信，为什么平时胡总口口声声表扬我，还常常鼓励我好好干，说有机会一定提拔我，而现在明明有机会了，却偏偏给了别人？

"第二天，胡总找我谈话了。他首先充分肯定了我的工作和能力，然后又说：'小黄的工作也是很不错的，相比较来说，你的文字功底和社交能力更强一些，如果调你去人事部，一下子找不到合适的顶替人选，这个部门就少了一把好手。而调小黄去，影响就会比较小些。况且大家都知道我对你很赏识，容易给人产生偏袒亲信的感觉，所以你要正确对待这次人事变动。'虽然我的心里还是有些不快，但胡总的话都已经说到这份上了，我也不能再说什么了。

"过了不多久，办公室主任另谋高就离开了公司。我想这下不可能再不提拔我了吧，可是公司却在这时候戏剧性地出现一名新职员，随即又闪电般地被任命为办公室主任。眼睁睁地看着又一次机会失去，我的心情低落到了极点。我想，看来胡总其实根本没把我放在心上，我再卖力工作也是无济于事的。从那时起，我在工作中产生了消极情绪，我要让大家特别是胡总看到，没有我的努力，公司的效益是会受到影响的。

"结果可想而知，情况越变越糟。不久，我就得知公司打算调我到一个不起眼的经营部去任经理的消息。那个经营部其实只是一个小杂货店，而且连年亏损，调我去那里，显然是在惩罚我。看来这次是真的惹恼胡总了，我开始焦急起来，想想自己这阵子的表现，也确实有些过分，我有些后悔，可又不知道该怎么办。那种矛盾不堪的心态折磨得我一连失眠了好几天。最后我想不如辞职不干了，虽然我很舍不得这份工作。

"就在我彷徨无助的时候，一天晚上，我的父亲突然问我：'你们总经理不是一直都很器重你的吗？干吗不找他谈谈，把你自己的想法都跟他说说？'我说：'我已经惹恼了他，哪还有脸面找他谈？'我父亲却说：'真正赏识你的领导就和父母一样，只要你真心认错，哪会不给你改过的机会？如果他真的不原谅你，那说明他其实并不在乎你，再辞职也不迟。'

"最后我听从了父亲的劝告，主动找到了胡总。果然就跟父亲预料的一样，胡总不仅原谅了我的任性，还真诚地对我说：'小乔啊，你跟了我这么久，居然不知道我的想法？有些事情我是很难跟你说明白的。提拔下属是件很复杂的事，要综合考虑很多因素。有时给人的感觉的确是不公平的。年轻人嘛，碰到这种事有想法也是正常的，关键是要学会调整心态，正确对待。其实最近我们已经考虑要提拔你为业务部的经理了，可是偏偏你没能挺住考验，给不少董事留下了不够成熟的印象，所以才考虑让你到那个经营部去锻炼锻炼。既然你今天把心里话都跟我袒露了，那我看你还是留在我身边吧。'"

说到这里，乔总打住了话题，这以后的事情，小陈也知道。乔总今天找他谈话的良苦用心，更是令小陈感动不已，因为在这之前，他自己也几乎要冲动地递出辞呈了。小陈站起身来，真诚地向乔总鞠了一躬，说："谢谢您，乔总，请您放心，我知道今后该怎么做了。"

乔总的现身说法达到了劝说小陈的目的。

❀ 意识唤醒法 使其走出悲伤阴影

世事无常，人有时难免陷入失意之中，这是因为其自我意识没有被唤醒。人的自我意识有很多种，比如年龄意识、性别意识、社会角色意识等。拿年龄意识来说，一般情况下，人到了某个年龄阶段就会出现某种心理特征，但有的人却迟迟不出现。这时，只要你点拨他一下，他就会醒悟，从而发生心理上

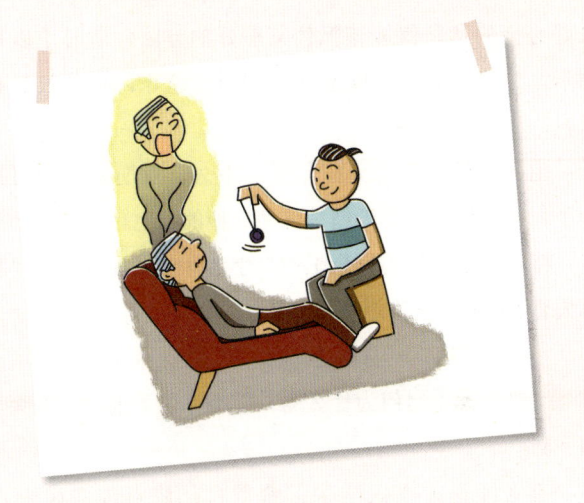

的飞跃。正确的自我意识一旦被唤醒，人也就会从失意中振奋起来。

小姜的一个同学因患黄疸型肝炎被学校劝退休学，那位同学整天愁眉苦脸，总认为自己的病没有好转的可能，因而产生了悲观情绪，丧失了信心。小姜放假时，到这位同学住的医院探视他。一见面他就做出一副欣喜状，对这位同学说："哥们儿，你的脸色比以前好多了嘛！听医生说，你的黄疸指数已有所下降，这说明你的病情在好转啊！"

小姜的话客观实在，使朋友的精神为之振作。于是，他乐观地接受治疗，加速了康复进程，不久便病愈出院了。

人在遇到各种变故的时候，总会不由自主地心烦意乱，甚至悲观郁闷，有些人往往会因为自己的身心状况不佳而更加失落。这时，作为一个鼓励别人的人，你如果想给他们带来好心情的话，就应该抓住某些好的方面，适时予以积极的暗示，这样才有助于唤起他们的自我意识，使其鼓起希望的风帆，积极地生活。

上大四的小孙恋爱三年了，不久前女朋友不知何故跟他吹了。他很伤心，整天精神恍惚。他的班主任李老师知道此事后，特地赶来做他的思想工作。李老师一见面就说："我知道你失恋了，是来向你道贺的！"

小孙很生气，转身就走。

"难道你不问问为什么吗？"小孙停下来，等着听李老师的下文。

李老师说："大学生都希望自己快点成熟起来，失败能使人的心理、思想进一步成熟起来，这不值得道贺吗？大学生的恋爱大多属于非婚姻型，一是大学生在学习期间不大可能结婚，二是很难预料大家将来能否在一个地方工作。这种恋爱的时间又不长，随着人生经验的积累，人慢慢成熟了，就有可能重新考虑对方，恋爱变局也就悄悄发生了。应该说，这是大学生心理成熟的一种重要标志。你这么放任自己的感情，是心理成熟还是不成熟的表现呢？另外，越到高年级，大学生越倾向于用理性处理爱情。这时，感情是否相投、性格是否和谐、理想和追求是否一致、学习和工作是否互助互补，都会成为择偶的标准，甚至双方家庭有时也会成为重点考虑的条件，这就是择偶标准的多元化。这种标准多元化更是大学生心理逐渐成熟的表现，也符合普遍规律。你女朋友和你分手是不是出于择偶条件的全面考虑？你全面考虑过你的女朋友吗？你该心中有数了吧？"

李老师先设置悬念——"祝贺你失恋"，把小孙从感情的泥沼中"唤"了出来，然后通过合情合理的分析，唤醒他的理智，多次用"大学生失恋不是坏事，而是心理成熟的标志"的观点来加以点拨。李老师就是通过一步步唤醒小孙的自我意识，使他认为该用理智来处理感情问题，从而约束自己的感情，恢复心理平衡。

失意者心中往往憋着一股劲儿，想要摆脱这种心理状态。鼓励他们的自我意识，也就是唤醒他们的自我意识，会使他们走出低谷，走向成功。

❋ 与病人谈话的要点

亲朋好友住院时，如果你想前去探望，就应该首先掌握以下技巧：

1. 要了解情况，有针对性地同病人进行交谈

了解情况，是指对病人的病情、思想状况和实际情况有所了解，并要了解有关疾病的基本医药卫生知识，根据患者在住院期间的不同状况来进行各种安慰。

例如，有的慢性病患者由于病休时间较长，容易产生放弃思想。对此，要多给他讲一些"既来之，则安之"的道理，劝慰病人在医院安心治疗，不要有头无尾、功亏一篑。有的病人可能较多地考虑经济负担等实际问题，对此则应该劝他们着眼于健康，注意调养，并建议如何争取适当补助。有的病人对自

己所患疾病缺乏信心，遇到这种状况，就应该多介绍一些别人得了同类的病而经过治疗得到痊愈的事例，这样就可以减少患者及其家属的忧虑。

2. 交谈中尽量多谈一些使患者感到愉快、宽心的话题和事情

安慰病人的目的在于让病人精神宽松，早日恢复健康。因此，在安慰对方时，绝不能与其谈论有可能增加忧虑和不安的消息与话题。在病人谈论病情和感觉时，应当认真聆听，以便从中发现一些对病人有利的因素。同时，应随时接过话题，对病人进行安慰。

3. 在交谈过程中，还要特别注意语气语调的运用

病痛在身的人，十分需要他人的安慰，因而对探望者的语气语调特别敏感。所以，探望者要努力使自己在交谈时音量适当，语气委婉，感情真挚，要尽量使患者感到心情愉快和轻松。这样，有利于减少疾病给患者带来的心理压力，有助于恢复健康。

某著名主持人有一次去某精神病医院采访一位女患者。编辑的采访提纲中原先拟好的问题是："你什么时候得的精神病？"主持人感觉这种话过于刺激患者，就改用委婉亲切的问法："您在医院住多久了？""住院前觉得怎么不好呢？"几句和蔼可亲、婉转温和的问话，一下子缩短了交谈双方的距离，那位患者感觉来访者亲切可信，回答问题时也显得自然恳切。她说："最近，我快出院了，我非常想念我的学生们。我真想快一点治好病，能为教育事业贡献我的一份力量。"语言诚恳感人，谈得十分投机。主持人马上接口讲："您很快就要出院了，真为您高兴。今天咱们这段谈话已经录了像，过几天在电视里播放，我想您的学生看到您的身体恢复了健康，也一定会很高兴的……"

4. 不要使用怜悯的话语

人都是有自尊的，尤其是生病以后，自尊心的敏感度更是胜过以往。你若是怜悯他，他很可能认为你是在嘲笑他，越觉得自己的病非同一般。所以我们要使用相反的方法。当我们看望患者时，可以说："多幸运呀，我也想生点小病，好好地休息几天。"让患者不由自主地觉得偶尔生一点小病，反而是一

种幸福了。

总之，探病是为了安慰病人，鼓励病人战胜困难，激发他们与病魔做斗争的勇气。因此，在与病人谈话时千万要做好细致周密的考虑，懂得什么样的话可说、什么样的话不可说。

❀ 探病时要善于安慰病人

对于身患绝症的病人，只能把病情如实告诉其家属，而对其本人，则应重病轻说。如果假话唤起了他对生活的热爱，增强了他与病魔斗争的意志，就有可能使其生命延续得更长久，甚至战胜死神。

善良的假话是为了减轻不幸者的精神压力，帮助其重振生活的勇气。即使此人以后明白了真相，也只会心存感激，不会有所埋怨。即使当时半信半疑，甚至明知是谎话，通情达理者仍会感到温暖、安慰。明知会加重对方的精神痛苦，但仍要实言相告，即使不算坏话，也该算是蠢话。去探望病人时，如说话不当，不但不能起到安慰病人的作用，反而会使对方更加烦恼，带来不好的影响。

有一位青年去探望久病的舅母时，关切地询问她："您饭量可好？"谁知一句问候话，却引来病人满面愁容。她忧心忡忡地说："唉！不要谈它了！"弄得这位青年十分尴尬，只讷讷地说几句安慰话后，不欢而别。原来，他舅母病势沉重，而最苦恼的就是吃不下饭。他问到的正是病人日夜忧虑的问题，顿时勾起病人的烦恼，以致谈话气氛极不愉快。

可见，探视病人时还要注意谈话内容和技巧。那么，该如何做呢？

探望身患重病的不幸者，不必过多谈论病情，谈话不要触到病人最难受的病处，以免病人心烦。如果对方本来就背着沉重的精神包袱，探访者就不能大吃一惊地问："您的脸色怎么这样难看？"而要说："这儿医疗条件好，您的病一定会很快好转的。"

探望时较好的谈话方式是：先简要问问病情，然后多谈一谈社会上生动有趣的新闻，以转移对方的注意力，减轻精神负担。久居病室，这种新消息正是他渴望知道的。如能尽量多谈点与对方有关的喜事、好消息，使他精神愉快、心情舒畅，则更有利于他早日康复。

尽量多谈一些使病人感到愉快、宽慰的事情。安慰病人，目的是为了让他精神放松，早日恢复健康，所以，绝不能把有可能增加其忧虑和不安的消息带去，还要避免谈论可能刺激对方或对方忌讳的话题。然而一般来说，病人总要对探病者讲讲自己的病情和感觉，这时应该认真聆听，并从中发现一些对病人有利的因素，以便接过话题，对病人进行安慰。例如病人说过"胃口不错"的话，探望者就可以借题"发挥"，多讲些胃口好对战胜疾病的重要意义，使病人认同这是个有利条件，从而增强战胜疾病的信心。

人生病了，从哪个角度去讲都没有积极意义。但是，为了让病人宽心，我们完全可以换个相反的角度，从人生的过程着眼，赋予生病一些价值与意义，使病人觉得自己尽管耗损了身体，耽误了工作，却一样能够收获一些特殊的体验或能力，从而在精神上有一种补偿感。当然，在此之前最好先强调一下病人病情好转，使其具备一个深入思考的心理基础。

例如，某人去看望朋友，他一反惯例，既不问病情也不讲调治方法，而是这样安慰道："看来，你的危险期已经过去，这就好了。今后，你就多了一项免疫功能，比起我们，也就增加了一重屏障，这种病，也许就再也不会打扰你了！"探病者对生病意义的看法颇为独到。他先指出病人的危险期已经过去，让病人稍感安慰，然后再强调生病虽然不是好事，但却使病人具备了别人没有的优势：对此病产生了免疫能力，今后不会再得此病了。病人听他这样一说，心理自然得到了某种补偿，心情也就好多了。

对于身患严重疾病的病人，探望时，不仅应该尊重医嘱，尊重病人家属的意愿，做到守口如瓶，而且在病人面前还要做到若无其事，甚至与之谈笑风生，显得轻松愉快。病人对周围亲友的一举一动一般是十分注意的。所以，要规劝病人的家属善于控制自己的感情，尤其是在危重病人面前，绝不能流露出自己的悲伤情绪，一定要表现得镇静自若。还要注意当病人有什么治疗上的要求时，应尽可能给予满足；病人托办的事，要千方百计去完成。在向病人告别时，要转达其他亲友对病人的问候和祝愿，并表示自己下一次一定会再来看望，使病人满怀希望和信心。

"月有阴晴圆缺，人有旦夕祸福"，谁都会有生病的时候，当亲友患病住院治疗，人们免不了要上医院去探视。然而，人们探视病人时的言语是否得当，将对患者的心理和情绪产生颇大影响。尤其是一些患者因为病魔缠身而产生抑郁、焦虑、怀疑、恐惧、被动、依赖及自怜等一系列消极情绪和心理波动时，倘若探视者的语言运用得好，将会使病人精神振作，进而积极配合治疗，有利于恢复健康。因此，得体的语言是抚慰患者心灵的一剂"良药"。若是探视者言语失当，将会对患者造成颇大的心理压力，影响治疗效果。

因此，在探望病人时，尤其是身患重病的人，就不要过多谈论病情，不要触到病人最难受的症状，以免病人心烦。以下两点，务必要注意。

1. 探望时较好的谈话方式

先简要问问对方的病情，然后多谈一谈社会上生动有趣的新闻，以转移对方的注意力，减轻精神负担。久居病室，这种新消息正是他渴望知道的。如能尽量多谈点与对方有关的喜事、好消息，使他精神愉快，更有利于早日康复。

2. 探望病人时的语言忌讳

前往医院探望病人时，有些话是千万不能说的。我们一定要注意这方面的语言忌讳，以免踏进雷区。

例如，对一个有癌症之嫌的病人，你当然不会傻到一见面，就对他说："据说你患了癌症，是不是真的？"

虽然不至于如此，然而，却有很多人采取相近的说法。那就是当获知了对方的病名以及病态之时，如此说："听说你心脏不好，真是难治的疾病呢！"或者："哟！你的热度好高，听说这是危险的信号哩！千万要小心啊！"

只要你探望过病人，你就不难明白一个事实，那就是：病人四周的人，并不一定向他诉及实情。因为病人的情感是脆弱的，心志已不够坚强了。这时，如果你是处处为病人着想的话，那就不该把实情全部告诉他，你应该把病名及病情稍微改变一下"面目"，然后轻轻松松地告诉他，切勿把听自医生或别人的消息原原本本地告诉他。

PART 07 委婉说"不",拒绝也不伤感情

❋ 你的托词**不能损害对方的利益**

从对方的利益出发,掌握好说"不"的分寸和技巧,给对方一个能够接受的,并且不会伤害对方的托词十分重要。

随着社会的发展,人与人之间的交往越来越密切,也越来越复杂。比如,我们经常会发现办公室中谈笑风生的两个人,其实早已积怨很深。或者昨天还势如水火的两个同事,今天却亲密得俨如老友。从中我们可以看出,办公室中的人际关系确实让人难以捉摸。其实,我们每个人都希望能够得到他人的关注与理解。因此在职场上,我们要学会理解他人,要把握处理事情的分寸,尤其是我们因为各种原因而不能配合对方时,一定要从对方的利益出发,说好托词。

例如,在办公室里,你在拒绝别人请求时,如果只是说"我很忙",对方则会说你不爱帮助别人。所以,拒绝别人时,要具体地说明一下理由。

再如,你正忙着整理第二天重要会议的资料时,你的上司

走过来对你说:"先处理这份文件。"

这时,你可以明确地告诉他自己正在为第二天的重要会议准备资料,然后让上司判断哪个工作更加急迫。

每个人总会有需要别人施以援手的时候,所以,多一个敌人绝对不是什么好事情。虽然我们避免不了"拒绝"的发生,却可以采取适当的拒绝方式,最大程度地避免因为"拒绝"而树敌。

经常有人会说出这样的话:"这件事情恕难照办""我们每天都一样地工作,凭什么要我帮你的忙"……如果你听到这些话,会是什么反应呢?你会很高兴很客气地说"既然如此,那我就不打扰你了,对不起"吗?恐怕不会吧。你一定会恼羞成怒地回击对方:"你这个人讲话怎么如此无情!难道你一辈子就没求过人吗?"然后拂袖而去。

一般情况下,我们在拒绝别人的时候要注意以下几点。

1. 积极地倾听

当你拒绝别人的请求时,不要随口就说出自己的想法。过

分急躁的拒绝最容易引起对方的反感，应该耐心地听完对方的话，并用心弄懂对方的理由和要求，让对方了解到你的拒绝不是草率做出的，是在认真考虑之后不得已而为之的。

2. 用和蔼的态度拒绝对方

不要以一种高高在上的态度拒绝对方的要求，不要对他人的请求流露出不快的神色，更不要蔑视或忽略对方，那都是没有修养的具体表现，会让对方觉得你的拒绝是对他抱有成见，从而对你的拒绝产生逆反心理。拒绝对方要保持和蔼的态度，要真诚。

3. 明白地告诉对方你要考虑的时间

我们经常碍于面子不愿意当面拒绝他人的请求，而是以"需要考虑"为借口来避免直接拒绝对方，其实是希望通过拖

延时间使对方知难而退，这是错误的。如果不愿意立刻当面拒绝，应该明确告知对方考虑的时间，表示自己的诚意。

4. 用抱歉的话语来缓和对方的情绪

对于他人的请求，表现出无能为力，或迫于情势而不得不拒绝时，一定要记得加上"实在对不起""请您原谅"等抱歉用语，这样便能在一定程度上减轻对方因遭拒绝而受的打击，舒缓对方的挫折感和对立情绪。

5. 说明拒绝的理由

在拒绝他人的请求时，不要只用一个"不"字就想使对方"打道回府"，而应给"不"加上合情合理的注解，以使对方明白，自己的拒绝并非是毫无理由，而是确有苦衷。

真诚地说出你拒绝的理由是非常必要的，它有助于你们维持原有的友好关系。

6. 提出取代的办法

当你拒绝别人时，肯定会影响他计划的正常进程，甚至使他的计划搁浅。如果你给他提供一些建设性的意见，则能减轻对方的挫败感和对你的埋怨心理。

7. 对事不对人

你要想方设法地让对方知道你拒绝的是他的请求，而不是他这个人。

总而言之，成功地拒绝别人的请求不仅可以节省自己的时间和精力，还可以免除由不情愿行为所带来的心理压力。但前提是，拒绝时必须不损害对方的利益。

❋ 拒绝要真诚，不能让人感觉你敷衍了事

当你不得不拒绝别人时，要想好一些真诚的托词，让别人从心眼里觉得的确是你能力有限而不得不拒绝。

拒绝总是会让人感到不愉快。委婉拒绝无非是为了减轻双方，特别是对方的心理负担。特别是上司拒绝下属的要求时，不能盛气凌人，要以同情的态度、关切的口吻讲述理由，使之心服。在结束交谈时，一定要表示歉意。一次成功的拒绝，也可能为将来的重新握手、更深层次的交际播下希望的种子。

从事销售的小刘遇上一位工作狂的上司，很多同事都因此而"逃离"了，而她却能始终保持极佳的工作状态。她是怎么做的呢？

小刘说："一开始我也像他们一样以办公室为家，日日夜夜伏案工作，在我的字典里'休息'这个词似乎早就不存在了。后来我发现，工作狂的老板们通常有一个思维定式：他们一般疏于考虑自己分配下去的任务量有多少，下属需要花费多长时间可以搞定，他们想当然地认为你应该没问题。所以，以后如果我觉得工作量过大，超出了个人能力所能达到的范畴时，我不会一味投身于工作中蛮干，要知道，不说出来的话，工作狂的老板是不会体会到你的负荷已经到了警戒线的。这也不能怪他，每个人的承受能力不同，老板又如何能体会到下属执行当中的难度与苦衷？这个时候，下属应该主动与老板沟通交流。口头上陈述困难或许有故意推托之嫌，书面呈送工作时间安排与流程，靠数据来说明工作过多，让他相信，过多的工作会令效率降低。合理正确

的沟通会令老板了解你的需求，从而适当调整任务量及完成时间，或选派更多的同事来帮你分担。"

试想一下，如果小刘怕得罪上司而勉强接受所有任务，到时完不成任务更会受到上司的指责，如果因为自己不事先说明难度，最后又耽误公司整体事务，罪过就更大了。这种坦诚拒绝的方法不仅适用于对上司，也适用于对周围的同事。当然，坦诚拒绝也要讲究方式。

当别人向你提出请求时，一定会担心你会不会马上拒绝他，或者给他脸色看。所以，在你决定拒绝之前，首先要注意倾听对方诉说。比较好的办法是，请对方把处境与需要讲得更清楚一些，这样，自己才知道如何帮他。

倾听能够让对方感受到你的尊重和真诚，而委婉地向对方表达自己的拒绝，可以避免使对方的感情受到严重的伤害。

倾听的另一个好处是，你虽然拒绝了他，却可以针对他的情况，建议他如何取得适当的支援。若是能提出有效的建议或替代方案，对方一样会感激你，甚至在你的指引下找到更合适的解决方案。

直接的拒绝只会伤害彼此的感情，而委婉地说"不"却更容易让人接受。当你仔细倾听了别人的要求，并认为自己应该拒绝的时候，说"不"的态度必须是温和而坚定的。

例如，当对方提出的要求不符合公司或部门的规定，你就要委婉地让对方知道自己帮不了这个忙，因为它违反了公司的相关规定。在自己工作已经排满而爱莫能助的前提下，要让他清楚地明白这一点。一般来说，同事听你这么说一定会知难而退，再想其他办法。

拒绝除了需要技巧，更需要耐性与关怀。若只是敷衍了事，这样只会伤害对方。

1.对领导说"不"时一定要把握好时机

"不管什么事情只要交给安娜，我就放心了。"安娜进公司3年，这是领导常挂在嘴边的话。开始安娜很高兴，但时间一天天过去，交给她的任务越来越多。"安娜，这个方案你盯一下""安娜，这个客户恐怕只有你能对付""安娜，上海的那个项目人手不够，你顶一下"……老总为某事抓狂时，必会打开房门大叫安娜。

安娜手里的事情多到了加班加点也做不完，可周围有些同事却闲得很，薪水也并不比她少多少。安娜想，也许自己再忍一忍就会有升职的机会。然而，机会一次次地走到了她面前，却又一次次地拐了弯。后来，安娜从人事部的一位前辈口里得知，关于她升职的事中层主管讨论过很多次了，每次都被老总否决了，说安娜虽然业务能力不错，但管理能力不足，需要再锻炼锻炼。

安娜很气恼，回家跟丈夫抱怨。丈夫居然也说："如果我是你们老总，我也不会升你的职。一个不懂拒绝的人，怎么去管理别人？"安娜仔细想了想，觉得这话真的很有道理。

往后，当老总给她加工作量时，安娜便鼓足勇气说："我手里有3个大项目、10个小项目，我担心时间安排不过来。"老总一听，脸立刻变了色："可是，这个项目只有你去做我才放心。"

"那好吧，我赶一赶。"说完这句话，安娜恨不得咬掉自己的舌头。看到老总的脸，一个大胆的念头突然冒了出来："不过，要想按时保质完成，我需要几个帮手。"安娜轻描淡写地说。老总惊讶地看着她，继而笑着说："我考虑一下。"

原来安娜想，如果老总答应给她派助手，就相当于变相给她晋升，她的工作也有人可以分担了；如果不答应，老总也不好把新任务硬塞给她了。

果然，老总再也没提过加派新任务的事，还破天荒地经常跑来关心安娜的工作进展，并叮嘱她有困难就提出来，别累坏了身体，等等。

当领导把砖头一块块地往你身上叠加时，他也并不是不知道砖头的重量，但是他知道把工作加给一个不懂拒绝的人是件再省心不过的事。你不要因此就梦想你理所当然比别人薪水更高或升迁更快。

有的时候，你并不需要大张旗鼓地拒绝领导，只需要摆出自己的难处，领导也不会觉得你的拒绝很过分。要拒绝领导，就必须告诉他你在时间或精力上的困难，让他明白你不是超人。

2. 不想加班，就必须找个恰当的理由

"世界上最痛苦的是什么？加班！比加班更痛苦的是什么？天天加班！比天天加班更痛苦的是什么？天天无偿加班！"这些关于加班的种种看似戏言和怨言的说法，在调侃之余，也真实地反映了职场中人的生活和工作现状，因为加班已经成为他们生活中的必要组成部分。

身在职场，加班是很多人最痛恨的一件事。面对领导要求的加班，做下属的就只能听之任之吗？是不是也可以找到合适的理由，既不得罪领导，又能够少受一点加班之苦呢？

小李和女友相识3周年的纪念日就在这个周五，可是当离下班还有10分钟时，小李看到了部门领导在MSN上呼叫："今天晚上留下来吃饭，约好了一位客户谈目前这个项目的事情。"顿时，小李不知所措。

小李肯定是不想错过今天这个重要日子里的约会的，但是他又不能得罪领导。他琢磨了一会儿，心想凭着自己几年来和领导的关系，再加上自己幽默风趣的性格，相信领导能够放他一马。于是小李通过MSN和领导说："本人是公司著名的'妻管严'，地球人都知道，要不是为了她，俺哪敢和领导讲条件。再说俺要敢放俺那口子鸽子，俺可能会有生命危险。"等了一会儿，MSN上传来了领导的回复："你不用加班了，这事我来做，你去陪你的女朋友吧，代我向她问好！"

看到这句话，小李以最快的速度关掉电脑，拎起包飞奔出了办公室。

"适者生存，不适者淘汰"已成为企业中很多人士坚定不移的座右铭，也是上班族命运的真实写照。虽然如此，但每个人的生活中除了工作中的8个小时，还有亲情、友情、爱情需要时间去维护，若因为工作而将其他的统统放弃，实在是得不偿失。而要实现这一目标，就需要多学一些拒绝的技巧。小李的做法也许并不适合每一个人，但也不失为一种借鉴。其实，每个人在拒绝加班时都可以找到恰当的理由，让8小时以外的时间真正属于自己。

3.巧借打电话，逃离酒桌应酬

当单位里有应酬时，领导总想把自己喜欢和信任的下属带去"陪酒"。得到领导的赏识是一件好事，但有时候确实不愿意去，这时你该怎么办？如果贸然拒绝领导的好意，就很容易把领导得罪了。如何逃离酒桌应酬，又能让领导理解呢？

小王是一家杂志社的采访部主任，本来谈广告业务的事和她没有什么关系，但多年的打拼让她成了交际"达人"，再加上大方、稳重的气质和漂亮的外貌，主编每当面对大客户时都会想到她，让她作陪。

但小王对这类应酬是很不情愿的，因为下班后她希望能多陪陪孩子和丈夫，享受家庭的幸福生活。几次应酬之后，小王觉得不能再这样下去了，必须想个方法逃离酒桌。当主编又一次要带小王去见客户的时候，小王并没有当面拒绝主编，而是爽快地答应了下来。

晚上，小王如约前往。酒桌上，小王看出这次的客户确实来头不小，而且对他们的杂志比较认可。陪客人的除了她和主编外，还有杂志社的投资人以及广告部的主任。小王不知道自己的到来是否能起到一定的作用，但她还是不辱使命，施展着自己的交际才华。时间过去了大约半个小时，小王的电话响了起来，于是小王离桌去接电话。一会儿，小王回来，焦急地和主编说，自己的好朋友谢菲打来电话，说她得了急性阑尾炎，而其家人又不在身边，需要她去照顾一下。主编和在座的各位一看到这种情况，就马上答应了，让小王赶紧去。

就这样，小王一边说着抱歉的话一边急匆匆地离开了。

出门后，她给好友发短信："终于逃离了，谢谢你哦。是你的'阑尾炎'救了我！"

相信很多人都有同感。那些特别注重家庭生活的都市白领都希望自己能够和家人共进晚餐，享受其乐融融的家庭氛围，而不是去酒桌旁陪客户、陪领导。在工作与家庭之间，在薪水与面子面前，他们往往不能按照自己的意愿行事，哪怕勉为其难也只能将就着。不过，有些时候还是可以利用一些巧妙的方法，将那些自己不喜欢的应酬统统甩掉。就如小王这样，运用打电话救急，也不失为一个好办法。

4. 巧妙应对，避开另类"骚扰"

身在职场，很多女性都容易遭遇一个比较普遍的问题——性骚扰。在工作场合，性骚扰有时候会来自领导。该怎样去应对性骚扰而又不得罪领导呢？

最近一次公司聚会后，伊茜发现老板罗伯特有点问题。饭后伊茜要回家，可罗伯特说要去唱歌，并且一个都不许走，其他同事都赞成，伊茜也不好反对。伊茜因为喝了点酒有点头晕，就靠坐在沙发上，偶尔为同事们选一些歌。罗伯特坐在伊茜旁边，突然在和伊茜说话时用手轻轻地划了一下她的脸，伊茜想罗伯特可能喝醉了，于是离他远了一些。终于一曲完了，伊茜准备回家，没想到罗伯特跟着伊茜离开。电梯里只有他俩，罗伯特抱住伊茜说："亲一下！"伊茜说不行。这时电梯停了，进来几个人，他只好放开了伊茜。

后来伊茜想他大概是喝醉了，自己以后不再参加这种聚会就是了。可没过几天，罗伯特的秘书很神秘地对伊茜说，后天还有个聚会，大家都得参加。伊茜心里暗暗叫苦：麻烦来了！伊茜后来找了一个理由，才躲了过去。然而，接下来的几天罗伯特总是有意无意地来到伊茜的办公室，伊茜只好跟他谈工作的事。但他却总是有意无意地把话题往别的方面引，伊茜思前想后终于想出了一个主意。由于伊茜和罗伯特的妻子是老同学，于是伊茜周末约罗伯特的妻子一起打牌、游泳。他知道这些事后，便不再"骚扰"伊茜了。

遇上想占便宜的领导是职场女性最烦恼的事，因为处理不好的话便会丢掉工作和声誉。案例中的伊茜在对付领导的性骚扰上方法得当，巧妙地保护了自己，值得职场女性学习。

❀ 知己知彼，托词才更好说

要想说好让对方心服口服的托词，要先了解对方，根据对方的脾性说出合理的能让对方接受的托词。

什么样的托词才能够让对方欣然接受呢？如果你对对方不

够了解的话，显然你很难说好托辞。

应先了解对方的一些经历及生活状况。思维方式不同，人的观念也不同，因此要了解他的人生观、价值观。

必须注意对方的心境。如果在交谈当中，不顾对方的心理变化，而一味地将想法统统搬出来，那你是得不到他的认同的。一厢情愿的谈话往往会让对方厌恶。

不该说话的时候说了，则犯了急躁的毛病；该说话的时候却没有说，从而失掉了说话的时机；不看对方的态度便贸然开口，叫作闭着眼睛说瞎话。在交谈过程中应兼顾对方的心理活动，使谈话内容和听者的心境变化同步，这样才能引起共鸣。

性格外向的人易喜形于色，和其可以侃侃而谈；性格内向的人多半沉默寡言，与其交往时则更应注意委言婉语、循循善诱。

✽ **用对方的话**来拒绝他

在寻求拒绝的技巧过程中,要知道,拒绝对方的最有力武器,往往是对方自身。

在交际过程中,当自己处于不利态势时,为了寻找转机,坚定己方的立场,也需要找借口拒绝对方。这时,如果你能灵活机智地用对方的话来拒绝对方,就能使对方不再坚持,从而达到拒绝对方的目的。

有一次,萧伯纳的脊椎骨出了毛病,需从脚上取一块骨头来补脊椎的缺损。手术做完后,医生想多捞一点手术费,便说:"萧伯纳先生,这是我们从来没有做过的新手术啊!"萧伯纳当然听出了医生的言外之意,但向病人收取额外的手术费,显然是不合规定的,萧伯纳不愿意再给医生"塞红包",但又不便明确拒绝,便装傻卖愚地顺着另一层意思说下去:"这好极了!请问你们打算支付我多少试验费呢?"医生顿时窘住了,只好讪讪离开。

萧伯纳的思维是:既然你要强调这是从来没有做过的新手术,那我的身体便变成试验品了。萧伯纳合理地从对方的话里引出了一个合乎逻辑的相反结论,巧踢"回传球",让对方哑巴吃黄连——有苦说不出。

有很多的问题,我们还可以巧妙地把对方设置在同样的情景,以此来引诱对方做出他的判断,从而让对方明白你的处境或意思,巧妙地拒绝对方的要求。

在历史上就有一个这样的例子:

有一次，一个人问艾森豪威尔将军一个有关军事机密的问题，艾森豪威尔将军做耳语状说："这是一个机密问题，你能替我保密吗？"那个人就连忙说道："我一定能！"于是艾森豪威尔将军则回答道："那我同样也能！"

这样的例子在我们的日常生活中也屡见不鲜。

小李从一个朋友那里借了一架照相机，他一边走一边摆弄着，这时刚好小赵迎面走来了。他知道小赵有个毛病：见了熟人有好玩的东西，非得借去玩几天不可，这次看见了他手中的照相机又非借不可了。尽管小李百般说明情况，小赵依然不肯放过。小李灵机一动，故作姿态地说："好吧，我可以借给你，不过我要你不要借给别人，你做得到吗？"小赵一听，正合自己的意思。他连忙说："当然，当然，我一定做到。""绝不失信？"小赵说："失信还能叫作人？"小李斩钉截铁地说："我也不能失信，因为我也答应过别人，这个照相机绝不外借。"听到这儿，小赵目瞪口呆，只好作罢。

通过设问，抛砖引玉，以对方的回答来作为拒绝依据，使对方就此作罢——因为人不可以出尔反尔、自我推翻。

小陈是小杨的一个好朋友。有一天，小陈来到小杨的单位，找小杨帮他办一件事，为他的未婚妻报仇。原来小陈的未婚妻被车间主任欺侮了，小陈发誓要为未婚妻报仇，而且还买了一把锋利的弹簧刀，想杀掉那个车间主任，但考虑到车间主任人高马大，自己一个人对付不了他，于是就想请小杨帮忙。小杨听后，心中很明白，尽管那个车间主任不是好东西，应该教训教训他，但如果感情用事，将他杀了，那是会犯罪的。

因此，小杨决定拒绝小陈，并且也不能让他去做错事。他问小陈："你爱你的未婚妻吗？"

"爱，当然爱，如果不爱我才不管这事呢。"小陈回答说。

"这就好，爱一个人不容易，真正爱上一个人，是不管她遇上多么大的不幸，都会永远爱她，在她遇到不幸时还要帮她解脱出来。如果你将主任杀了，只是感情用事，并不是爱她，这是在伤害她，使她更伤心。她也不会为此而感谢你，相反会恨你。坏人总是要受到惩处的，这要靠法律。车间主任的行为是犯法的。这样吧，我帮你和你的未婚妻运用法律的手段来惩处车间主任吧，我相信，法律会给你们一个满意的答复的。"

小陈听了小杨的一番话，放弃了报仇的想法，最终运用法律惩处了那个车间主任。而小陈也非常感谢小杨对他的帮助。

小杨先得到一个肯定的答案：小陈爱自己的未婚妻。既然是爱，那就应该采取一种正确的态度和方式来帮她摆脱困境。小杨透彻地阐释了什么才是真正的爱，如果小陈还不放弃报仇的想法，那就说明他并不爱自己的未婚妻。因此，小陈最终放弃了找小杨协助犯罪的念头。

在寻求拒绝技巧的过程中，要知道，拒绝对方的最有力武器，往往是对方自身。我们应该懂得引导对方的谈话，从对方口中拿到自己拒绝对方的理由。

✳ **幽默拒绝**很管用

用幽默的方法拒绝别人，既可以缓解紧张的氛围，又不会影响彼此的友谊。

玛丽抱怨她的丈夫说："你看邻居W先生，每次出门都要吻他的妻子，你就不能做到这一点吗？"丈夫说："当然可以，不过我目前跟W太太还不太熟。"

玛丽的本意是要她的丈夫在每次出门前吻她，而丈夫却有意地曲解为让他吻W太太，委婉地表达了自己不愿意那样做的本意。

直接拒绝别人很容易伤害对方，甚至造成许多误解，破坏彼此间的友谊。但是，利用幽默，巧妙拒绝，却能使很多问题迎刃而解。

有位员工代表向老板谈加薪的问题，并使出了眼泪战术，苦苦哀求道："老板，请你一定要帮帮忙，现在这点薪水我实在无法和我太太继续一起生活下去呀！"上司回答说："好吧！那么我会出面来说服你太太，让她跟你离婚。"

在工作当中，如果不懂得拒绝的技巧，往往会吃亏上当。下面的例子很有借鉴意义。

大个子瑞克是一位被公司冷落的老主任。有一天，某部门经理拍着他的肩膀说："瑞克，你看是不是早日把你的职位让给年轻人？"

"好啊，就这么办！"

"你愿意？"

"是啊！不过俗话说，'鸟去不浊池'，所以我有一个请求，希望能让我把正在进行的工作彻底做好再走。"

"哦！这是理所当然的。不过，你那个工作预计什么时候可以完成呢？"

"我想，大概还要10年。"

在拒绝别人时，采用幽默的方式不但不会伤害到对方，而且还可以避免不必要的尴尬。

❀ 先承后转避直接

有时对方提出的要求有一定的合理性，但因条件的限制又无法予以满足。在这种情况下，拒绝的言辞可采用"先肯定后否定"的形式，使其精神上得到一些满足，以减少因拒绝而产生的不快和失望。例如，一家公司的经理对一家工厂的厂长说："我们两家搞联营，你看怎么样？"厂长回答："这个设

想很不错，只是目前条件还不成熟。"这样既拒绝了对方，又给自己留了后路。

对对方的请求最好避免一开口就说"不行"，而是要表示理解、同情，然后再据实陈述无法接受的理由，获得对方的理解，使对方自动放弃请求。

李刚和王静是大学同学，李刚这几年做生意虽说挣了些钱，但也有不少的外债。两人毕业后一直无来往，忽然有一天王静向李刚提出借钱的请求，李刚很犯难——借吧，怕担风险；不借吧，同学一场，又不好拒绝。思忖再三，最后李刚说："你在困难时找到我，是信任我，瞧得起我，但不巧的是我刚刚买了房子，手头一时没有积蓄，你先等段时间，等我外面的账收回来，一定借给你。"

先扬后抑这种方法也可以说成是一种"先承后转"的方法，这也是一种力求避免正面表述而间接拒绝他人的方法。先用肯定的口气去赞赏别人的一些想法和要求，然后再来表达你拒绝的原因，这样就不会直接伤害对方的感情和积极性了，而且还能够使对方更容易接受你，同时也为自己留下一条退路。一般来说，你还可以采用下面一些话来表达你的意见："这真的是一个好主意，只可惜由于……我们不能马上采用它，等情况好了再说吧""这个主意太好了，但是如果只从眼下的这些条件来看，我们必须放弃它，我想我们以后肯定是能够用到它的""我知道你是一个体谅朋友的人，你如果对我不十分信任，认为我没有能力做好这件事，那么你是不会找我的，但是我实在忙不过来了，下次如果有什么事情我一定会尽我的全力来支持你"，等等。

有的时候对方可能会很急于成事而相求，但是在你确实又没有时间，没有办法帮助他的时候，一定要考虑到对方的实际情况和他当时的心情，避免使对方恼羞成怒，造成误会。

拒绝还可以从感情上先表示同情，然后再表明无能为力。

黄女士在民航售票处担任售票工作，由于经济的发展，乘坐飞机的旅客与日俱增，黄女士时常要拒绝很多旅客的订票要求，黄女士总是带着非常同情的心情对旅客说："我知道你们非常需要坐飞机，从感情上说我也十分愿意为你们效劳，使你们如愿以偿，但票已订完了，实在无能为力。欢迎你们下次再来乘坐我们的飞机。"黄女士的一番话，叫旅客再也提不出意见来。

PART 08 巧设玄机,瞬间掌握他人心理的问话术

❀ 问话热身,**消除冷状态**

生活中,当我们与某人第一次见面时,不管有多想了解对方,一定不能忽视问话禁语的问题,要耐下心来慢慢诉说。

第一次见面,不管出于怎样的目的,总希望尽可能多地了解对方,一个又一个的问题就这样问了出来。殊不知,这样的问话方式会给对方造成不适感——对你本就不熟悉,这样会使对方戒心更重。最开始问话的一方往往觉察不到这种迹象,直到对方表现出明显的回避与提防的情形时,问话方才不得不就自己的问话做一番解释。于是疑云消散,双方的交谈才逐渐融洽。但是,如果在对话的最开始就先讲明自己询问某些事的原因,交流的效果会更好。

小超是动漫爱好者,最近又迷上飞机模型的制作,经人介绍认识了一个叫赵彦的模型高手,两人一见面就谈了起来。

小超:"听说你是这方面的行家?"

赵彦:"也不算吧,只是喜欢玩而已。"

小超:"你做这个多少年了?听说这行里的有些人很神秘,之前都是专门做飞机的?飞机的原理是不是很复杂?有没有什么有意思的事透露一下?"

听了小超的这几句话,赵彦的面部表情突然严峻了起来。

"你问这些干什么?我不知道。"

感到对方有明显的抵触心理,小超连忙说道:

"不好意思,我解释一下,我之所以问你飞机原理的事,是因为我最近在学着做飞机模型,我朋友没跟你说?"

赵彦摇摇头:"他只说你想认识我一下,没说具体是什么原因。"

"噢,那就是我的不对了,我应该提前告诉你我那么问的

原因的。除了飞机原理，我还想知道咱们国内制作飞机模型的整个状况，经费啊、材料源啊，等等。毕竟我刚接触这个，这方面的知识还非常缺乏，你可以给我介绍一下吗？"

"当然啊。你一解释我就明白了，不然一见面就问我飞机原理什么的，我以为你是间谍呢。"

"哈哈，我的错，我的错。"

小超就犯了只顾问话而没有解释的错误。他的问题让对方疑虑重重，甚至因为问题的敏感性让人怀疑他是间谍。因为有这样的想法，对方的心就会关闭得更严，交流自然无法畅通。在这个过程中，因为对方起了戒备心，所以不可能把小超当真正的朋友，而小超那样问，也是没读懂对方的表现。

不熟悉的人相见，认知总需要一个过程，切不可因为急切想了解某些问题而忽视了思想"互通有无"的过程。简而言之，就是让对方对你跟他对话的目的有个大概的了解，让他心中有数，他才会对你的问题予以解答。

小超从一开始就问，到后来对问话予以解释，就是感觉到了对方内心的变化：由陌生到抵触。那样发展下去的后果很可能是不欢而散。

所以，生活中，当我们与某人第一次见面时，不管有多想了解对方，一定不能忽视问话禁语的问题，要耐下心来慢慢诉说。尤其要注意的是，在问一些需要解释的问题之前做出必要的解释，跟对方说明自己这样问的意图，这样才能让他最大限度地敞开心扉说出自己的想法，你也会更加了解这个人。

❀ 求同存异：认同与被认同里的玄机

从心理学上讲，人往往会因为彼此间相似的秉性或者经历走到一起，在认同和被认同的过程中，慢慢由陌生变得熟悉。

一个严冬的夜晚，两个人初次见面。

对话一：

"今天好冷啊。"

"是啊。"

"……"

"……"

对话二：

"今晚好冷！像我这种南方人，尽管在这里住了几年，但对这种天气还是难以适应，你感觉怎么样？"

"是啊，我父母虽然是北方人，但我也是从小在南方长大的，在这里还是不太适应。"

"你也是南方的？你是南方哪儿的？"

"我是南方……"

以上两段对话均来自两个陌生人初次见面的情景。在第一段对话里，两人见面说的第一段话非常普通，"天很冷啊""是啊"，从字面上就能判断出双方的聊天能力一般。

第二段对话则不同。第一个人见面就说自己是南方人，对北方这种寒冷的天气很不适应，然后又问对方感觉怎么样。对方虽不是纯正的南方人，但也是在南方长大的，因此两个人有共同话题，你来我往间，彼此就会越来越融洽。

从第二段的话中可以分析到，尽管见面的两人一个是纯正的南方人，另一个只是从小在南方成长，父母是北方人，两者虽有差异，但主动问话者故意忽略了这种差异，只强调双方的相似性：都在南方有一段成长经历，对北方寒冷的冬季极不适应。因为有了相似的经历，话题才会越来越多。

因为有了相同的地方，第一次见面的两个人才会渐渐有亲切感，慢慢放下戒备的心。除此以外，消除陌生感的方式还有以下几种：

1. 攀认式

赤壁之战中，鲁肃见诸葛亮的第一句话是："我，子瑜友也。"子瑜，就是诸葛亮的哥哥诸葛瑾，他是鲁肃的挚友。

短短的一句话就定下了鲁肃跟诸葛亮之间的交情。其实，任何两个人，只要彼此留意，就不难发现双方有着这样或那样的"亲""友"关系。

例如，"你是××大学毕业生？我也在××进修过两年啊。你还记得××吗？"

"你来自苏州？我出生在无锡，两地近在咫尺，今天得好好聊聊！走，有没有兴趣喝一杯？"

2. 敬慕式

对初次见面者表示敬重、仰慕，这是热情有礼的表现。用这种方式必须注意，要掌握分寸，恰到好处，不能胡乱吹捧，不要说"久闻大名，如雷贯耳"之类的过头话。表示敬慕的内容也应该因时、因地而异。

❀ 投桃报李，亲近之人也需要关心

生活中，不管是亲戚，还是其他有紧密关系的人，一旦要麻烦他为自己办事，就应该学着嘴甜一点、腿勤一点，多给对方一种被关心、被呵护的感觉，他自然而然会给你提供帮助。

李凌今年27岁，能力很强，做过几年生意，发了一笔小财。但他不满足，总想干个大点的生意。刚好村里的鱼塘要对外承包，他有心把鱼塘承包下来，只是手头上的资金不够。

他左思右想，想到了他的一个远房亲戚，是他母亲的表弟，按辈分应该叫老舅，在县城承包了一个企业，经营得不错，是县城有名的"土财主"。可是李凌想到自己与他关系疏远,好长时间没有走动了,贸然前去,显得突兀不说,事情还肯定办不了。怎么办呢?他决定先把关系搞好,和这位老舅亲近起来。他打听到这段时间老舅身体不太好,时常犯病,就看准时机,拎了一大包的营养品,来到老舅家。

"老舅啊,有些日子没来看您了,您老人家怎么病了啊?年纪大了,可要多注意身体,别太操劳了。今天给您带了些东西过来,补补身子,您不会嫌少吧?"

李凌非常热情地说着,并把东西放到老舅的桌子上。

俗话说"礼多人不怪",虽说两家好长时间不走动了,但今天外甥拎了那么多的东西上门,而且是在自己生病的时候,这位老舅心里格外高兴:"小子,你今天能过来,老舅我就别提多高兴了。今天中午咱俩喝两杯。"

于是,李凌就留下陪老舅好好喝了一顿酒。

自此,两家关系好了起来。李凌隔三岔五地来看他老舅,不是问他身体怎么样,就是问他最近想吃什么,面面俱到。看到李凌这么关心自己,老舅也非常高兴,视李凌如亲生儿子一般。李凌一看时机成熟了,这天他拎了两瓶酒到了老舅那里,两人喝了起来。

李凌说:"老舅,上次我给你买的补品吃完了吗?吃完了的话我再给你买。"

"不用了,太破费了,还有好多没吃完呢。孩子,我看出来了,你对老舅不错,我是你长辈,往后有什么困难尽管和我开口。"

李凌一听,激动万分,连忙把承包鱼塘的事情说了。

老舅听了之后说:"好啊,有志气,有魄力,老舅大力支持……做人就应该干一番事业。想法很好,不过具体做时一定要慎重,年轻人千万不能急躁。"

李凌连忙点头称是,接着把资金短缺的事情也说了出来。最后,李凌顺利地从老舅手里借到了3万元并承包了鱼塘。

无论求谁办事,即使是和自己关系亲密的人或者是有血缘关系的亲戚,也要懂得投桃报李。

李凌想承包鱼塘开创一番自己的事业,但是缺少资金。

就在不知如何是好的时候，他想到了自己的老舅。老舅家底殷实，可以在资金上给他支持。但李凌明白一个道理，即使是亲戚，求人办事的时候也要注意方法，不能想当然，也要懂得适时给予回报。

为了搞好和老舅的关系，李凌开始频繁地出入他家，关心他的身体，关心他的方方面面，还给他买各种补品。在这个过程中，原本有些疏远的两家慢慢亲近，有了这些铺垫，李凌才开口求老舅办事。

现在很多人在亲戚之间的交往中，存在着一种误区，那就是：亲戚关系是一种血缘、亲情关系，彼此都是一家人，互相帮忙办事都是分内之事，都是应该的，没必要像其他关系那样客套。其实，这种想法是不对的。血缘关系虽说是"割断了骨头连着筋"，但亲情的维护与保持也在于彼此之间的相互帮助与知恩图报上。

所以，在故事中，看见李凌这么关心自己，他的老舅也非常高兴，尤其是李凌对其嘘寒问暖的时候，他的心里也暖暖的。猜想一下，即使老舅知道李凌是为了让自己帮他才这么做的，也会心甘情愿地帮他。明白事理的孩子总是招人喜欢的。

巧妙引导：从对方的需求引出答案

想要说服别人不是件容易的事，当你试图让别人答应某件事或者买下某件东西的时候，他常常会想：我为什么要听你的？遇到这种情况，应该怎么办呢？

小芳是某汽车公司的业务员，因为业绩突出，已经连续三次被评为优秀员工，她到底是怎么做到的呢？以下是小芳和顾客的一次对话。

小芳：请问你需要多大吨位的？

顾客：很难说，大致2吨吧。

小芳：有时候多，有时候少，对吗？

顾客：是这样。

小芳：究竟要哪种型号的卡车，一方面要看你运什么货，另一方面要看在什么路上行驶，你说对吗？

顾客：对，不过……

小芳：假如你在丘陵地区行驶，而且你们那里冬季较长，这时汽车的机器和车身所承受的压力是不是比正常情况下要大些？

顾客：是这样的。

小芳：你们冬天出车的次数比夏天多吧？

顾客：是的，夏天生意不行。

小芳：有时候货物太多，又在冬天的丘陵地区行驶，汽车是否经常处于超负荷状态呢？

顾客：对，确实是这样。

小芳：从长远的眼光看，是什么因素决定买车型号，是否留有余地？

顾客：你的意思是……

小芳：从长远的眼光看，是什么因素决定买一辆车值不值呢？

顾客：当然要看车的使用寿命。

小芳：一辆车总是满负荷，另一辆车从不超载，你觉得哪一辆寿命更长些呢？

顾客：当然是马力大、载重多的一辆。

小芳：所以，我建议你买一辆载重4吨的卡车可能更划得来。

顾客：好的，我愿意考虑一下。

在以上小芳和顾客的对话中，我们并不能在最开始就准确地判断出小芳能否说服对方接受自己的意见，但有一个强烈的感受就是：小芳的话里似乎总有对方的需求和愿意接受的内容。

两个人交谈的时候，当答者对问者的问题没有表现出任何不适和反感，每次回答都能给予正面回应的时候，两人的交流就会呈现出一种良性循环。这说明回答问题者逐渐在内心深处接受向自己提问的那个人，这种接受包括对方的问题和意见。那么，为什么会产生这样的效果呢？

在小芳的问话中，她一直将对方可能接受的答案包含其中，这个答案也是她想让对方接受的内容，这样问出来，会让对方觉得被尊重，他并没有感到自己被引导，虽然事实就是这样。

有时，说服并不需要正面表达，将对方可能的答案暗含在自己的问话中，用他能接受的选择项引导他，很多事情就会容易很多。

❈ 留心关键，**反复提问**

两个人初次见面的时候，不管对方有着怎样的身份和地位，也不管他将自己说得多么高尚或者悲惨，切不可偏听偏信，而是要留意对方话里的关键因素，用一种不得结果不罢休的态度问下去，多问几遍，或许真的能问出不一样的内容，而这些内容才可能真的带你走进对方的心里。

一位面容忧郁的太太走进一家心理诊所，还没完全落座就对心理医生说："医生，快帮帮我吧，我不知该如何是好了，我就要精神崩溃了。"

"太太，你怎么了？你看起来确实不怎么样。"

"我先生每天都很晚才回家，回家也不理我，问他做什么去了他说是加班，但我有时闻到他身上有香水味，加班还用喷香水？我怀疑他背着我做了什么见不得人的事。"

"你说'你怀疑'？"

"是，我怀疑。他每天都这样，我已经受不了了。"

"但是你确定吗？"

"医生，这是女人的直觉，女人的直觉你懂吗？而且在男女双方之间，只有男人可以有外遇，可以拈花惹草，女人却不行。"

"你说'只有男人'可以？我好像听出了别的什么意思，你能解释一下吗？"

"这很好理解啊，男人什么事做不出来？在以前，大家都觉得男人在外边找女人很风光，但现在不一样了，男女平等嘛。"

"你的意思是女人现在也可以和男人一样有外遇了？"

"我不是那个意思，那可能是气话。我只是想表达我先生瞒着我做这种事让我很生气，我无法容忍！"

"你是说如果你先生告诉你这件事，你就会允许他这么做了是不是？而为了表达你男女平等的观念，你也会找别的男人是不是？"

那位太太还想否认，但看到医生坚定的眼神，也只好不情愿地承认了。

故事中的太太和心理医生是第一次见面，太太是抱着埋怨、发泄不满的情绪来找医生，却没想到，最后竟然被医生逼问出令人惊讶的不易察觉的真实意图。他是怎么做到的——抓对方话里的关键点，着重提问，就可看出对方的端倪。

最开始，医生也不知道对方的真实意图是什么，但是当他听到"我怀疑""只有男人"等字眼时，他就马上意识到，这是个有企图心的女人。"我怀疑"反映出她主观性比较强，只会去臆想；"只有男人"则似乎透着某种"醋意"：只有男人可以，我们女人为什么不行？

这句话应该是那位太太的潜台词，她没敢说出来，是因为她是抱着让医生出几条对付丈夫的策略的心理来的，根本没想到自己会出问题。她可以刻意掩藏自己的心意，在对话中却不能做到完全的没有瑕疵、不露马脚。医生正是利用了这一点，抓住了对方话里仅有的一些迹象大加追问，终于逼出了她的心里话：丈夫有外遇，我也要有外遇。

不管这是生气时的思想还是蓄谋已久的想法，归根结底被医生问了个正着。女人的心态也由此发生了极大的变化：从开始的怨恨、受委屈到后来被点破真实意图后的愧疚和不安。试想一下，如果医生在整个谈话过程中没有抓住对方话里的关键点追问不止，而是顺着她的话听下去、问下去，对方的真实意图还能被挖出来吗？

❀ 反复催问，不给对方拖延之机

办事的时候，有的人虽然在最开始遇到了阻碍，但并不气馁，总是一遍遍去催、一遍遍去问。他们这样问的目的是什么？

赵普是宋朝的大臣，他曾经做过太祖、太宗两朝的宰相，是个性格坚韧的人。有一次赵普向宋太祖推荐一位官吏："皇上，孟飞是一名难得的贤臣，他已为官多年，您是不是该考虑一下他晋职的事情了？"

因为太祖平常不喜欢这个人，对赵普的话没有理睬，赵普并没有灰心，他觉得自己是一心为公，并没有做错。第二天上朝又向太祖提起这件事，请太祖裁定，太祖还是没有答应。

赵普仍不死心，第三天又提出来："皇上，孟飞的事您考虑得如何？"

赵普三天接连三次反复地提，同僚也都吃惊了，太祖这次动了气，将奏折当场撕碎扔在了地上。

但令人吃惊的是，赵普又默默地将撕碎的纸片一一捡起，回家仔细粘好。第四天上朝，话也不说，将粘好的奏折举过头顶立在太祖面前不动。

太祖真是无可奈何了："若我不同意，这次你会怎样？"

赵普面不改色："有过必罚，有功必赏，这是一条古训，谁都不能更改，但皇帝怎么能以自己的好恶而无视这条古训呢？"

听了这话，太祖知道没法不答应他了，就只好准许了赵普的奏请。

有些人之所以难以请动，肯定有某种原因。例如故事里的宋太祖，赵普向他推荐的人正是他讨厌的，面对这样的人，他怎么能够轻易答应呢？但赵普是个非常执着的人，不答应他，他就使出了反复催问这一招。

反复催问就是紧抓一个问题不放，得不到满意回答，就一直问下去。

在求太祖准许自己的奏请这件事上，赵普一共追问了四次。从第一次到最后一次，追问的程度越来越深。他之所以不放弃，是因为他知道不能给太祖一点拖延的机会，一拖延，事情成功的几率就会更小。而求人办事者必备的素质之一就是抗压，遇硬不怕，逢险不惊，能控制自己的情感，喜怒不形于色。

当然，赵普也摸清了太祖的心思。太祖之所以不答应自己，不是因为那个人的能力不行，只是因为他不喜欢那个人。因为个人的好恶而断送一个人才，是赵普不希望看到的，这也是支持他不断追问下去的原动力。

他对太祖的四次追问完全是对事不对人，没有丝毫的恶意，只是想给国家推荐一名良臣，太祖最后答应他，也是因为看懂了他的这份心思。

生活中求人办事的时候，遇到一时的阻碍在所难免，此时千万不可气馁，如果像故事中的赵普一样锲而不舍，事情就总有办成的一天。

第三篇

运用心理学，
口才服天下

PART 01 求职面试，实话巧说顺利通过

❀ 这壶不开提那壶

金无足赤，人无完人，当我们在应聘工作时，如果招聘方提到你的短处，你想刻意掩饰，尤其是那些显而易见的短处，恐怕会招致反感。最好的办法就是"这壶不开赶紧提那壶"，扬长避短。

有面试经验的人通常坦然承认自己的缺点，但他们很有技巧，在谈个人缺点时会模糊掉这些缺点所带来的弊端，将缺点过渡为优点。例如：

求职者的简历上有明显的留级记载。

"你为什么留级一年？"主考官这样问，求职者可以这样回答："我也觉得留级一年很不应该，当时我担任社团的负责人，全身心投入到社团活动上，反而忽略了自己当学生的本分，等我察觉到这个错误时，我已经留级了。虽然我花在社团的心血也带给我不少的收获，可是一想到自己因此而留级，就觉得很可耻，我一直都为此事耿耿于怀，更不愿重蹈覆辙。"

首先，他给主考官留下了一个主动承认错误、知错就改的印象；其次，主考官听了他的回答后会认为，虽然留级一年，但造成这种结果的原因却是良性的，他会猜测该求职者的社交、组织能力很不错。由此，该求职者实现了缺点到优点之间的平稳过渡。

当别人当面评价你的缺点或短处时，你也可以淡化缺点，避而不谈，转向其他的优点。

在某公司应聘部门经理的面谈中曾有这样一段对话——

问："你不认为自己做这项工作年轻了些吗？"

答："我已经23岁了，事实上，下个月我就23周岁了。尽管我没有相关的工作经历，但我却有整整两年的领导校学生会的经验。前年年初，我被推选为该年度的校学生会主席，之后又连任一年。你们可以想象，管理组织3000名学生并非易事，没有一定的管理才能和领导艺术，是无法胜任的。所以，我认为，年龄固然能说明一定的问题，但个人的素质和能力更为重要。因为这正是一个部门经理所不可缺少的。"

这是一种典型的扬长避短式的回答。答者极力宣扬个人的长处，并把自己的长处同应聘的工作有机地结合起来，意在变不利为有利。

面试中经常会被问的一个问题是："你认为自己最大的缺点是什么？"

这是一个棘手的问题。如果照实回答，你可能得不到这份工作；如果回答没有什么缺点又实在不能令人信服。招聘官试图使你处于不利的境地，观察你在类似的工作困境中将做出什

么样的反应。

完美的回答便是用简洁、正面的介绍抵消缺点本身带来的不良效果。请记住以下几个原则:一是不宜说自己没什么缺点;二是不要把那些明显的优点牵强地说成缺点;三是切勿不经思量地说出那些严重影响所应聘工作的缺点;四是不宜说出一些令人不放心、不舒服的缺点;五是可以说出一些对于所应聘的工作表面上看是缺点,但从工作的角度看却是优点的"缺点"。

巧妙地运用以上的方法,便能漂亮地解决这个棘手的问题。例如:

"朋友们都说我做事情过于追求完美,以至于有些吹毛求疵。记得学校校庆时我负责宣传板报的制作,返工了4次,被和我做搭档的同学埋怨了好久。"这样的回答,说的虽是自身的缺点，但却达到了正面的效果，体现了你对工作的认真和负责。

一个人有缺点并不可怕，可怕的是不敢承认它、改正它，反而强词夺理。从辩证的角度看，缺点与优点是相互转化的，前提是正确地认识缺点，实实在在地改正缺点。"横看成岭侧成峰"，就缺点本身来讲，有些"缺点"对某些工作来说恰恰是优点；巧妙地应对，对有缺点的人来说，无论是消除误会，还是坦然承认，都会使消极评价转化为积极评价。

❋ 讨价还价不难启齿

在谈及薪酬时，不要以为面试官第一次所报出的数目就一定是他们决定付给你的最终价格，如果你觉得不满意，不妨适当表达自己的意见。

但是，在求职面试时，开口谈钱是一件让求职者为难的事。主动问吧，怕被人看成是斤斤计较、只顾追求金钱利益的人，弄不好还要得罪招聘方；不问吧，自己心中又过不去，怕万一等到最后才发现薪酬低得令自己难以接受，岂不是竹篮打水一场空？很多大学生在求职面试时由于缺乏社会经验，对于用人单位提出的薪酬要求更是讳莫如深，难以启齿，通常支支吾吾半天仍是词不达意。但是如俗话所说："谈钱很俗气，但是很实际。"工作也是为了生存生活，薪酬问题并不是一个无关紧要的问题。

我们必须明白，在求职过程中，求职者总是要面临薪水问题的，总免不了与用人单位讨价还价。有经验的求职者，把讨价还价同展示自己的智慧与实力有机地结合起来，通过谈判，既争取了预期的待遇，又展示了自己的能力，可谓是一举两得。

但是，目前有一种说法，即在择业过程中，最好不要问自己的薪酬，否则可能引起招聘者的反感。甚至有的人事经理更加绝对地说："如果应聘者主动问薪酬，我就让他走人。"

这就给应聘者出了一道难题。其实，问题的关键并不在于该不该问薪酬，而在于问这个问题要把握好时间、地点和发问的方式。

例如，在人才交流会上，当你递交应聘资料时，可以不失时机地问一声：这个岗位的收入大约是多少？由于交流会人多嘴杂，招聘者忙得焦头烂额，很可能在不经意中露出真相。如果他不愿回答甚至有反感，由于此时乱哄哄的，他也不大可能对你耿耿于怀。

但正式面谈时情况要复杂些，要见机行事。

一些求职者，尤其是应届毕业生，初次求职，由于不知道如何回答薪酬问题，常常对于招聘方提出的此类问题讳莫如深。如果招聘方是在面试初期提出这个问题，通常可能是对你的试探，千万不要轻易开口，最好的回答是："我很愿意谈论这个问题，但是能不能先请你谈一下工作内容？"或者说："在你决定雇用我、我决定在这儿工作之前讨论这个问题还为时过早。"大多数情况下，这样的说法都是得体而有效的。

但在面试后期，即使你一再避免谈及薪水，也仍然会有面试官要求你正面回答这类问题。这时，你就要有技巧地回答。

薪酬问题一定要说，但是说多少呢？这时的难题是：要价太高，会"吓"跑老板，让人产生"狮子大开口""自视过高"等不够谦虚的负面印象；要价低，则很可能将来进了公司发现跟自己同等职位的同事们都比你拿得多，觉得委屈不说，往往还会影响工作的热情。因此，这个时候给自己"算"出一份合理的薪水是很重要的。那么，究竟该怎样算出自己的"定价"呢？

一般来说，大多数职位在市场中都会有一个比较公认的薪酬价格，当然，这些行情价也会因公司的性质、规模大小、行业的不同等而有不同的弹性，比如同是文员，中小型公司和外企相比，薪酬就会相差很远。因此，在求职前你首先需要做的就是把你要应聘的职位在同等类型、规模的公司里的行情价打探清楚。

行情价只是大致标准，弄清楚后，你要做的就是考虑怎样去讨价还价，为自己争取尽可能多的利益。在这里面，你所应聘职位的可替代性大小在很大程度上决定了你讨价还价的资本有多少。职位可替代性越小（一般来说都是偏于技术性、技能性等方面的工作），还价的资本就越高，你也就可以放心地提出自己的要求。如果是可替代性大，没了你谁都能干的那一种，则劝你还是少还价为妙。另外，职位越高的工作，还价允许的幅度也就越大，反之则越小。

工作经验和学历在不同的行业、公司里也有不同的分量。如果你要应聘的是管理方面的工作或是技术工种的工作，那么你拥有的工作经验将是非常重要的，这也会极大地影响你可能会得到的薪酬。至于学历，则要看你的工作对学历的要求度是多少。一般来说，在大公司里，高学历被认为代表着高素质，学历当然比较重要；而对于一些小公司来说，也许他们更情愿要一般的实干型人才。所以，自己的经验和学历值多少，在定价的时候还得掂量掂量，做到心中有数。

薪酬定位明确以后，还要学会讨价还价。

涉及工资时，应坦然地与面试官交谈，说出自己的要求，只要工资要求合理，就不会改变你在面试官心目中的印象。

求职时关于薪酬的讨价还价不仅是对自身利益的捍卫，它甚至可以反映求职者的智慧、才识以及对行业的熟悉程度。

一般情况下，招聘单位很少会给你超过你最初提出的薪水数目。因此，谈判时则应注意避免自己先主动亮出底牌，而应让面试官先报出他想给的薪酬，后发制人，才有回旋余地。如果对方报出一个合乎自己意愿的数字，也不要喜形于色，先沉默一下，显得像是对这个数字不感兴趣的样子，然后在面试官报出的价格上提高15%~20%，并再次强调自己拥有的一些特殊技能。但如果你发现他们的第一次报价就是唯一报价，可以略为沉吟，再落落大方地表示可考虑先接受下来试试。

在谈判过程中，如果用人单位坚持让你先开价，你可以以一些该职位的通常薪资是怎样的为铺垫，再告诉其一个大致的薪酬范围。真正有诚意的用人单位都明白，只有提供了合理的薪金，才能调动员工的积极性，留住人才。理想的薪酬应是用人单位和求职者双方都能接受的，而求职者应表现出一定的灵活性。

总结起来，面试谈到薪酬问题有几个注意点：

（1）切勿盲目主动提出希望得到的薪酬数目。

（2）尽可能从言谈中了解，用人单位给你的薪酬是固定的还是有协商余地的。

（3）面试前设法了解该行业薪酬福利和职位空缺情况。

在协商过程中，如果用人单位要你开价，你可告诉其一个薪酬幅度。如他一定要你说出个明确数目，你可问他愿意付多少，再衡量一下自己能否接受。

薪酬谈判一旦出现僵局，不妨把话题转移到有关工作的事情上。例如，对方有心压低你的薪酬时，你可将话题转移到你上任后有何大计、如何扩大市场占有率和如何降低产品成本等方面去，这样一来，一般都会化解那种紧张敌对的状态。

谈薪酬的时候，不一定只拘泥于薪酬本身，不妨在谈的过程中强调薪水和你应聘职位的关系。让招聘官听到的不光是你说的那个数目，而且还对你的回答留下如下的印象：薪酬是重要的，但你更在乎的是职位的本身，你喜欢的是这份工作的内容和挑战；你所报出的数目是因为后顾无忧的待遇将更能让你在职业安全的前提下发挥自己的优势，为公司带来更大的效益。

如果你是个有一定工作经验的人，则不妨提一下以前工作的薪水，这样很容易给面试公司一个比较明确的参考答案。当然，前提是你先让招聘官相信你所拥有的技能、经验契合这个职位，并且值这么多钱。

如果受预算限制，该单位给你的薪水甚至比你现在或以往的薪水还要少，只要你认定这是一份理想的工作，不妨暂时不谈薪水。待对方认定你是最佳人选，再尝试以职位及工作为由，多要求些福利津贴。

❋ 自我介绍有说法

自我介绍并不是随心所欲地进行的。一个良好的、恰到好处的自我介绍能给招聘官留下深刻的印象，反之则会让你的面试一开始就一塌糊涂。

求职面试时，招聘者手中往往拥有许多求职履历表，这里面的应聘者五花八门，所以招聘者想知道你和别人相比有什么独到之处。在能力相同的情况下，有些求职者之所以能够成功，关键就在于他们在做自我介绍时的出色表现。

自我介绍是有讲究的，我们可以从以下几个方面来着手。

1. 彬彬有礼

在做介绍前，要先向主试官打个招呼，道声谢，如："经理，您好，谢谢您给我这么好的机会，现在我向您做个简单的自我介绍。"介绍完毕后，要注意应再次向主试官道谢，并向在场面试人员表示谢意。

这能给主试官留下很好的印象——没有人会拒绝谦恭的态度。

2. 主题明确

在做自我介绍时，最忌漫无中心，东扯一句西扯一句，或者陈芝麻烂谷子的事都一一详谈，让人听了不知所云。求职面试中的自我介绍宜简不宜繁，一般包括这些基本要素：姓名、年龄、籍贯、学历、学业情况、性格、特长、爱好、工作能力和工作经验，等等。对于这些不同的要素该详述还是略说，应按招聘方的要求来组织介绍材料，围绕中心说话。假如招聘单位对应聘的人的工作能力和工作经验很重视，那么求职者就得从自己的工作能力及经验出发做详细的叙述，而且整个介绍都是以这个重点为中心。

3. 让事实讲话

在自我介绍中，要尽量避免对自己做过多的夸赞，一般不

宜用"很""第一""最"等表示极端的词来赞美自己。在面试场上，有些人为了让面试官对他留下深刻的印象，往往喜欢对自己进行过多的夸赞，如"我是很懂业务的""我是年级成绩最好的一个"，总是喜欢带着优越的语气说话，不断地表现自己。其实，如果对自己做过多的夸耀，反而会引起面试官的反感。

谈论自己的话题，要避免用一些夸大的形容词，应把话讲得客观真实，尽量用实际的事例去证明你所说的，最好用真实的事例来展现你的才华给面试官。

4. 愉快自信

许多人在推销自己时缺乏勇气，这或许是怕引起别人反感的缘故。而在平时生活中也常常听他们说："我有什么好说的，你们天天不都看见了吗？"这就使他们养成从不自我评价、自我展示的习惯，因此到了要谈论自己时，免不了有些难以启齿。

范萍萍去面试，在整个过程中，她的声音都细如蚊蝇，特别是谈到自己时，更显得羞于张口。后来她打电话给公司秘书，公司秘书非常为难地告诉她，面试官说，你那么小的声音，显得对自己不自信，缺乏活力，也缺乏必要的应酬能力。范萍萍对着电话筒哭了起来。

5. 好牌留到后面出

当你有了不起的业绩时，或者你有足够的资历经验能胜任这项工作时，不要在自我介绍中和盘托出，要给自己留一手，一开始就说出自己以住的"伟大业绩"会给人自吹自擂的感觉，引起别人的反感，而留在后面说会给人谦虚诚实的印象，使面试官对你刮目相看。

最后要注意的是，我们必须学会"瞬间展示法"，因为现在许多企业特别是外资企业和合资企业，都喜欢采用"一分钟录像"的办法来选择人才。所谓"一分钟录像"，就是只给应聘者一分钟的时间，让他们利用这短暂的时间来介绍自己，同时录像，然后拿给招聘者观看。

如果招聘单位使用"一分钟录像"的方法录用人员，那么求职者在一分钟的时间里，如何充分地表现，如何让对方更多、更好地了解你，便成了求职成功的关键所在。因而，要求应聘者必须在短短的一分钟内，最有效、最充分而又最简洁地表现自己，从而获得求职成功。这种策略称为"瞬间展示法"。

"瞬间展示法"的求职技巧主要包括以下两个方面：

其一，精选一分钟录像内容。由于只有一分钟，时间很短，因此说话内容不宜太多、太繁杂，着重讲好以下几个方面即可：

自己的简历、家庭状况；

自己的专业、主修的课程；

所曾担任过的社会工作；

对自己未来工作的简单设想；

应聘的态度；

自己的抱负和理想。

其二，一分钟内注意的事项：

在服装方面要着意打扮一下，衣着整洁将会给人一种舒适的感觉，也是社交活动所必备的；

切忌蓬头散发、不修边幅；

镇定自如，不要紧张；

礼仪周全——开始时，先要说声"你好"，然后再做自我介绍，最后不要忘了说"谢谢"；

内容要简单精练；

说话声音要高低适中，吐字发音要清楚。

在做自我介绍时，有一些应聘者常犯的毛病我们在这里特别提出来强调，希望大家注意：

1."我"字连篇

千万不要以为"自我介绍"最应该用的字是"我"字。当面试官说："谈谈你自己吧！"一名应试者十分巧妙地回答："您是想知道我个人的生活，还是与这份工作有关的问题？"他把应该用"我"字打头的话，变成"您"字打头。

老把"我"挂在嘴边的人，易使人反感、受人轻视，被认为是强迫性的自我推销。所以，要经常注意把"我"字变成"您"字。"您以为如何呢？""您可能会惊讶吧？""您一定觉得好笑。""您说呢？"——把自我介绍变成一场你与面试官之间沟通的谈话。

2.讲大话过头

自我介绍最忌吹嘘、夸海口。大话一旦被拆穿，面试很难再进行下去。

小张去应聘一家国际旅游公司的导游工作，他自我介绍说："我这个人喜欢旅游，熟悉名胜古迹，全国的大城市几乎都去过。"面试官很感兴趣，就问："你去过杭州吗？"因为面试官是杭州人，很熟悉自己的家乡。可惜小张偏偏没去过杭州，心想若说没去过这么有名的城市，刚才那句话不是瞎吹吗？于是硬着头皮说："去过！"面试官又问："你住在哪家宾馆？"小张再也答不上来，只好支吾说："那时没有钱，只好住小旅馆。"面试官又说："杭州的名小吃你一定品尝过？"小张照样说："那时没有钱，就一心看风景，没有去吃小吃。"面试官偏偏只问关于杭州的事，小张语无伦次，东拉西扯，答非所问，最后终于不能自圆其说，谎言被当场识破，主考官十分反感，面试一败涂地。

❋ 谨慎回答**离开"老东家"的原因**

对你的前任上司切不可妄加评论，要知道现在招聘你的考官可能就是你未来的上司，如果你可以在他面前说过去的上司不好，难保你今后不在其他新上司面前对他说三道四。

"你为什么离开前职？"主考官心里有数，知道许多人是因为讨厌上司而辞职不干的，他们自己也可能因为同一原因换过几次工作。但是没有多少雇主喜欢听前来求职的人说前雇主的坏话。

惠普公司的副总裁麦克·李弗尔说："我想不通为什么有些人希望我录用他，却又去谈他和上司有冲突。那等于拉起了警报。"

你为什么要换工作？对于这个问题，主考官希望听到的是审慎的自我分析。洛杉矶的招募员霍华德·尼奇克告诫说："不要说：'我想试一试另一份工作。'我听了会这么想：'此人自己的方向都没搞清楚。'你应该说，以你的能力、个性和志向，做这项新工作更适合，或者说，你想增加一些能助你取得更大成就的新经验。

"例如：'在原公司销售部工作了两年后，我学到了许多有关营销方面的知识。现在，我想学点别的'；或者'现在我想学点新东西，而贵公司则是我最中意的'。不过，要是你确实因与老板发生冲突而被解聘，那么，你最好主动把事情原委告诉他们，而不要让他们先问你。话要说得既明确又有艺术性，例如：'在管理形式方面，我和原公司的一位新金融主管存在着分歧。不过，我们双方对此表示理解。'"

总之,有很多敏感原因不可以随便说,必须考虑周全。

一个人要在社会中生存,就得与各种各样的人打交道,挑剔上司说明你对工作缺乏适应性。

关于领导层频频换人给你的工作带来了不便这样的原因,也不可直接脱口而出。工作时间,你只管做自己的事,领导层中的变动与你的工作应该是没有直接关系的。你对此过于敏感,也表现了你的不成熟和个人角色的不明确。

如果你是因为前单位薪水太低并如实相告,面试官一定认为你是单纯地为了收入,而且太计较个人得失,并且会在心里说:"如果有更高收入的单位,你肯定会毫不犹豫地跳槽而去的。"这种理念一旦形成,会对你的面试不利。

刘羽原在一家效益较差的企业搞宣传工作,到现在的单位应聘时,考官便问他:"你是不是觉得原来收入太少,才跳槽过来的?"刘羽说:"在原单位我的工资还算高的,关键是我学的是财会专业,又有会计师职称,来应聘会计职位是最适合不过的了。"

在回答这类问题的时候,求职者既要表明你对原单位的薪金不满,又要表明这并不是你离开原单位的主要原因。这样既有利于你在新单位获得更高的薪金,又让面试官觉得你并非只是因为薪金问题才离职的。

"你能否描述一下你离开以前所供职单位的原因?"这类问题在面试时经常会被问及,面试官能从中获得很多关于你的信息。因此,你在回答这个问题时应该集中精力。

像"大锅饭"阻碍了自身的发挥、上班路途太远、专业不对口、结婚、生病等人们都可以理解的因素，也可以作为你回答的内容，这些因素跟你的个人品质没有很大的关系，容易让面试官接受。

❀ 不打没有准备的仗

尽可能考虑到可能会被问到的所有问题，给每个问题——找出满意的答案。

两年前，李仪离开了工作3年的国企，跳入"海"中，做了一名普通的销售人员。当时，她没有对自己提出过高的要求，因为她觉得市场并不一定认可她在国企的辉煌。

李仪为自己整理思路：自己3年的国企工作经验可以看作是一个纵向坐标，她了解房地产从物业到开发的全过程；如今，市场是个横向坐标，她需要对行业进行全面了解。

她熟悉房地产流程，经历过财务、销售、策划、管理、培训等各个环节。

一次，李仪参加一个大型的人才招聘会，来到一家心仪已久的公司。"这么大的人才招聘会，我只关注两个公司，最后还是把简历投给贵公司。"李仪递上简历，非常真诚地告诉考官。

主考官立刻有了兴趣，试探着说了一句："你对我们的期望别太高。"

李仪的话接得很有技巧："我从事过这行的培训，从第一家到最后一家，经典案例始终是你们。现在，我想亲眼看看我听过的经典案例到底是怎样运作的。"

主考官立刻被她的话所吸引,心里暗暗觉得:该求职者一定做了很充分的准备,所以她对我们的业务掌握得如此清楚。就这样,李仪赢得了面谈机会。

在面谈中,经过一番问答之后,主考官允许应聘者发问。李仪的第一个问题就引起主考官的兴趣:"在刚刚评选出的金牌发展商中,你们处于哪个档次?""据我估测,你们的收入应该是……那你们的转型是怎样操作的?"

一个接一个的问题让主考官惊讶异常:"你对我们经营策略之了解,如同你是策划者一样。"

总结经验,李仪认为,自己之所以每次都与主考官相谈甚欢,与充分的前期准备分不开。如果你对一个公司很了解,这会让招聘者感到轻松,因为他没有时间磨合,他希望你是个熟手。

对话开始时,应聘者以说为主,考官以听为主。经过5分钟一个回合的"交手"后,应聘者应该对考官的兴趣有所了解,并成功调动他发言的积极性,使自己站到听众的位置上。

在这种交锋中,应聘者不应该是简单的敷衍或附和考官。经验说明,有时谈一些敏感的问题是吸引考官注意力的好手段。对于自己,也要提出一些问题:我是否已了解了这项工作的要求?

如果对方问:"你为什么要到我们公司来工作呢?"你能否予以有力而理想的回答?

你要不要坦率、愉快地回答考官的各种问题?

除了展示你的资历和背景之外,你能否让对方相信你具有发展的潜力?

要试着从考官的角度考虑问题。你所具有的专业经验、资历及兴趣之中有哪些符合他的要求,并能说明你正是他所寻求的对象。把这些有条有理地准备好。

尽可能考虑到可能会被问到的所有问题,给每个问题一一找出满意的答案。这个办法连总统也不例外。举行记者招待会前,尼克松总统的幕后人员将为他提供一份资料,上面列出了可能被问及的各种问题,还有一些资料摘要,以便于总统准备对答。总统要把这些资料消化掉,甚至他进行对答的语言都要事先做好安排。当然,你未必能拥有像总统那么丰富的资料来源,但还是应尽你所能在面谈前把一切准备妥当。千万别打没准备的仗。

❀ 底气十足赢三分

说话的底气来自内心的勇气和自信,将它们展现于主考官面前,才有说服力使他相信你的能力和决心,放心把工作交给你。

世界上每天都有不少年轻人想挑战新的工作,他们都希望能登上最高阶层,享受随之而来的成功果实。但是他们绝大多数都不具备必需的信心与决心,因此他们无法达到目的。也因为他们相信自己达不到,以致找不到登上新高峰的途径,他们也就一直只停留在原来的水平。

但还是有少部分人成功。他们抱着"我就要登上顶峰"（这并不是不可能的）的积极态度来进行各种面试。这批人仔细研究有经验的面试者的各种作为，学习那些成功者分析问题和做出决定的方式。最后，他们终于凭着坚强的信心达到了目标。

吉拉德欲进入推销界的时候，曾因多次遭拒绝而感到极端沮丧，他的妻子搂住他说："乔，我们结婚时空无一物，不久就拥有了一切。现在我们又一无所有，那时我对你有信心，现在还是一样，我深信你会再次成功。"就在这一刹那，吉拉德明白了一条重要的道理——"建立自己信心的最佳途径之一，就是从别人那儿接受过来。"

吉拉德重新开始建立信心，他拜访了底特律一家大的汽车经销商，要求一份推销工作。推销经理起初很不乐意。

"你曾经推销过车子吗？"经理问道。

"没有。"

"为什么你觉得你能胜任？"

"我推销过其他的东西——报纸、鞋油、房屋、食品，但人们真正买的是我，我推销自己，哈雷先生。"

此时的吉拉德已表明了足够的信心。

经理笑笑说："现在正是严冬，是销售的淡季，假如我雇用了你，我会受到其他推销员的责难，再说也没有足够的暖气房间给你用。"

"哈雷先生，假如您不雇用我，您将犯下一生最大的错误。我不抢其他推销员的店面生意，我也不要暖气房间，我只要一张桌子和一部电话，两个月内我将打破您最佳推销员的纪录，就这么定了。"

哈雷先生终于同意了吉拉德的请求，在楼上的角落里给了他一张满是灰尘的桌子和一部电话。就这样，吉拉德开始了他的汽车推销生涯。不久，他真的成功了。当然这是后话了，而我们看重的是他这次成功的求职经历，其中信心与说话的底气起了很大的作用。

有的面试中，主考官会刻意加入一些压力面试来测验你的抗压能力。如果你退缩，表现不出足够的信心，面试十有八九都会泡汤。

所谓压力面试一般是指在面试刚刚开始时，主考官就风向一转，给应试者以意想不到的一击，以此观察应试者的反应。

比如，面试官会突然发出一些不甚友好或具有攻击性的问题，这时如果你能顶住压力，从容不迫，表现出十足的把握，依靠这种志在必得的气势，面试成功的机会就多了几分。

说话的底气来自内心的勇气和自信，将它们展现于主考官面前，才有说服力使他相信你的能力和决心，放心把工作交给你。

如果你的目标是外企，那你一定会被问到："Do you have confidence in this position？"（你是否有信心胜任这份工作？）

你应该清楚，这不是一个"是"就能回答完毕的问题，但是，首先给予肯定的回答才能够显出你的信心。接着，你要描述你成功胜任过的相似的工作（记住：强调结果，因为结果是

243

衡量成功的唯一标准）。如果你没有相关的经验，那么就信心十足地分析你所具备的专业知识，还有你的性格，这些也是考官们考察的因素。虽然并没有一个标准的回答，但是只要以一种坚定与自信的口吻把你所具有的优势与这份工作的联系表达出来，就是这个问题的完整答案。

❀ 稳住情绪破僵局

你的情绪焦躁不安或是沉稳平和都会极大地影响你的发挥，因此当面试进入僵局时不妨面带微笑，沉思几秒钟，想好了再回答。

有过求职经历的人都知道，求职面试时，经常会碰到一些很难回答的问题，交谈因此陷入僵局，气氛也变得十分尴尬。遇到这种情况该怎么办呢？不要轻易放弃。如果因此就泄气的话，一切皆前功尽弃了。反之，此时如果能耐着心、沉住气，很可能会很快打破僵局。

来京求职的蔡小姐在连吃了几次"闭门羹"之后，又鼓起勇气叩开了气派豪华的某公司的大门。

人事部张小姐粗略地看了一下蔡小姐的简历后，说要把她引见给大老板，蔡小姐一听又惊又喜，她听说大老板很少来北京，也算是巧合吧，竟被她碰上了。于是，她稍整衣服，走进豪华的总经理办公室，一位天命之年的老板懒洋洋地说了声"请坐"，又忙起来了。

"您好，王总，这是我的简历，我来应聘贵公司商务代表。"为打破僵局，蔡小姐毕恭毕敬地递上去。"嗯。"王总皱着眉看了起来，看过后随手把蔡小姐的简历塞进了旁边一叠材料的最下层。此时，蔡小姐的心陡落千丈，好比从万丈悬崖猛然间坠到了平地。望着忙碌的老板一股悲凉顿时涌上心头，接下来的几分钟，她觉得自己回答老板的提问有些机械、麻木。

"好了，你可以走了。"多次被拒绝和劳累使她倍感失望，刹那间，有种竭力想挽回的意念紧紧围绕着蔡小姐，她快速走到这位老板面前，坚定地说："王总，这次应聘我不想失败，因为我不怕任何竞争，我期待着未来的日子能与贵公司荣辱与共，我想，我能行，一定行……"说完，蔡小姐的眼眶有些发红，一周来的担忧、心酸都凝聚在里面，但她努力控制自己的情绪保持坚强，从容地离开了……

第二天，正当蔡小姐要去另一家房地产公司面试时，她的手机响了，是王总的声音，他告诉蔡小姐，她的面试成功了。

职场中求职四处碰壁，作为女孩子来说，比较脆弱，因此遭到对方强硬拒绝时，难免悲观、失望。这种时候必须稳住阵脚，镇定自然地面对，坚定地说出你的求职意愿，这样才有可能打破难堪的局面。

有些单位会在面试过程中故意制造障碍，给你很大压力，这时千万不可情绪慌乱，失了方寸。要看清问题的着眼点，一举击破。

求职者在遇到压力面试时，一定要注意以下几点：

看清问题。必须看透事情的本质，这对你泰然处之大有益处。要记住,压力面试的目的只是要测验你在压力之下的反应,而并非对你本人的恶意和攻击。

保持平静。不论情况如何的难堪窘迫,都不要将目光从面试官的脸上移开。每当他问过一个问题后,先用几秒钟的时间平静自己的情绪,再思考作答。

控制自己的语气。在面试的过程中,面试官的问题很可能刺激到你,这时不要因为气愤而反唇相讥,这只会显出你对自身情绪控制能力的不足。

抵制沮丧等负面情绪。在面试中,面对招聘官的突然翻脸,很多人的第一反应就是沮丧:是不是我哪里做错了?赢得职位怕是没希望了!还是那句话,记住压力面试的目的,只不过是在测验事情突然变得糟糕时,你是否有能力控制自己的情绪而已。

也就是说,求职者在遭遇压力面试时一定要稳住情绪,调整心态,从容应答,巧妙地绕开人为的阻碍,奋战到底。

PART 02 谈判周旋，巧词让对方无力反击

❀ 唱好**谈判的序曲**

谈判的开局是实质性谈判的序幕。"良好的开端是成功的一半"，开局的好坏直接关系到整个谈判的前景。在开局阶段，人的精力最充沛，注意力最集中，神经也最敏感。有经验的谈判人员都十分重视开局的工作。

谈判时有一个非常重要的环节，就是通过对己方情况的介绍，将一些有价值的、对己方有利的信息传递给对方，显示自己的实力。这对谈判的深入乃至双方最终达成协议都有非常重要的意义。

谈判各方要能在谈判开始时，就使对方感到，己方已经获取了有关谈判内容以及对方需要的信息。从一定意义上讲，信息就是实力。如果缺少必要的各种信息，即使最有经验的谈判人员也会一筹莫展、寸步难行。这就要求谈判人员在开局时要正确地利用各种信息，公开地、明确无误地阐明己方的立场，并努力捕捉对方的各种信息，以此制订谈判的方式与策略。同

时，要把自己真正的利益、需要和关注的重要问题有策略地藏匿起来，不透露机密的信息。

A公司是一家实力雄厚的房地产开发公司，在投资的过程中，相中了B公司所拥有的一块极具升值潜力的地皮。而B公司正想通过出卖这块地皮获得资金，以将其经营范围扩展到国外。于是双方精选了久经沙场的谈判干将，对土地转让问题展开磋商。

A公司代表："我公司的情况你们可能也有所了解，我公司是由××公司、××公司（均为全国著名的大公司）合资创办的，经济实力雄厚，近年来在房地产开发领域成绩显著。在你们市去年开发的××花园，收益很不错，听说你们的周总也是我们的买主啊。你们市的几家公司正在谋求与我们合作，想把他们手里的地皮转让给我们，但我们没有轻易表态。你们这块地皮对我们很有吸引力，我们准备把原有的住户拆迁，开发一片居民小区。前几天，我们公司的业务人员对该地区的住户、企业进行了广泛的调查，基本上没有什么阻力。时间就是金钱啊，我们希望能以最快的速度就这个问题达成协议，不知你们的想法如何？"

B公司代表："很高兴能与你们有合作的机会。我们之间以前虽没有打过交道，但对你们的情况我们还是有所了解的。我们遍布全国的办事处也有多家是你们建的房子，这可能也是一种缘分吧。我们确实有出卖这块地皮的意愿，但我们并不急于脱手，因为除了你们公司外，××、××等一些公司也对这块地皮表现出了浓厚的兴趣，正在积极地与我们接洽。当然了，如果你们的条件比较合理，我们还是愿意优先与你们合作的，可以帮助你们简化有关手续，使你们的工程能早日开工。"

上述例子是谈判者通过简单的自我介绍暗显实力的成功典范。我们不止一次地强调，谈判双方是为了满足各自某种需要才走到一起来的。因此，要想与对方达成合作，你必须有能力满足对方的需要，而且你要确知对方是否同样有能力满足你的需要。谈判对手的实力是谈判者最为关心的问题。

因此，通过信息的交流，介绍己方的实力，取得对手的信任，是进行深入谈判和取得谈判成功的前提和基础。好的谈判者都非常注重在谈判初始阶段通过恰当的方式显示自己的实力，取得对手的信任，让其放心地与你一起谋求合作。比如上文例子中A公司的代表通过介绍本公司的背景和在某市的经营业绩，使对手对其信用和经营能力充满信心，这为未来的合作打下了很好的基础。

一个谈判者，需要对手信任的方面很多。如果你需要使对手相信你是满足他需要的最佳人选，你就应在介绍己方的情况时表现出你的坦率、真诚和满足他的需要的实力；如果你要使对手相信你是个兼顾双方利益、真诚谋求合作的人，你就应努力体现出你的友好与公正；等等。你最好还要使对手相信他选择了一个最好的谈判对手。

谈判的帷幕就是在双方的自我介绍中拉开的，奏响的序曲能不能做一个好的铺垫至关重要。而这里的序曲也就是通过简洁、扼要地对己方情况的介绍来表现自己的实力，取得对方的信任，抢占谈判中的主动权。

❀ 调好谈判的温度

序幕拉开后，谈判双方正式亮相，开始彼此间的接触、交流、摸底，甚至冲突。当然这也仅仅是开始，它离达成正式协议还有相当漫长的过程。但是在谈判开始阶段，你首先要做好一项非常重要的工作，那就是营造洽谈的气氛，调节好一个最恰当的环境"温度"，这与谈判成败有非常重要的关系。

谈判气氛是谈判对手之间的相互态度，能够影响谈判人员的心理、情绪和感觉，从而引起相应的反应。倘若你经历过谈判，那你对谈判的气氛应该记忆犹新吧？那或许是冷淡的、对立的；或许是松弛的、旷日持久的；或许是积极的、友好的；也有严肃的、平静的；甚至还有大吵大闹的……

你也应当清楚，那种积极友好的气氛对一次谈判将有多大帮助。它能使谈判者轻松上阵,信心百倍,高兴而来,满意而归。

卡耐基认为,对于任何谈判者而言,理想的气氛应是严肃、认真、紧张、活泼的。这可以说是总结了历来胜利而有意义的谈判气氛而得出的一个结论。他建议每位谈判者努力为所进行的谈判营造这一良好气氛。

美国谈判学家卡洛斯认为,大凡谈判都有其独特的气氛。善于创造谈判气氛的谈判者,其谈判谋略的运用便有了很好的基础。我们有理由认为,合适的谈判气氛是谈判谋略的一个重要组成部分,良好的谈判气氛有助于谈判者发挥自己的能力。

谈判气氛有时是自然形成的,而多数情况下是人为营造的。不同的谈判气氛对谈判者来说都能感觉到。能运用谈判气氛影响谈判过程的谈判者自是精明之人,他们知道谈判气氛对谈判的成败影响很大。

谈判室是正式的工作场所,容易形成一种严肃而又紧张的气氛。当双方就某一问题发生争执,各持己见、互不相让,甚至话不投机、横眉冷对时,这种环境更容易使人产生一种压抑、沉闷的感觉。在这种情况下,己方可以建议暂时停止会谈或双方人员去游览、观光、出席宴会、观看文艺节目,也可以到游艺室、俱乐部等处娱乐、休息。这样,在轻松愉快的环境中,大家的心情自然也就放松了。更主要的是,通过玩游戏、休息、私下接触,双方可以进一步增进了解,消除彼此间的隔阂,增进友谊,也可以不拘形式地就僵持的问题继续交换意见，寓严肃的讨论于轻松活泼、融洽愉快的气氛之中。这时，彼此间心情愉快，人也变得慷慨大方。有时在谈判桌上争论了几个小时无法解决的问题，在这儿也许就迎刃而解了。

谈判气氛形成后，并不是一成不变的。本来轻松和谐的气氛可以因为双方在实质性问题上的争执而突然变得紧张，甚至剑拔弩张，一步就跨入谈判破裂的边缘。这时双方面临最急迫的问题不是继续争个鱼死网破，而是应尽快缓和这种紧张的气氛。此时，诙谐幽默无疑是最有力的武器。

卡普尔任美国电报电话公司的负责人时，在一次董事会上，众位董事对他的领导方式提出质疑，会议充满了紧张的气氛。人们似乎都已无法控制自己的情绪了。

一位女董事发难道："公司去年的福利你支出了多少？"

"900万。"

"噢，你疯了，我真受不了！我要昏了！"

听到如此尖刻的发难，卡普尔轻松地说了一句："我看那样倒好。"

会场意外地爆发了一阵难得的笑声，连那位女董事也忍俊不禁。紧张的气氛随之缓和了下来。

活跃气氛的另一种绝好方法就是寒暄。

寒暄又叫打招呼，是人与人建立语言交流的方法之一。它能使不相识的人相互认识，使不熟悉的人相互熟悉，使单调的气氛活跃起来，为双方进一步攀谈架设桥梁、沟通情感。

刚与对手见面时，必定要说几句客套话，虽是客套，可也非常重要，值得注意。数分钟的寒暄，有助于气氛的融洽，有助于商谈正题气氛的营造。如果刚见面就开门见山、单刀直入，很容易让人觉得突兀，态度不免就会强硬，不利于商谈的展开。

邓小平和英国女王及其丈夫爱丁堡公爵会谈前的寒暄是极富启发意义的。

邓小平迎上前去，对女王说："见到你很高兴，请接受一位中国老人对你的欢迎与敬意。"

接着，邓小平说："这几天北京的天气很好，这也是对贵宾的欢迎。当然，北京的天气比较干燥，要是能'借'一点伦敦的雾就更好了。我小时候就听说伦敦有雾。在巴黎时，听说登上巴黎铁塔，就可以望见伦敦的雾。我曾经登上过两次，可是很遗憾，天气都不好，没能看到伦敦的雾。"

爱丁堡公爵说道："伦敦的雾是工业革命时的产物，现

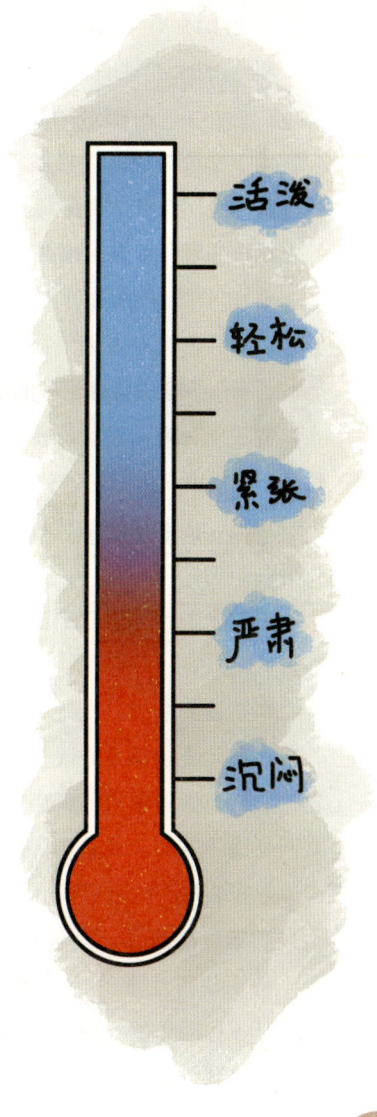

活泼
轻松
紧张
严肃
沉闷

在已经没有了。"

邓小平风趣地说："那么，'借'你们的雾就更困难了。"

爱丁堡公爵说："可以'借'点雨给你们，雨比雾好，你们可以'借'点阳光给我们。"

这种寒暄，双方都说得十分高雅而得体。

邓小平的话说明英国贵宾的到来不仅占人和（中英友好），而且占天时（天气很好），也点明了邓小平在法国的经历，还表明了他对雾都伦敦的认识和了解。

爱丁堡公爵的答话流露出对英国环境治理成效显著的自豪感。至于借雨、借阳光，多少隐含着双方互通有无的意向。

可见，谈判前的寒暄对谈判气氛的营造能起到意想不到的作用。

总的来说，为了营造出一个合作的、良好的谈判气氛，谈判人员应做到：

寒暄恰到好处。在进入谈判正题之前，一般都有一个过渡阶段，在此阶段双方一般要互致问候或谈几句与正题无关的话题，如来会谈前各自的经历、体育比赛、个人问题以及以往的共同经历和取得的成功，等等，使双方找到共同语言，为心理沟通做好准备。切记不要涉及令人沮丧的话题。

动作自然得体。动作和手势也是影响谈判气氛的重要因素。特别值得注意的是，由于各国、各民族文化、习俗的不同，对各种动作的反应也不尽相同。比如，初次见面时的握手就颇有讲究，有的外宾认为这是一种友好的表示，给人以亲近感；而有的外宾则会觉得对方是在故弄玄虚、有意谄媚，就会产生一种厌恶感。因此，谈判者应事先了解对方的背景、性格特点，区别不同的情况，采用不同的肢体语言。

破题引人入胜。如果说开局是谈判气氛形成的关键阶段，那么破题则是关键中的关键，就好比围棋中的"天王山"，既是对方之要点，也是己方之要点，因为双方都要通过破题来表明自己的观点、立场，也都要通过破题来了解对方。由于谈判即将开始，难免会心情紧张，因此若出现张口结舌、言不由衷或盲目迎合对方的现象，这对下面的正式谈判将会产生不良的影响。为了防止这种现象的发生，应该事先做好充分准备，做到有备而来。比如，可以把预计谈判时间的5%作为"破题"阶段：若谈判准备进行1小时，就用3分钟时间沉思；如果谈判要持续几天，最好在谈判前的某个晚上，找机会请对方一起吃顿饭。

讲究表情语言。表情语言是无声的信息，是内心情感的表露，包括形象、表情、眼神等。谈判人员是信心十足还是满腹狐疑，是轻松愉快还是紧张呆滞，都可以通过表情流露出来；是诚实还是狡猾，是活泼还是凝重，也都可以通过眼神表示出来。谈判人员应时刻注意自己的表情，通过表情和眼神表示出自信以及友好、合作的愿望。

察言观色。开局阶段的任务不仅仅是营造良好的气氛，还要敏锐地捕捉各种信息，如对方的性格、态度、意向、风格、经验等，为以后的谈判工作提供帮助。

❄ 投石问路让对方亮出底牌

投石问路策略是指谈判一方在谈判中为了摸清对方的虚实,掌握对方的心理,通过不断地提问来了解不容易直接从对方那儿获得的诸如成本、价格等方面的尽可能多的资料,以便在谈判中做出正确的决策。

比如,一位买主要购买3000件产品,他就可以先问如果购买100、1000、3000、5000和1万件产品的单价分别是多少。一旦卖主给出了这些单价,敏锐的买主就可从中分析出卖主的生产成本、设备费用的分摊情形、生产的能力、价格政策、谈判经验丰富与否。最后买主能够得到购买3000件产品非常优惠的价格,因为很少有卖主愿意失去这样大数量的生意。

买主经常运用投石问路策略,通常都能问出很有价值的资

料，知道的资料越多，就越能做出有利的选择。一般说来，可提出这样一些问题：

如果我们订货的数量加倍，或者减半呢？

如果我们建立长期合作关系呢？

如果我们同时购买几种产品呢？

如果我们分期付款呢？

如果我们自己运输呢？

如果我们淡季订货呢？

如果我们要求改变规格式样呢？

如果我们提供原材料呢？

每一个问题都好比一颗石头，掷向对方内心，落地有声，你要小心听"音"。

有这样一个眼镜师（谈判者）向顾客（谈判对方）索要高价的小故事。顾客向眼镜师问价："要多少钱？"眼镜师回答："10美元。"如果顾客没有不满的反应，他便立即加上一句"一副镜架"，实际上就成了"10美元一副镜架"。然后他又开口"镜片5美元"，如果顾客仍没有异议，狡猾的眼镜师就会再加上一句"一片"。这里，眼镜师运用了投石问路的方法，通过观察、判断顾客的反应，达到了自己的目的。

有目的地向对方提出各种问题，是摸清对方底细、掌握对方情况的重要手段。因此，所提问题的内容、方式以及问题提出的时间等都要好好考虑。

美国谈判专家尼尔伦伯格曾与他人合伙购买了地处纽约州布法罗市的一家旅馆。他对旅馆经营的业务一窍不通，所以他事先就讲好了对该项业务的经营不承担任何责任。谁知事不凑巧，协议刚签署几天，那位合伙人就因患了重病不能经营旅馆了。怎么办？尼尔伦伯格没有其他的选择，只好亲自去经营旅馆。当时，该旅馆的生意很不景气，月亏损额高达1.5万美元。3天之后，尼尔伦伯格将要被当作纽约市旅馆管理的"行家"去布法罗市走马上任，并亲自指挥500名员工的工作。他焦急万分，首先找来了哈佛商学院有关管理的书籍、资料，潜心钻研，结果收效甚微。他坐在办公室里冥思苦想，突然一个念头闪过：500名员工绝不会想到一个外行会冒着风险来经营一个亏损严重的旅馆的，他们会认为我是一个这方面的专家，那么我就去扮演一个经营旅馆的专家吧。尼尔伦伯格到了旅馆后，便从早到晚每15分钟接见一个人。他广泛地接触了管理人员、厨师、使役和勤杂人员，在和他们的谈话中了解了不少情况。他和员工的谈话是这样进行的：当每一个人走过尼尔伦伯格的办公室时，他都是皱着眉头对员工说，他们不适合继续留在旅馆里工作。人们一个个都感到愕然。接着，他说："我怎么能留用如此无用的人呢？看来你还像是个能干的人，但我不能容忍这种荒唐的事情再继续下去了。"这时，凡谈话的每位员工都竭力为自己过去的行为巧言辩解，并表示愿意接受批评，好好工作。于是，尼尔伦伯格继续说："要是你能向我表明，你至少还懂得怎样去做，并使我相信，你已经知道事情错在哪里，那么，我们或许还能一起干下去。"就这样，尼尔伦伯格从员工们那里了解到了旅馆亏损的原因所在，以及许多改进旅馆经营管理的建议、措施和方法。他将这些方法一一付诸实现，结果，第一个月亏损降到1000美元，第二个月就赢利3000美元，从而使旅馆的亏损局面得到了彻底扭转。

谈判者为了在谈判中处于有利地位，有更多的回旋余地，往往采取严格的保密措施，力求不让对方抓住任何与本方"底牌"有关的蛛丝马迹。在这种情况下，直接发问是无效的，只有采取迂回战术，施展一些策略，运用一些技巧才会有所收获。

一位供货商在与某厂采购经理的谈判中，想提高产品的价格，但他并没有直接探询对方的反应，而是聊了一些似乎不着边际的话。

"我们想提高产品的质量，因此想知道你们厂对我们的产品有什么意见，最好能帮助我们提供一些数据，我们好及时改进。"

"嗯，你们的产品质量还是不错的，至于数据，我可以在谈判后替你们收集一些。不过据实验人员反映，你们产品的各项检测指标均优于我们曾用过的产品。"

"噢，非常感谢。据说你们厂这两年的效益非常好，规模越来越大，产品几乎没有任何积压。"

"可不是，几十条生产线昼夜不停，产品、原料都是供不应求，可忙坏我了。"

供货商听到这里，露出一丝不易察觉的微笑。

聪明的读者，你知道供货商为什么笑吗？

在这段似乎不着边际的谈话中，供货商探测到了对己方非常有利的两条信息：一是己方提供的产品在该厂的信誉非常好；二是对方的库存原料已经供不应求，存料马上就要用光。工厂正面临着极大的压力，希望尽早结束谈判以使生产不致因为原材料的缺乏而受到影响。不知不觉间，对方自亮了"底牌"。

供货商要想提高产品价格，就必须知道对方的弱点所在，并在此基础上给对方制造压力，让对方不得不让步。但他如果直接问采购经理"我们的产品在你们厂曾用过的产品中是不是最好的"，同样久经沙场的采购经理绝对不会轻易给他肯定的回答，把他送上谈判中的有利位置。于是供货商转换了角度，以对顾客负责的姿态出现，询问对方对改进产品质量的意见，使采购经理放松了警惕，轻易就把其厂对该产品的评价和盘托出。

可见投石问路的关键并不完全在于"问"，而是"引"。最根本的要领是，提到点子上，听出话外音。

❋ 报价要有原则，不给对方留把柄

如果将价格谈判放到实力较量的范畴内来研究，那么价格的高低，报价的习惯，可调整的幅度、次数和速度，都可以看作是谈判者实力的表现。

报价，不仅仅是价格方面的要求，还泛指谈判双方在洽谈项目中的利益要求，即其想达到的目的。谈判双方在经过摸底，明确了交易的具体内容和范围之后，提出各自的交易条件，表明自己的立场和利益要求。

谈判双方通过报价来表明自己的立场和利益要求。但是，任何一方在阐述自己要求的时候，都不会把自己的底价透露给对方,而总是要打个"埋伏",给自己留下讨论协商、讨价还价的空间,或者以优于底价的条件成交,超过既定目标,完成谈判;或者以不低于底价的条件成交,完成谈判的既定目标。正因为双方都有这种考虑,所以在报价的时候一定要极其谨慎。

报价的方式可以是"横向铺开",也可以是"纵向展开"。所谓"横向铺开",就是对自己的立场观点不做深入的讨论,而是把自己方面的利益要求做一个全面完整的陈述,求全而非深;"纵向展开"就是对所要讨论的各个问题逐个展开协商,深入下去,谈完一个再谈另一个。

报价的内容包括:己方认为这次洽谈应该包括的问题,双方的利益要求,己方可以让步的方面。当然,这种开诚布公的

报价，只是在互相比较熟悉的老对手之间才可以采用。和不了解的陌生洽谈对手进行谈判，则不能这样报价，也不可能得到对方这样的明确报价。这时候，就要采取旁敲侧击的方法，尽量明确对方的报价。

在报价阶段，双方只是阐述自己的利益要求，所以为了达到自己的目的，一定要认真听取对方的报价，尽量全面完整地理解对方的报价，抓住对方的主要利益要求和次要方面，以便将来跟对方压价。

对自己利益的陈述和表达要注意方式和语气。因为报价的目的是为了表明立场和态度，而不是挑战，所以要注意以和为贵。当一方陈述完毕，另一方就可以再陈述自己的立场和观点，为了调节气氛，也可以先讲一下双方已经达成一致意见的方面。

在报价的过程中还应该注意一个"随机应变、留有余地"的原则。

由于报价事关整个交易的各项条件，所以在一般情况下，报价不会是一成不变的。所以谈判人员在报价时，不要把条件说得过于坚决，给对方留下"只此一条，别无选择"的印象。如果在报价时保留一个比较宽松的余地，那么在后来的谈判中当对方向你提出了某种可以使你满足的要求时，你就有了进一步讨价还价的条件。这种策略也是商务谈判人员经常使用的策略。

留有余地的策略在西欧式的报价方法中体现得较为明显。

西欧式的报价方法与我们前面所介绍的报价方法是一致

的。一般的做法是，谈判人员在报价时，首先提出一个留有较大余地的价格条件，其后再根据买卖双方的实力对比和外部竞争状况，通过其他方法来争取买方，如给予数量折扣、价格折扣、佣金和支付条件上的优惠等，稳住买方，使双方的成交差距逐步缩小，最终达成成交的目的。由于有时报价方所留余地是非常大的，所以即使做了有限的让步也是在余地之中，不但不会吃亏，反而往往会有一个不错的结果。

这一策略是和一般买方的心理相适应的，因为对于一般人来说，总是习惯于价格由高到低逐步下降，而不是由低到高。

谈判人员在报价中保留余地时，同样应注意商务谈判中语言运用的一般规则，即应当态度诚恳、观点明确、简明易懂。

关于先报价与后报价之利弊，很多人认为最好后报价，这样不容易被人"摸底"。其实不然，先报价有弊也有利。

先报价的有利之处在于：一方面，先报价对谈判的影响较大，它实际上等于为谈判划定了一个框架或基准线，最终协议将在这个范围内达成。比如，卖方报价某种计算机每台1000美元，那么经过双方磋商之后，最终成交价格一定不会超过1000美元这个界限的。另一方面，如果己方的谈判实力强于对方，或者说与对方相比在谈判中处于相对有利的地位，那么己方先报价就是有利的。尤其是当对方对本次交易的行情不太熟悉的情况下，先报价的利更大。因为这样可为谈判先划定一个基准线，同时，由于己方了解行情，还会适当掌握成交的条件，对己方无疑是利大于弊。

先报价的弊端在于：一方面，对方听了己方的报价后，可以对他们自己原有的想法进行最后的调整。由于己方先报价，对方对己方的交易条件的起点有所了解，他们就可以修改原先准备的报价，获得本来得不到的好处。正如上边所举例子，卖方报价每台计算机1000美元，而买方原来准备的报价可能为1100美元一台。这种情况下，很显然，在卖方报价以后，买方马上就会修改其原来准备的报价条件，于是其报价肯定会低于1000美元。那么对于买方来讲，后报价至少可以使他们获得每台节省100美元的好处。

先报价如果出乎对方的预料和设想，往往会打乱对方的原有部署，甚至动摇对方原来的期望值，使其失去信心。比如，卖方首先报价，某货物1000美元一吨，而买方却只能承受400美元一吨的价格，这与卖方报价相差甚远，即使经过进一步磋商也很难达成协议，因此只好改变原来的部署，要么提价，要么告吹。总之，先报价在整个谈判过程中都会持续地起作用。因此，先报价比后报价的影响要大得多。

总之，报价要注意几个原则：不激进、不保守，保持坚定、明确、完整、果断的态度，不要给对方留有把柄。

✻ 与5种谈判对手周旋的策略

有人戏称谈判是一场顽强的性格之战。因为我们要接触的谈判对手可能千差万别，无论经验如何丰富，也很难做到万无一失。因此，对于各种不同的谈判对象，可以视其性格的不同而加以调整，采取不同的策略。

1. 强硬型的对手

强硬型的谈判对手情绪表现得十分激烈，态度强硬，在谈判中趾高气扬，不习惯也没耐心听对方的解释，总是按照自己的思路，认为自己的条件已经够好的了。尽管这种一厢情愿式的主观认识十分愚蠢可笑，但是他们仍然乐此不疲。

如果遇到这样的谈判对手，你最好做好各种心理准备，准备应付各种尴尬场面，并在耐心的基础上理直气壮地提出你的理由。

强硬派总是咄咄逼人，不肯示弱。有的也许会什么也不说，有的干脆一口回绝，绝无回旋的余地。强硬派之所以如此"硬"，当然有一点原因不可否认，那就是他们拥有自身的优势，也有性格使然。自身拥有优势者总是待价而沽，囤积居奇，他们不愁他们的东西卖不出去。

在谈判之中，表现强硬的一方很多时候是受了其上司的指示而故意这么做的。所以遇到这种情况，你可以直接去找对方的上司诉苦或申诉，要求他答应你的条件，解决你遇到的问题。

对你来说，损失的不过是一些时间而已，而为了自己的正当权益不受损害，这些时间的损失也值得。

当然，你去找对方的上司时最好不要满脸怒气、高声吼叫，要明白你到这里来的目的是求得和解。所以，你最好心平气和，把事件发生过程向对方仔细陈述，表明你受的损害有多么大，希望得到哪些补偿，等等。

找对方的上司不失为一个好办法，这样既可避免谈崩，又可借上司的行政压力而解决问题。所以，这也是取胜的保证。

2. 坦率型的对手

这种人的性格使得他们能直接向对方表示出真挚、热烈的情绪。他们十分自信地步入谈判大厅，不断地发表见解。他们总是兴致勃勃地开始谈判，乐于以这种态度取得利益。在磋商阶段，他们能迅速把谈判引向实质阶段。他们十分赞赏那些精于讨价还价、为取得经济利益而施展手段的人。他们自己就很精于使用策略去谋得利益，同时希望别人也具有这种才能。他们对"一揽子"交易怀有十足的兴趣。作为卖者，他们希望买者按照他们的要求做"一揽子"说明。所谓"一揽子"意指不仅包括产品本身，而且要介绍销售该产品的一系列办法。

他们会把准备工作做得完美无缺，他们直截了当地表明他们希望做成的交易、准确确定交易的形式、详细规定谈判中的议题，然后准备一份涉及

所有议题的报价表，陈述和报价都非常明确和坚定。这样的人不太热衷于采取让步的方式，讨价还价的余地大大缩小。与之打交道的最好办法是应该在其报价之前即进行摸底，阐明自己的立场；应尽量提出对方没想到的细节。

3. 攻击型的对手

遇到攻击型的谈判对手，最好避其锋芒，击其要害。攻击型是有别于强硬型的。强硬型的谈判对手有时仅仅采取防御姿态坚持自己的原则立场，而攻击型却是有目的、有针对性地向你进攻，迫使你屈服，不给你反抗的余地。

攻击型的对手往往能寻找到一些理由加以攻击，并不是无中生有，因此，面对攻击型的对手如何应付就成了个难题。

攻击型的对手表面上看并不都是那么吓人，击败他的关键之处是要找到其要害，也就是其理由不足之处。掌握了这一点，你也可以套用对付强硬型的方法来对付他，只要对方的气焰一灭，你再采用有礼有节的方法与之对垒，用让他害怕的方式来威胁他，使他明白事情的轻重，不敢再闹。

对付这类人，当事人必须注意的就是：切莫惊慌，惊慌往往会自乱阵脚；也不要过于愤怒，过于愤怒会在谈判时失了分寸。自乱阵脚而失去分寸，那必受害无疑。

4. 搭档型的对手

搭档型的谈判对手或隐或显，虚实相间，最令人防不胜防。

搭档型的表现是：当谈判开始时，对方只派一些低层人员作为主谈手。等到谈判进入到快要达成协议时，真正的主谈手突然插进来，表示刚才的己方人员无权做决定，或是刚才的价格过低，或者是时间不能保证。当你表示失望或觉得一切都完了的时候，对方会说："如果你确实急需，我也可以卖给你，但至少在价格上要做些调整……"你此时往往无可奈何。因为谈判进行到这个时候，你已完全摊开了底牌，对方已掌握了你谈判的一切秘密，如果你想达成协议，除了做出让步外别无他法。

当然，谈判必须是在有准备的情况下进行。谈判之初，你必须了解对手是否有权在协议书上签字，如果他表示决定权在他的上司那里，那你应坚决拒绝谈判。但是，也有另外的办法来应付这种情况。那就是，既然对手派的是下属人员与你谈判，你也不妨让下属人员去谈判或由别人代替你去谈判，待草签协议之后，你再直接与对方掌权之人谈判，这样你将获得较大的转换空间，不至于到关键时刻被别人牵着鼻子走。

5. 犹豫型的对手

在这种人看来信誉第一重要，他们特别重视开端，往往会在交际上花很长时间，其间也穿插一些摸底活动。经过长时间的、广泛的、友好的会谈，增进了彼此的敬意，也许会出现双方共同接受的成交可能。与这种人做生意，首先要防止对方拖延时间和打断谈判，还必须把重点放在制造谈判气氛和摸底阶段的工作上。一旦获得了对方的信任，就可以大大缩短报价和磋商阶段的时间，尽快达成协议。

以上所列举的5种人在谈判时经常会遇到，总结经验，以下6种策略可以尝试：

（1）坚持一切按规矩办事。强硬型、坦率型、搭档型都会强迫你接受他们的条件，你应拒绝受压迫，而且坚持公平的待遇。

（2）当对方采取极端立场威胁你时，可以请他解释为什么会产生这样极端的要求，你可以说："为了让我更了解如何接受你的要求，我需要更多地了解你为什么会这样想。"

（3）沉默是金。这是最有力的策略之一，尤其是对付两极派，你不妨这样说："我想现在不适合谈判，我们都需要冷静一下。"

（4）改变话题。在对方提出极端要求时，最好假装没听到或听不懂他的要求，然后将话锋转往别处。

（5）不要过分防御，否则就等于落入对方要你认错的圈套。在尽量听完批评的情况下，再将话题转到"那我们针对你的批评如何改进"方面。

（6）避免站在自己的立场上辩解，应多问问题。只有问问题才能避免对方进一步的攻击。尽量问"什么"，而避免问"为什么"。问"什么"时，答案多半是事实；而问"为什么"时，答案多半是意见，就容易有情绪。

❋ 双赢才是谈判的最终目的

什么是成功的谈判？有人认为，以在谈判中自己获得利益的多少作为评判标准，获得利益越多则标志谈判越成功；有的则认为，在谈判中己方气势越高，对方气势越低，则谈判越成功……其实，这些看法与做法都是比较片面的，有时甚至是有害的。

如果只把目光盯在获利的多少上，自然就会在谈判方式方法上做得较为苛刻，一定会招致对手的反感。如果在对手刚好是比较看重长远利益的情况下，那么这种人所获得的引以为豪的那部分利益远远小于他本来可以获得的利益。他之所以认为自己获得的最多，是因为他没有看到今后与长远的利益，而只是看到眼前。这种认为获利越多就越成功的做法是目光短浅的表现。

美国谈判学会会长、著名律师尼尔伦伯格认为，谈判不是一场棋赛，不要求决出胜负，也不是一场战争，要将对方消灭或置于死地。恰恰相反，谈判是一项互利的合作事业，它的目的是双方的共赢。

在现代谈判中，传统的分配模式不但无助于协议的达成，反而可能有害。传统的谈判观点认为，对争论的东西，或者是我得到，或者是你得到；一方多占一些，就意味着另一方要损失一些。而新的谈判观点则认为，在谈判中每一方都有各自的利益，但每一方利益的焦点并不是完全对立的。一项产品出口贸易的谈判，卖方关心的可能是货款的一次性结算，而买方关心的可能是产品质量是否一流。因此，谈判的一个重要原则就是协调双方的利益，提出互利性的协议。

"戴维营和平协议"就是一个著名的成功谈判的案例，它通过协调利益达成了双方都满意的协议。

1967年，"六天战争"以来，以色列占据了埃及的西奈半岛。当1978年埃以坐下来商谈和平时,他们的立场是水火不相容的。以色列坚持要保留西奈半岛的一部分,而埃及则坚持全部收回西奈,人们最初反复在地图上划分西奈的埃以分界线,但无论怎样协商,埃以都拒不接受。显然,仅把目标集中在领土划分上是不能解决问题的。那么,有没有其他利益分配办法呢?以色列的利益在于安全,他们不希望归还西奈半岛后,埃及的坦克随时都有可能从西奈边境开进以色列;而埃及的利益在于收回主权,从法老时代,西奈就是埃及领土的一部分,不想把领土让与一个外国入侵者。症结找到了,最后的协议是:西奈完全归还给埃及,但是要求其大部分地区非军事化,以保证以色列的安全;埃及的旗帜可以到处飘扬,但埃及的坦克却不能靠近以色列。谁都不能否认,埃以协议的达成是一个令双方都满意的方案。这就是协调利益的结果。

在一定情况下,谈判能否达成协议取决于能否提出互利性选择方案。为了更好地协调双方的利益,不要过于仓促地确定选择方案,在双方充分协商、讨论的基础上,进一步明确双方各自的利益,找出共同利益、不同利益,从而确定哪些利益是可以调和的。

当然,考虑对方的利益,并不意味着迁就对方、迎合对方。恰恰相反,如果你不考虑对方的利益,不表明自己对他们的理解和关心,你就无法使对方认真听取你的意见,讨论你的建议和选择,自然你的利益也无法实现。

实现"皆大欢喜"的谈判是有原则和标准的。

斯科特对"公平"标准的看法是:要么谈判各方都得到了

平等的满足，要么就是各方都感觉不满足，而不是一方满足而另一方不满足的不平等结局。在不平等的结局下产生的协议是很难获得完全实施的。

但是在谈判实践中，谈判者对任何一项谈判结果究竟是否满足很难界定，也就是说，对满足与不满足很难确定出一种绝对的标准。在这种情况下，斯科特提出了实现"皆大欢喜"的几条谈判原则：

（1）在基本的态度和认识上，谈判者应当明确，在谈判中要努力设法为自己一方谋得利益，但并不一定意味着要去损害对方或他人的利益。

（2）要积极地影响对方对事物评价的方法，要在不损害本方利益的前提下，去引导对方获得满足感。由于谈判者对事物评价的方法直接地影响甚至决定着他对事物需求的满足感，所以谈判高手通常不会以牺牲己方利益去使对方获得满足（实际上，以牺牲己方利益的方式去与对手谈判，不但不会使对手感到满足，往往还会刺激对方更多更大的需求。历史上许多不平等协议的签署过程无不证实了这个问题），而是积极地影响对方看待事物的角度、观点。

谈判就意味着各取所需，而不是互相损害。不是去追求那种绝对的公平，将"蛋糕"和上面那层"奶油糖霜"都切为两半，无论你是否喜欢都要优劣搭配地分割；而是将"蛋糕"的一大半或绝大部分划给那位喜欢"蛋糕"而不喜欢"奶油糖霜"者，将"奶油糖霜"的一大半或绝大部分划给喜欢"奶油糖霜"而不喜欢"蛋糕"者。双方各取所需，都能感到自己获得了所需利益的大部分。

（3）谈判者要有一个关于"己方利益"的准确概念。究竟什么是己方的利益，谈判者应当认识清楚、准确，如有可能，要有数字分析依据。

（4）谈判者要通过摸底，经常分析对方利益之所在，以及在哪些方面、在什么条件下己方可以给对方以满足。

（5）为了平等地与对方谈判并最大限度地谋得己方的利益，谈判者不必十分努力地去制造诚挚与合作的谈判气氛，也不必特别注重强调双方的一致性，只要在谈判时能有一个愉快、轻松和认真的工作气氛就行了。谈判者只要有可能，也可要求在谈判程序上做一些对己方有利的安排。

（6）选择那种有助于更多地了解对方需要和让步方式的议题先行讨论，对己方较为有利。谈判者可以通过对该议题的讨

论，更好地准备己方的让步方案，更好地知道让步多少和何时让步对自己最为合算。

成功的谈判要求谈判者既能坚持自己的利益，又不固执己见。最好的方案是开阔视野，为共同利益提出多种选择。

要做到这一点，应分两步走：

第一步，寻找共同利益。

从理论上讲，共同利益有助于谈判双方达成协议，也就是说，提出一个能满足双方共同利益的主意，对双方都是有利的。作为一个谈判者，几乎总是要寻找一些可以令对方同样感到满意的解决办法，因为几乎在所有的情况下，你对谈判结局的满意程度都取决于对方对协议所期望的满意程度。

关于寻找共同利益，要牢记以下几点：

（1）每一场谈判都潜伏着各方的共同利益，它们可能不是十分明显。谈判者应努力去寻求，寻求合作与互利的机会。

（2）共同利益是机会而不是天赐。谈判人员要善于创造机会、利用机会，抓住时机将共同利益明确地表述出来，系统地阐述清楚。

（3）在互相交流的过程中，要尽量强调共同利益给双方带来的好处，尽量避免发生对谈判进展无益的争执，这样会使谈判在和谐的气氛中顺利进行。

第二步，为谈判所涉及问题的解决提出多种选择。

要想使商务谈判获得成功，谈判双方应共同努力营造广阔的谈判空间，这一空间应由双方在未来的谈判中能提出的并能从中共同选择的大量建议构成。

多种选择的提出,可以通过以下途径:

(1)从不同的角度看待谈判所涉及的问题。比如我们在进行一项贸易谈判时,就可以从银行家、发明家、房地产商人、证券经纪人、经济学家、税务专家或政府工作人员的角度分析所涉及的问题。思考他们将如何判断形势,将会提出哪些办法和切实可行的建议,从而为你对所涉及的问题做出多种选择提供帮助。

(2)设法提出不同效力的协议。在谈判过程中,当无法取得所期望的协议时,千万不要轻言放弃,在不损及所预期的经济利益的前提下,不妨退而求其次,用准备好的"弱化词"提出大量可能的协议。

商务谈判中,谈判双方进行沟通的终极目的就是实现合作,以获取各自所预期的经济利益。

❀ 口头的强攻不如**口头的佯退**

商务谈判过程大都紧张而激烈,需要谈判者付出大量的精力,谈判者因而也极易产生情绪,导致双方争执不下,互不相让,致使谈判出现僵局。在这种情况下,适时地暂停谈判,采取"谈不拢就走人"的谈判策略,可以使双方冷静地考虑自己的处境和对方的情势。实践证明,"谈不拢就走人"的谈判策略,确实能为运用者带来利益。

1984年,中国与日本某商社的商务代表、技术代表就在中国建化肥厂的有关事项进行谈判。为了交易成功,该商社的一位部长与某厂厂长一同前来上海参加谈判。谈判前，日本某厂已经获得了我方政府部门批准的进口用汇额度情报，这对我方来说极为不利。谈判一开始，日方报价为350万美元，经我方代表的努力，反复地讨价还价，价格逐渐降至293万美元。这个价格基本上符合引进厂的要求，应该说是可以成交的。但我方主谈估量了目前的情况，凭他的经验，认为价格仍存在进一步下调的可能。于是，中方主谈对日方代表说："贵方在设备的报价上做出了不少努力，我们深表感谢。可问题是经过我方核算比较，还是觉得有些高，希望贵方进一步考虑，明天上午报一个更优惠的价格。"第二天上午9时，双方在日本某商社的上海事务所继续谈判。该商社的部长发言说："经过反复核算，价格实在是不能再降了，再降就亏本了。我们总不能做亏本买卖吧？"中方主谈听后郑重地说："如果情况确实是这样，我们的谈判只能到此为止了，不能成交我们很遗憾。不过，贵方为了这个项目曾多次来上海，我们深表感谢。"他一边说一边离开座位，中方的其他谈判人员也纷纷离开谈判室。

在晚上的宴会桌旁，中方主谈很随意地问该商社的部长："上午我们离开后，你们对这个项目有什么新的想法吗？"这位部长急急地说："不瞒你说，上午你们一走，我们就进行了紧急商量。某厂表示再降价就亏本了，可不降价你们又不答应，为了促成这笔交易，我们商社愿意从佣金中拿出5万美元，不知贵方能否接受？"中方主谈听后一阵高兴，可表面不露声色地说："今晚我们好好喝一杯吧。业务上的事嘛，既然贵方愿意做出让步，那就明天再谈。"本来该厂厂长已经买好了回日本的机票,可为了第二天的谈判,决定延期一天返回。结果,在第二天的谈判中,日方决定再让价10万美元,最后以283万美元成交。

适时撤身而退实质上是一种以退为进的策略。

"以退为进"是军事上的用语——暂时退让,输赢未定;伺机而进,争取成功。谈判也如打仗一样,亦是互相交锋,争斗激烈。有时要继续谈下去,有时则要暂时休会;有时要据理力争、讨价还价,有时需要暂时退让,伺机而动。商务谈判如同兵战,只不过是以唇为"枪",以舌为"剑",如何在谈判桌上充分发挥你的战技和口才,全凭谈判人员的经验和智慧了。

有一家大型航空公司要在某地建立一分支机构,找到当地某一电力公司要求以低价优惠供应电力,但对方态度很坚决,自恃是当地唯一一家电力公司,态度很强硬,谈判陷入了僵局。这家航空公司的主谈私下了解到电力公司对这次谈判非常重视,一旦双方签订了合同,便会使这家电力公司起死回生,逃脱破产的厄运,这说明这次谈判的成败对它们来说关系重大。这家航空公司主谈便充分利用了这一信息,在谈判桌上也表现出绝不让步的姿态,声称:"既然贵方无意与我方达成一致,我看这次谈判是没有多大希望了。与其花那么多钱,倒不如自己建个电厂划得来。过后,我会把这个想法报告给董事会的。"说完,便离席不谈了。电力公司谈判人员叫苦不迭,立刻改变了态度,主动表示愿意给予最优惠价格。至此,双方达成了协议。

这场谈判在开始阶段,主动权掌握在电力公司一方,因为航空公司有求于电力公司。当自己的谈判要求被拒绝后,航空公司便耍了一个花招,给电力公司施加压力,因为若失去给这家大航空公司供应电力的机会,就意味着电力公司会损失一大笔钱,所以电力公司急忙改变原来的态度,表示愿意以优惠的价格供电。这时,谈判的主动权又转移到航空公司一方了,从而迫使电力公司再降低供电价格。这样,航空公司先退却一步,然后前进了两步,生意反而谈成了。

通过以上几个案例我们可以看出,当谈判出现各执己见、互不相让,甚至是横眉冷对的局面时,为避免同对方直接冲突,"走"确实是上策。在运用这种策略时应特别注意,在合作性的、双方比较坦诚的情况下不宜采用,"走"只是实现谈判目的的手段。因此,在运用这一策略前,要调查清楚对方的实力以及这次谈判的成败对对方造成的影响程度,以促使谈判的进一步深入进行。

日本松下公司早在1937年前后就与荷兰菲利浦公司有业务往来,后来因第二次世界大战而中断联系。1951年,松下公司为了发展电子事业,积极与菲利浦公司洽谈合作事宜。开始,菲利浦公司开出的条件是认购30%的股份,再由松下公司支付技术报酬6%。松下公司认为,接受对方的技术指导付给报酬是应该的,但合资公司成立后,经营管理方面的事务工作全部由日方承担,那么松下公司也应收取"经营指导酬金"。

松下公司的条件提出后,菲利浦公司大为惊讶,因为第二次世界大战后,日本是战败国,当时处于国力十分虚弱的非常时期,松下公司正急切地寻找合作伙伴,而在这种情况下,松下公司竟在谈判中将自己置于与菲利浦公司对等的地位，这是菲利浦方面所不能容忍的。

谈判从一开始就陷入了僵局。

松下公司的谈判代表高桥在菲利浦公司的强硬态度面前毫不让步，严正表明了松下公司的立场。这样，谈判再也进行不下去了。

这时，高桥毫不妥协，在高压下撤身而退，以表示松下公司"宁为玉碎，不为瓦全"的态度。这样一来，菲利浦公司反而软下来了，因为与松下公司合作，他们可以得到很多好处，他们担心松下公司会去找别的合作伙伴。

菲利浦公司做了让步，谈判最终取得了成功。

高桥之所以敢抛下重话，示意"谈不拢就走人"，是因为他对这次合作对菲利浦公司的利益大小了如指掌。当你抓住对方所看重的利益时，就相当于一张王牌在手，对方再强硬也不会跟利益过不去。

在商务谈判中，暂时的退却是为了将来的进攻，即退却一步，进攻两步。有时候，如果进攻遇到困难的话，还不如口头的"佯退"。当然，在语言运用上要讲究技法，既要坚决、果断、不留余地，使对方看不出破绽，又要给对方再次谈判带来希望，不能让对方认为谈判彻底黄了，然后另觅他途。

PART 03 求人办事，三言两语达成所愿

❀ 求人帮助前，获得认同

要想说好让别人认同的话，就要时刻关心对方的需要，并且想方设法地满足对方的这种需要。只有立足于对方的需要，才能说出获得对方认同的话。

假如你丢了钱包，身无分文，向路人求助时，很容易想象出他们脸上惊讶、害怕甚至有点怀疑的表情。所以，如果要获得他人的帮助，必须获得他人的认同。

亨廷顿曾指出，不同民族的人们常以对他们来说最有意义的事物来回答"我们是谁"，即"用祖先、宗教、语言、历史、价值、习俗和体制来界定自己"，并以某种象征物作为标志来表示自己的文化认同。在这里，认同不仅仅指的是文化和民族方面的认同，更重要的是信任感的认同。如果他人对你连起码的认知和信任都没有，又怎么会帮助你呢？

战国时，水工郑国受韩国派遣，到秦国探听情报，不料被秦国逮捕，准备处决。行刑前，郑国要求参见秦王嬴政。他身

带重镣，被带到秦廷。秦王嬴政喝问："奸细郑国，你承认有罪吗？"郑国说："是的，我的确是韩国派来的奸细。我建议您兴修水利，确实是为了消耗秦国的民力，延缓韩国被吞并的时间。然而兴修水利，难道不是对秦国万分有利吗？"秦王嬴政想了想，觉得此言确实有理。郑国又说："现在，关中水利工程即将竣工，何不让我将它完成，以造福万民呢？"秦王嬴政沉吟半晌，终于同意了他的请求。在郑国的主持下，一项伟大的水利工程——郑国渠终于完成了。

秦王嬴政的残暴是闻名于世的，想在他的刀口下活命都不容易，更何况得到他的支持？但由于郑国抓准了他的心理，取得了嬴政的认同，终于打动了他的心，不仅保住了性命，还得以完成了自己一手打造的伟大工程。

信任感是认同的基础。如何获得他人的信任和认同呢？以下几点可供借鉴：

必须注意自我修养，善于

自我克制；做事必须诚恳认真，建立起良好的信誉；应该随时设法纠正自己的缺点；行动要忠实可靠，做到言必有信，与人交易时必须诚实无欺，这是获得他人信任的最重要条件。

勤奋刻苦，脚踏实地。夸夸其谈的人无法给人安全感，说得好不如做得好。时间一长，你的浮夸将被人看穿，恐怕肯向你伸出援助之手的人也都敬而远之了。

很多人能获得成功靠的就是获得他人的信任。今天，仍然有许多人对于获得他人的信任一事漫不经心、不以为意，不肯在这一方面花些心血和精力。这种人可能用不了多久就会失败。

要获得他人的信任，除了要有正直诚实的品格外，还要有敏捷、正确的做事习惯。即使是一个资本雄厚的人，如果做事优柔寡断、头脑不清，缺乏敏捷的手腕和果断的决策能力，那么他的信用仍然维持不住。一个人一旦失信于人一次，别人就再也不愿意和他交往或发生贸易往来了。

人类仿佛有一种共同的心理，那就是如果有人能使我们感到高兴喜悦，即使事情与我们的心愿稍有相悖也不太要紧。求人帮助时，你要学会针对别人感情的弱点，与别人产生共鸣，只有这样，你的求助才能达到预期的结果。其实一件事情，能做的人是很多的，但智商水平很高的人往往却做不了，原因在于他们过于相信自己的智力，而忽略了对方的感情。

获得他人的信任，是求人帮助时必不可少的。要想做到这一点，首先就是要有一种令人愉悦的态度，脸上带着笑容，行动轻松活泼。无论你内心中是否对别人有好意，但如果人们从你的脸上看不到一点快乐，那么谁也不会对你产生好感。

❀ 暗中智取，让他人无法拒绝

在日常生活中，我们要学会说话，从而使他人无法拒绝我们的请求。

一个法律系的教授告诉他的学生："当你盘问证人席的嫌犯时，不要问事先不知道答案的问题。"因为辩护律师如果不事先知道答案就盘问证人，会为他自己惹来很多麻烦，同样的情形也适用于向人求助时。因此，绝对不要问只有"是"与"否"两个答案的问题，除非你十分肯定答案是"是"。

例如，金牌销售不会问客户："你想买双门轿车吗？"他会这样说："你想要双门还是四门轿车？"

如果你用后面这种二选一的问题，你的客户就无法拒绝你。相反，如果你用前面的问法，客户很可能会对你说："不。"下面有几个二选一的问题：

"你比较喜欢3月1日还是3月8日交货？"

"发票要寄给你还是你的秘书？"

"你要用信用卡还是现金付账？"

"你要红色还是蓝色的汽车？"

"你要用陆运还是空运？"

面对这样的提问，无论客户选择哪个答案，业务员都可以顺利做成一笔生意。你可以换个角度站在客户的立场来想这些问题。如果你告诉业务员你想要蓝色的车子，你会开票付款，你希望3月8日请货运送到你家之后，就很难开口说："噢，我没说我今天就要买。我得考虑一下。"

养成经常这样说的好习惯："难道你不同意……"这样，在求助别人，想要借别人的力量成我们的事时，我们以这样的方式开口，可以让对方难以拒绝。

例如："难道你不同意这是一部漂亮的车子？""难道你不同意这块地可以看到壮观的海景？""难道你不同意你试穿的这件貂皮大衣非常暖和？""难道你不同意这价钱表示它有特优的价值？"此外，当客户赞同你的意见时，也会衍生出肯定的回应。

其实，在进行推销活动时，如果能及时问些需要客户同意的问题，将会产生特别的效果。

当某家的先生、太太和十二个小孩共乘一辆车子上街买东西时，一位汽车的推销员问这位太太："遥控锁是不是最适合你家？"她通常会同意销售员的看法。

接着销售员继续说："我打赌你也喜欢四门车。"因为他们是个大家庭,他知道他们只能考虑四门车。而这位太太会说:"哦,是的,我只会买四门车。"在一连串对车子性能的探讨之后,这位先生猜想他太太有意买车,因为她对销售员的看法一直表示赞同。

如果你面对的是两个以上的客户或一群生意人时,先说服有支配权的那个人,是非常有效的方法——如此一来,其他人也会跟着点头同意。

其实,你在分析判断谁才是这群人的领导者之前,你就应该掂量每个人的分量。一般情况下,他是唯一一个你需要说服的人。当你说服了他时,那么你的生意也就成功了。

❋ 迂回委婉地说出你的需求

即使你向别人提出的要求是正当的,也要有技巧地、迂回委婉地说出来,这样才会让别人更容易接受。

即使你向别人提出的要求是正当的,你也得讲究时机和技巧,不然不会被人重视,甚至会被理解为无理取闹。如果你认为你的薪水与你的能力不成正比,想让你的老板给你加薪,你会用什么样的方法提出自己的想法呢?你会随随便便地提出要求吗?聪明的你肯定不会这样做。有技巧地说出自己的要求,才会让他人更容易接受。

我们得到他人愈多的"是",就愈能为自己的意见争取主动权。推销商品也好,其他一切需要他人信服、支持的事情也罢,这一法则都是很有效的。

曾经有一位年仅25岁的法国将军竟然能够使衣衫褴褛、饥肠辘辘的意大利军队听命于他。这到底是怎么回事呢？起初，他抓住了士兵们对衣食的迫切需求，开始鼓励他们："我将把你们从这个衣不蔽体、食不果腹的世界带到一个最富足的地方去，在那儿，你们可以看到繁华的城市和富饶的乡村，你们可以过上衣食无忧、逍遥自在的生活。"在占领了一个重要城市之后，他又改变了说法，这时，他转而在士兵们的自尊心上下功夫，用热烈而优美的词句赞美他的士兵："你们是历史的创造者，当你们荣归故里时，你们的乡亲会热情地指着你们说：看，他曾经服役于那伟大的英勇的意大利军队。"由于他总能够把军事计划和士兵们的欲望紧紧地联系起来，所以他的军队一直都支持他、效忠于他，英勇作战，义无反顾。他就是拿破仑·波拿巴。

所以，当我们想要借助别人的力量时，如果不知道如何才能说服对方支持你，也没有想过要观察对方的兴趣和思想，对方怎么会支持和帮助我们呢？毫无准备地闯入别人的办公室，这种做法是非常不明智的。你不如在别人的办公室外先考虑几个小时，然后再去敲门。

谈判专家之所以能解决棘手的问题，是因为他懂得有技巧地表达自己的意图。销售大王之所以能取得好的业绩，是因为他懂得有技巧地沟通。我们听听一个销售大王的经验：销售人员与客户之间的沟通有时表现为相互进攻，有时表现为各自坚守阵地，更多的时候，是进攻与防守的结合运用。

例如销售人员说："如果购买量达不到100箱的话，那就不能享受八折优惠。"（"100箱的销售量"属于进攻行为，"八折优惠"为防守策略。）客户说："如果这种产品的价格不能享受七折优惠的话，那我就只能选择其他产品。"（"七折优惠"是进攻行为，"不购买产品"为防守策略。）

在进攻与防守策略灵活运用的各个沟通环节当中，销售人员应该学会掌控整个沟通局面，而不要让自己围着客户提出的种种条件团团转。要想掌控全局，在每次与客户沟通的过程中，销售人员都需要在关键问题上事先确定一个合理的底线，比如产品价格不能低于多少、不符合某种购买条件时不提供某种免费服务、客户最晚不能超过多长时间付清货款等。

主办第23届洛杉矶奥运会的重任落到了彼得·尤伯罗斯身上，他面临着一个非常重要的问题：必须把奥运会有关项目的赞助权销售出去，才能获得资金筹备奥运会。彼得·尤伯罗斯担心的是如果这些赞助权不能被成功销售出去，或者销售费用太低，那么洛杉矶奥运会的顺利举行将会受到严重掣肘。为此，尤伯罗斯为饮料业赞助商投标时，设置了自己的最低心理底线——400万美元；给媒体行业的电视转播权投标时，他又定了2亿美元的天价。在当时，这些价格都是前所未有的。当得知尤伯罗斯确定这样的价格底线时，很多商家都表示坚决要退避三舍。然而，尤伯罗斯知道很多商家的声明都是一种策略，没有一个商家不希望自己能够获得奥运会的赞助权，只要他们有这样的实力，就一定会认真考虑的。

就这样，尤伯罗斯一次又一次地与各个行业的商业巨头在谈判桌上进行沟通，他游刃有余地周旋于各大商业巨头中间，和商业巨头们展开了形式多样的沟通和交流，而且他表现得相当灵活。但是每当涉及投标价格的讨论时，尤伯罗斯都表现得相当坚决，到后来，他甚至在价格方面已经不做任何解释了。

当尤伯罗斯在价格问题上三缄其口之时，各大商业巨头之间展开了明争暗斗。结果，尤伯罗斯从可口可乐公司那里得到了1260万美元，从美国广播公司那里得到了2.25亿美元。

在商场中，当你与他人进行谈判时，可以考虑尤伯罗斯的做法：确定合理的底线，进攻和防守兼而有之。向老板提出加薪也是同样的道理，在适当的时间说适当的话。

第一次世界大战后，美国总统威尔逊为了重建国际新秩序、组织国联而游说欧洲各国。他来到了法国，他非常清楚地知道要说服法国这个欧洲大陆的第一强国，就得先说服绰号"老虎"的法国总理克列孟梭。要让他同意国联的计划十分艰难，但威尔逊在经过深思熟虑后，还是决定与克列孟梭会晤。在交谈中，威尔逊首先提出了海洋自由的问题，因为这个问题是法国当时急需解决的问题，接着他就提出了国联的计划，这个计划能够解决海洋自由的问题。结果，克列孟梭对组织国联的计划十分感兴趣，后来他终于支持成立国联。威尔逊之所以能够赢得"老虎"的支持，原因就在于他告诉克列孟梭：国联可以满足他的某种需要。

在出席一个集会之前，我们会不会先考虑自己应该说些什么话？我们是否应该顺着对方的兴趣来表达自己的意见？是否能够顾及他人的需求？

在向上级汇报时，在见一位顾客之前，在与一个同事交谈之前，在召见一个下属之前，有多少人会真正考虑过对方的立场呢？孔子的学生子贡曾经问他："有没有一个字可以作为终生奉行不渝的法则呢？"孔子回答："其恕乎！己所不欲，勿施于人。"这里的"恕"是凡事替别人着想的意思。自己不喜欢做的事，不要加在别人身上。我们可以把这句话看成为人处世的基本修养，如果你能够做到这一点，那么便可以建立良好的人际关系。"恕"的核心是用以己度人、推己及人的方式处理问题。这样可以营造一种重大局、尚信义、不计前嫌、不报私仇的氛围，以及成就双方宽广而又仁爱的胸怀。其实，对于日常生活小事的处理，又何尝不是如此呢？按照"己所不欲，勿施于人"的原则，反求诸己，推己及人，往往会有皆大欢喜的结果。

有句话是这样说的：人同此心，心同此理。人们的思想总是有着某种共同的规律的，在获得他人支持的努力中，积极发掘这种共同的规律，寻找事物的关联之处，先自觉地解剖自己，再由己及人，以求得双方在思想上的共鸣。若要人敬己，必先己敬人，你敬人一

尺，人敬你一丈。人际交往就是有这样的互补性报偿，报偿是一种自觉的社会动机，只有尽可能地尊重一个人，才能尽可能地要求一个人。

如果你求人办事，用尽了各种招数却仍遭到别人的拒绝，此时你应该怎么办呢？

不要过分坚持。

对方既已拒绝，必有原因，如果过分坚持自己的要求，不但会使对方为难，而且也会使自己进退两难。

不要过分追究原因。的确，任何人都想知道被拒绝的原因，但是如果非问清原因不可，往往会破坏双方感情。

做任何事，眼光都要放长远、心胸要宽广。

真挚的友情是长期培育建立起来的，也经得起漫长岁月的考验。如果求人时一好百好，事成之后却过河拆桥，只做一锤子买卖，友谊哪能长久？如此寡情少义，关键时刻又怎能奢望别人的真诚相助？

当我们想求他人为我们办事时，不要总是想着自己的利益，我们应该考虑一下他人的想法和可能的回应。

❋ 关键语句 让对方点头同意

求人办事时，有时一大筐的求助话或许还没有一句话的威力大。因此，说关键性的求助话更容易让对方点头同意。

在人的一生中，有很多事情需要靠他人的帮助才能取得成功，在遇到急事、难事、不得不办的事情时，人们就像是一个不会游泳的人掉在深水里一样，哪怕是一根不足以救命的稻草，也会满怀希望地一把抓住。

我们在求人办事时，实际的利益比空口说教更有力量。在这个时候，不要有意无意地提醒人家你曾经给予过他的帮助和恩惠，要以谦虚的态度讲清利益关系，具体地指出你的请求和合作对他有利的地方，从而使对方乐意伸出援手。

在请求别人帮助之前，你一定要搞清楚别人为什么要帮助你，你凭什么能叫别人来帮助你，帮助你的人帮助你的真正目的是什么。

每个人都应该掌握一些求人办事的说话技巧，把自己变成一个交际高手。在求人办事的过程中，想要说服别人帮你，用语就要精练，话不在多而在精，多则惑，少则明。尽人事，听天命，点到为止，言必失。把每句话都说到别人的心坎里，这样才能达到事半功倍的效果。

我们常常听到有人抱怨："现在办个事真难！"有些人在求人办事时，既没有门路也没有关系，在现实生活中，很多人都处于这种情况。这关键在于有一些人天生就不善言谈，结果总让自己活在进退不能自如的紧张和压迫之中；有些人懂得说话的艺术，有一张好嘴巴，办起事来就游刃有余。

在求人帮忙时，有的人长篇大论，滔滔不绝，以此抓住听者的心，这自然令人钦佩；然而，有的人把自己的意思浓缩成一句话，犹如一粒沉甸甸的石子，在听者平静的心湖里激起涟漪。与前者相比，后者更具说服性，更能让人接受。

一个真正聪明的人，常常会从人们意想不到的角度切入话题，使得对方在真心领悟之后，从心底腾起一片喜悦之情，营造出和谐的、充满意趣的氛围，这样自然就可以达到自己的目的。

人们常说："一句话说得人跳，一句话说得人笑。"可谓道出了会说话与不会说话的区别。难也罢，易也罢，归根结底一句话："话不在多而在精。"满嘴胡言，词不达意，恐怕说得再多也无济于事，反而让人生厌，别人也不会为你动容。做一个能说会道的人不是一件容易的事情，它需要技巧，只有掌握这个技巧，才能在求人帮忙时无往不胜。

需要特别强调的就是，语言表达要清晰，不要啰唆。反反复复要强调的事情，生怕对方听不明白或者漏过去，这样反而把重点冲淡了。回答问题也应该简单明了，不要喋喋不休，把求人办事的现场变成你自己的演讲论坛，别人当然不愿意帮你了。

任何事情都是人办的，但不一定任何需要办的事情都是由自己亲手操办的，所以办事的艺术也是处世的艺术。一个人若能在纷繁复杂的环境中随心所欲地驾驭人生局面，把不可能的事变为可能，最后达到成功之目的，那他就是个会办事的人，是个把握了办事分寸和艺术的人。

求人办事时，要能够准确地表达出自己的意思，每句话都能够说得合情合理，并且具有较强的说服力，这才是最为重要的。如果一个人经常词不达意，乱说一通，话说了一大堆，却没能起到作用，这样的话说再多也没有用。求人办事能否成功，关键靠你的口才。一个会说话的人，句句话都能说到别人心坎里，说服别人帮助你；而不会说话的人，就会显得语无伦次，表达不出自己想要表达的意思，不能很好地说服别人。

PART 04 面对上级,言辞关切博得领导认可

❋ **不要超越**领导的位置

每个人都好面子,领导更是如此。给领导面子就是给自己机会。给领导面子,最关键的就是不能超越领导的位置,即"越位"。

在与上司的相处中,尤其在工作的时候,如果你不摆正自己的位置,即使你为上司出了力,也会遭到他的反感甚至排挤。既然你是为人办事的角色,就应该站在自己的位置上为上司出力,充分给予他面子和尊严,做到不越位。

越位的表现有多种,平时行事就要多加注意。

1. 决策的越位

在有的企业中,职员可以参与决策,这时就应该注意,谁做什么样的决策,是要有限制的。有些决策,职员可以参与发表意见;有些决策,职员还是不发言为妙。如果是该由老板来做的决策,你代劳了,那等于是脱了皇帝的龙袍自己穿,无视上司的存在。

韦恩年轻干练、活泼开朗，入行没几年，职位噌噌地往上升，很快成为单位里的主力干将。几天前，新老板走马上任，下车伊始，就把韦恩叫了过去："韦恩，你经验丰富，能力又强，这里有个新项目，你就多费心盯一盯吧！"

受到新老板的重用，韦恩欢欣鼓舞。恰好这天要去北京某周边城市谈判，韦恩一合计，一行好几个人，坐公交车不方便，人也受累，会影响谈判效果；打车吧，一辆坐不下，两辆费用又太高；还是包一辆车好，经济又实惠。

主意定了。韦恩来到老板跟前。"老板，您看，我们今天要出去，"韦恩把几种方案的利弊分析了一番，接着说，"所以呢，我决定包一辆车去！"汇报完毕，老板的脸不知道什么时候黑了下来，生硬地说："是吗？可是我认为这个方案不太好，你们还是买票坐长途车去吧！"韦恩愣住了，他万万没想到，一个如此合情合理的建议竟然被打了"回票"。

"没道理呀，傻瓜都能看出来我的方案是最佳的！"韦恩大惑不解。

在老板面前最忌讳说的一句话就是"我决定如何如何"。如果你想要做什么样的决定，一定要采用引导的方法，结论要让老板自己说出来。

2. 表态的越位

表态，是表明人们对某件事的基本态度。表态与一定的身份密切相关。超越了自己的身份，胡乱地表态，是不负责任的表现，也是无效的。对带有实质性问题的表态，应该由领导来做或领导授权才行。而有的人作为下属，却没有做到这一点，上级领导没有表态也没有授权，他却抢先表明态度，造成喧宾夺主之势，陷领导于被动。

3. 干工作的越位

哪些工作由你干，哪些工作由他干，这里面有时确有几分奥妙。有的人不明白这一点，有些工作本来由领导做更合适，他却抢先去做，从而造成干工作越位。

4. 答复问题的越位

这与表态的越位有些相同之处。有些问题的答复往往需要有相应的权威，作为职员、下属，明明没有这种权威，却要抢先答复，会给领导造成工作上的干扰，也是不明智之举。

5. 某些场合的越位

有些场合，如与客人应酬、参加宴会，也应当适当突出领导。有的人作为下属,张罗得过于积极,比如如果同客人认识,便抢先上前打招呼,不管领导在不在场。这样凸显自己太多,领导突出得不够,十分不好。

在公开或正式场合,一般的上司都喜欢下属恭维他,讨厌下属抢镜头、抢次序。尤其是这样一些情况:上司平时与下属走得过近,界线不分明,平常嘻嘻哈哈、随随便便,甚至称兄道弟,把下属惯坏了,下属心目中的"上司意识"淡薄了,一遇到正规场合就可能无意中伤害上司的尊严。

在一次宴请客户时,某公司设宴款待王经理和他的几个下属,就座时年轻的蒋某也没考虑,就抢先一步坐到主宾位置上大吃大喝,王经理只好屈居二位,心里很恼火。事后狠狠地把蒋某大骂一顿,说他能力低下,只知吃喝。不久蒋某便被解聘。

在工作中,"越位"对上下级关系有很大影响。下属的热情过高,表现过于积极,会导致领导偏离帅位,大权旁落,无法实施领导的职责。因此,领导往往把这视为对自己权力的严重侵犯。

❀ 对领导说话**不卑不亢**

有的下属唯领导马首是瞻,即使领导做错了,还佯装欢笑,卑躬屈膝,违背原则地说一些子虚乌有的话。如果是在非常精明的领导面前,这种人是很难得到重用的。因为这种人一般并没有什么真才实学,不仅很难成事,还经常会坏事;而且这些人把利益放在第一位,现在他可以违背自己的良心说对你有"利"的话，明天也可以干出对你不利的事来。

当然，作为下属，对领导的面子还是要照顾到的。这就要求下属在和领导讲话的时候既不能肉麻地拍马屁，也不能让领导感觉被压制，下不了台，也就是要不卑不亢。

当在领导面前处于不利境地时，如果为了迎合领导，讲了假话，那就违背了自己的内心，也未必会得到领导认可。在这个时候如果讲究点技巧，不卑不亢，既讲了真话，不违背自己的本心，又能使对方接受，岂不是一举两得？下面就是这样一个例子：

宋代有一位大臣，为官公正，为人刚正不阿。年轻时四处游学，机缘巧合，竟然认识了微服私访的当朝皇帝。皇帝心血来潮，写字画画去卖，只可惜水平实在不高。这个青年告诉皇帝，他的画只值1两银子。皇帝听了既不服气又生气，但也不好发作。

第二年这个青年进京赶考，高中状元，成了天子门生。觐见皇帝时才发现，原来当年卖画的老兄竟然是皇帝，皇帝也认出了他。皇帝屏退左右，只将这位大臣留了下来，拿出当年只值1两银子的那幅画，问道："卿家认为这幅画价值几何？"

这位大臣赶紧前进一步说道："这幅画如果是陛下送给微臣的，那就价值万金，因为无论陛下送的何物，对微臣来说，都是无价之宝。但如果拿去卖的话，这幅画就值1两银子。"

皇帝听了，不禁拍掌大笑，知道自己有了一位才学渊博、品行端正的忠心之士。

这位大臣并没违背自己的本意，而是讲了真话，但这种不卑不亢的巧妙表达，也使皇帝觉得在理，因而也非常高兴。

对于有些涉及领导者的棘手问题，为了给对方留面子，同时恰当地维护自己的尊严，就要巧妙区分，从不同的角度来解决。

不卑不亢只是一种说话手段，运用它的关键是理直而气壮。只有在领导面前大胆地说出应该说的话，才能不致弄巧成拙，惹领导不快。

❈ 拒绝老板有技巧

任何事情有其结果，必有其起因。当老板的意见不正确，需要你拒绝的时候，一定要提出你拒绝的理由。

平白无故地拒绝老板的意见或者老板要你做的事情，如果不说出理由，是极端不礼貌的行为。

在拒绝老板的时候，要注意以下几点：

1. 态度要明确

当老板有了指示或者命令的时候，如果你持不赞同的观点，不要明确地表示拒绝，不要直接地说出"行"或者"不行"，要持有一种保留的态度。持有保留的态度可以避免引起老板的不快。

你的最终目的是要拒绝老板的不当指令，但是这样做绝对不是说对老板的任何指示或者命令都要持有一种既非"肯定"，也非"否定"的暧昧态度。相反，为达到拒绝的目的，最重要的一点是，事先就要明确地决定自己的态度，之所以这样做是为了拒绝老板,不要改变自己的初衷。

有些问题十分重要而又复杂,无法当场决定采取"肯定"还是"否定"的立场,这时候为了有所保留,不招致老板的不快,就要说:

"我想这个问题很重要,请让我多考虑一些时间。"

"现在一时说不出所以然来,无法马上答复你,请给我两天的时间。"

此时,表现得模棱两可则是必要的,关键是争取缓冲的时间,以便仔细考虑。

鲁迅曾说过:"犹豫要走哪一条路的时候,应该好好地定下心来,花费足够的时间以选择要走的路。"

这可看作有关决断的有益训示。

2. **善于辩解**

作为下属,既要懂得拒绝老板,还要知道该如何让老板通过你的拒绝而欣赏你。

要想做到这一点,就要善于"辩解"。

"辩解"是"辩明理由让对方了解"以推动工作,而不是推诿责任,它是对自己言行负责的人应有的正确态度。在工作当中,有的人会因为认为"辩解是有失面子的事情",而保持沉默,这样做的最终结果是失去自己的主见,也是对自己的工作不负责任的表现。

当然,如果为了保护自己而拼命地辩解,也是不好的。

正确的做法应该是,主动说明原因,提供情报,说明不能够做的理由,绝不仅仅只是要保护自己,这才是最好的方法。

一般来说，下属找借口时说话都是慢吞吞或犹豫不决的，同时语调也会变得低沉，但如果是堂堂正正地说明理由时，态度便会热忱而明快，语调也会开朗爽快。

向老板说明拒绝的理由时，要口齿清晰、态度明朗。如果在讲话的时候语调低沉、态度畏畏缩缩，老板就会认为你是在找借口。

3. 要在拒绝当中成长

作为下属，常常会遇到这样的事情。当老板在某些场合听到一些工作上的新方法后，马上就会在自己的部门实施，于是就督促下属说："我想在我们的部门，用这种新方法来进行工作。"如果本部门适合这样的工作方法还好，但如果本部门的确不适合运用这种新的工作方法，这样做无疑是增加工作难度。这个时候，有的下属就会在私下里发牢骚，认为老板这样做是强人所难，也不管行不行得通，就将原来的工作秩序打乱。

发牢骚终归是发牢骚，不能解决任何实际的问题。这时，要想让老板打消这个念头，除非有人勇于拒绝上级或老板的新花样，如果不这样的话，就只有接受。

在实际工作当中，照正常情况，一个公司如果想采用一种新的工作方法，应该由组长一类的下层负责人根据实际情况决定是否采用，而不应由老板来考虑。可是如果一旦老板心中有了某种打算，要想消除也是十分困难的。

那些绞尽脑汁想要设法说服老板的人，可以从中培养自己的某些能力。

当你认为老板的计划不可实施而加以拒绝的时候，在拒绝的过程中，你或许能发现老板计划好的一面，而从中认识到从前没有发觉的老板的另一面，这对于加深你和老板之间的了解不失为一件好事。

以上的情况说明，即便下属在拒绝老板的过程中或许最终反而被老板说服，但自己却会因为受到老板的影响而得以成长。在"拒绝"的时候，下属可以得到很多实际的锻炼，包括胆量、思维的敏捷性、口才的发挥等，从而促使自己成长。所以，作为下属，如果想在工作中做出成绩，就要学会拒绝，

并勇于拒绝。当然，拒绝必须是有理有据的，而绝不是无理取闹，更不是胡搅蛮缠。

4.拒绝的最终结果还是要尊重老板的决策

下属在工作的时候，如果老板提出的计划是无论如何也行不通的，这时，下属对老板的命令是不是非服从不可呢？经验告诉我们，作为下属，你必须服从老板的最后决定，听从老板的意见，因为这个时候，最终要负责任的是老板。

这个时候如果你一意孤行，明目张胆地反对老板的决定，置老板的决定于不顾，按照自己的想法去做，是绝对行不通的。

如果执行这个计划十有八九会失败，且会造成重大损失，作为下属，就要考虑，是否也非服从不可。下属要如何做最终判断呢？依照下面的方式思考才是正确的态度。

自己的意见显然是正确的，而老板却断然不肯接受时，原则上应先让老板了解你是出于公心，是为工作着想，并且是在万般无奈的情况下才反对的，然后去实行老板的命令。假如你认为按老板命令去做，会对企业的利益造成难以弥补的重大损失，在情况十分危急的紧要关头，你可以以辞职为手段，"要挟"老板取消其命令。当然，这得有个前提条件，即你是一个在工作中老板离不开的人，或这个命令老板只能依靠你去执行。如果不是这样，则可以先接受下来，但在执行中让它走样、变形，从而使它的危害性变小或变无。

总之，作为一个负责任的下属，作为一个充满正义感的下属，要牢牢记住，在任何情况下，都应该把企业的整体利益放在首位。你如果这样做了，即便老板误解了你，但在事实面前，最终他还是会认识到你是正确的。到时，他就会万分地感谢你，因为是你的坚持，才免除了一场重大损失，也免除了灾难性后果。

❀ 对领导有意见婉转说

面对来自上司的压力，总有一些话如鲠在喉，不吐不快。此时此刻，你将怎么做？不吐不快，绝不意味着要一吐为快，跟上司提意见还是要婉转说，因为他有权力随时开除你。

1. 提意见兼并上司的立场

李先生是一家知名外企的总经理助理。他的顶头上司王总是搞学术和技术出身，由于工作重点长期落在研究开发领域，因此对企业管理一知半解。出于对技术的钟情与依恋，王总直接插手技术部门的事，把管理的层级体系搞得乱七八糟，其他部门敢怒不敢言，私下里无不怨声载道，这使得李先生与其他部门沟通协调倍感吃力。

经过思考，李先生决定采用兼并策略，向王总建议。

他对王总说，真正意义上的领导权威包含着技术权威和管理权威两个层面，王总的技术权威非常牢固，而管理权威则有些薄弱，亟待加强。王总听后，若有所思。

李先生巧妙地兼并了王总的立场，结果获得了成功。后来，王总果然越来越多地把时间用在人事、营销、财务的管理上，企业的不稳定因素得到控制，公司运营进入了高速发展状态，李先生的各项工作也顺风顺水，渐入佳境。

　　从李先生的经历中，我们可以得到很好的启发：兼并上司的立场，的确不失为向上司提意见的上等策略。首先，他没有排斥上司的观点，而是站在上司的立场上，最终是为了维护上司的权威，出发点是善意、良性的；其次，这种策略是一种温和的方式，能够充分照顾上司的自尊，易被上司接受，效率较高；另外，使用这种策略需要很强的综合能力，需要很高的社会修养。能够针对不同情况，不断提出有效率且兼并上司立场的意见，并非轻而易举。长期这样做下去，久而久之，自己个人的领导能力亦会迎风而长，甚至有一个飞速提升。

2. 注意语气适当，措辞委婉

因为说得过火或过于渲染，涉及领导的尊严与权威，尺度掌握不准，搞不好就会有嘲讽、犯上之嫌，被领导误以为心怀不满、另有所指。所以下属一定要注意使自己的口气比较和缓，显示自己的诚恳和尊敬之情。特别是要使领导明确地认识到，你的所作所为都是出于做好工作的动机，是设身处地地为领导着想，而不是对领导者本人有不恭的看法。

"要想成功与上司交手，了解他的工作目标和其中的苦衷是极为重要的。"赖斯顿说，"假如你能把自己看作是上司的搭档，设身处地替他着想，那么，他也会帮你的忙，实现你的理想。"

卡内基·梅伦大学的商学教授、《金领工人》一书的作者罗伯特·凯利，曾引述加利福尼亚某电影公司的一位程序设计员和他上司进行争辩的故事。当时，为了某个软件的价值问题，双方争执得僵持不下。凯利说："我就建议他们互换一下角色，以对方的立场再进行争辩。5分钟以后，他们便发现自己的行为有多么可笑，两个人都不禁大笑起来，接着很快找出了解决的办法。"

遭遇批评后如何巧妙辩解

被上级批评或指责，虽然应该诚恳而虚心地听取，但并非说你一定要忍气吞声，不管他说得对不对都一股脑儿接受，必要时应该勇于辩解，并且要做积极的辩解。

有些人面临麻烦的事常用辩解来逃避责任，这就走到另一个极端了。这种推卸责任的辩解，偶一为之还可能无伤大雅，尚可原谅，倘若一犯再犯，肯定会失去别人对你的信任。

有时候，做错了事责任不在下级，是由于上级的缘故，这时应大胆辩解。不辩解，只能使上级对你的印象更加恶化，而丝毫不会考虑到也有自己的责任。

所以，工作中，同事之间，尤其是下级与上级之间，由于地位不同而发生意见相左的情况时，不要害怕会被认为是顶撞，应积极地说明理由，沉默不语只会使问题更加复杂而难以化解。

辩解的困难点在于双方都意气用事，头脑失去了冷静，所以如果过于紧张和自责，反而会使场面更僵。因此遇到这类棘手的对立状态时，更应该积极辩解，明确责任。其要点大概有以下几点：

（1）不要畏惧。不必害怕声色俱厉的上级，越是嚷得凶的上级，往往心越软。

（2）把握时机。寻找一个恰当的机会进行辩解也很重要。辩明应该越早越好。辩明越早，则越容易采取补救措施，否则，因为害怕上级责骂而迟迟不说明，越拖越误事，上级会更生气。

（3）对错误已经有了足够的认识。

（4）辩解时别忘了站在对方的立场上讲话。上级责备下级，当然是出于自己的观点。如果下级不了解这一点，一味认为自己受了冤枉，因此站在自身的立场上拼命替自己辩解，这样只能越辩越使上级生气。应该把眼光放高一点，站在对方的立场上来解释这件事，则容易被接受。

（5）辩解时不管是何种情况，都不要加上"你居然这么说……"这样的话。任何人都有保护自己的本能，做错事或和旁人意见相左时，便会积极地说明经过、背景、原因等。但在上级看来，这种人顽固不化，只是找理由为自己辩护罢了。

（6）道歉时不要再加上"但是……"。千万不要说"虽然那样……但是……"这种道歉的话，让人听起来觉得你好像是在强词夺理，无理争三分。道歉时，只要说"对不起"，不必再加上"但是……"，如果面对的是性格坦率的上级，或许就可以化解彼此的矛盾。当然该说明的时候仍要有勇气据理力争，好让上级了解你的立场。

❋ 和上司**有分寸地开玩笑**

高蝶上学的时候就非常聪明，老师说她的脑子灵活、言辞犀利，还有丰富的幽默细胞。无论上学还是工作，她都是大家的一颗"开心果"。尽管如此，她在一家公司已经工作3年了，仍然只是一名仓库管理员。到底是什么原因使她在工作上没有转变，她自己也说不清。

那天，高蝶向研究心理学的表哥提到了这个问题，表哥问她："你平时有没有在言辞上对上司不敬啊？"

高蝶一愣，想她平时除了爱开玩笑，没有其他的毛病了，难道是她向上司开玩笑引起的？于是，高蝶想到了最近的几个玩笑。

那天，上司穿了身新衣服去上班，灰西装、灰衬衫、灰裤子、灰领带。同事都没有说话，只有高蝶高声地喊着："哎呀，穿新衣服了？"上司听了咧嘴一笑，她接着捂着嘴笑道："哈哈，像只灰耗子！"

还有周五的时候，来了个客户找上司签字。当上司签完字后，对方连连称赞上司的字好，说："您的签名可真气派！"高蝶正好走进办公室，听到称赞声后，一阵坏笑："能不气派吗？我们上司可暗地里练了3个月呢！"当时她注意到上司和客户的表情都很尴尬，不过她也没有多想。

现在仔细一想，好像问题就是出在这里。有时为了赶时间，高蝶很早就去公司上班了，所以加班时会满身疲惫，难免出点差错，上司不仅不体谅，还不分青红皂白地说她偷懒，怎么解释都不行。当时觉得很委屈，现在看来，好像真正的原因找到了。

玩笑开得好不仅可以增进人际关系，还能使你整个人充满魅力。但如果玩笑有人身攻击的成分，就是黑色玩笑了。很多人喜欢和别人开玩笑，却不知道玩笑也是要有分寸的。其实，黑色玩笑体现一个人性的弱点：面对一个人或一件事时，会不自觉地挑刺，这是一种思维习惯。

开玩笑没有分寸的人一定是热衷于挑刺的人，这类人往往被视为刻薄之人，容易引起他人反感。同事或朋友、同学之间，也许一笑了之，但如果冒犯了上司的尊严，其后果是严重的。

首先，要学会宽容，学会挖掘别人的优点。只有你的眼睛

里都是对方优点的时候,你的玩笑开起来才会动听。

其次,在和上司单独相处时,可以赞美对方的衣饰细节的变化,这样能迅速拉近双方间的距离。用这个方法,不仅能在紧急时刻迅速打破和上司之间的僵局,而且还能了解到不少上司的喜好。

❈ **10句话**让你决胜职场

要在职场上出人头地,才干固然很重要,但懂得在关键时刻说适当的话,也是成功的决定性因素。卓越的说话技巧、避免麻烦事落到自己身上、处理棘手的事务,等等,不仅能让你的工作生涯倍加轻松,更能让你名利双收。牢记以下10个句型,并在适当时刻派上用场,加薪与升职必然离你不远。

1.以最婉约的方式传递坏消息:现在我们似乎碰到了一些状况……

你刚刚才得知一个非常重要的项目出了问题,此时如果立刻冲到上司的办公室里报告这个坏消息,就算不关你的事,也只会让上司质疑你处理危机的能力,弄不好还惹来一顿骂,让上司把气出在你头上。此时,你应该以不带情绪起伏的声调,从容不迫地说出本句型,千万别慌慌张张,也别使用"问题"或"麻烦"这一类的字眼;要让上司觉得事情并非无法解决,而"我们"听起来是你与上司站在同一阵线,并肩作战。

2.上司传唤时责无旁贷:我马上处理

冷静、迅速地做出这样的回答,会让上司直觉地认为你是名有效率、听话的好部下;相反,犹豫不决的态度只会惹得责任本就繁重的上司不快。他夜里睡不好的时候,还可能迁怒到你头上呢!

3.表现出团队精神:同事的主意真不错

同事想出了一条连上司都赞赏的绝妙好计,你恨不得你的脑筋动得比人家快。但与其拉长脸孔、暗自不爽,不如偷沾他的光。方法如下:趁上司听得到的时刻说出本句型。一个不妒忌同事的下属,会让上司觉得你本性纯良、富有团队精神,因而会对你另眼看待。

4.说服同事帮忙:这个报告没有你不行啦

有件棘手的工作,你无法独立完成,非得找个人帮忙不可,于是你找上了那个对这方面工作最拿手的同事,对他说:"没有你不行!"并保证他日必定回报。而那位好心人为了不负自己在这方面的名声,通常会答应你的请求。不过,将来有功劳的时候别忘了记上人家一笔。

5.巧妙闪避你不知道的事:让我再认真地想一想,3点以前

给您答复好吗

上司问了你某个与业务有关的问题,而你不知该如何作答,千万不可以说"不知道"。本句型不仅可以暂时为你解危,也让上司认为你在这件事情上很用心,一时之间竟不知该如何启齿。不过,事后可得做足功课,按时交出你的答复。

6.智退性骚扰:这种话好像不大适合在办公室讲喔

如果有男同事的"黄腔"令你无法忍受,这句话保证让他们闭嘴。男人有时候确实喜欢开"黄腔",但你很难判断他们是无心还是有意。这句话可以令无心的人明白,适可而止;如果他还没有闭嘴的意思,即构成了性骚扰,你可以向有关部门举报。

7.不露痕迹地减轻工作量:我了解这件事很重要;我们能不能先查一查手头上的工作,排出个顺序

首先,强调你明白这件任务的重要性,然后请求上司的指示,为新任务与原有工作排出顺序,不着痕迹地让上司知道你的工作量其实很重,可以延后处理或转交他人。

8.恰如其分的客气:我很想听听您对某件案子的看法……

许多时候,你与高层要人共处一室,而你不得不说点话以避免冷清尴尬的局面。不过,这也是一个让你能够赢得高层青睐的绝佳时机。但说些什么好呢?每天的例行公事绝不适合在这个时候被搬出来讲,谈天气嘛,又根本不会让高层对你留下印象。此时,最恰当的莫过于一个跟公司前景有关而又发人深省的话题。问一个大老板关心又熟知的问题,在他滔滔不绝诉说心得的时候,不仅你获益良多,也会让他对你的求知上进之心刮目相看。

9.承认疏忽但不引起上司不满:这件事是我一时失察,不过幸好……

犯错在所难免,但是你陈述过失的方式,却会影响上司心目中对你的看法。勇于承认自己的过失非常重要,因为推卸责任只会让你看起来就像个讨人厌、软弱无能、不堪重用的人,不过这不表示你就得因此对每个人道歉,诀窍在于别让所有的矛头都聚到自己身上,坦承相告能淡化你的过失,转移众人的焦点。

10.面对批评要表现冷静:谢谢你告诉我,我会仔细考虑你的建议

自己苦心的成果却遭人修正或批评时,的确是一件令人苦恼的事。不需要将不满的情绪写在脸上,但是却应该让批评你工作成果的人知道,你已接收到他传递的信息。不卑不亢的表现会令你看起来更有自信、更值得人敬重,让人知道你并非一个刚愎自用或经不起挫折的人。

❋ 怎样跟上司提要求他不会拒绝

每个人都希望生活得更好、薪水更多、职位更高、工作环境更宽松。大多数人都不会只满足于现状,常常会向上司提出这样那样的要求。我们向上司提出要求时,一是不要提过高或不切实际的要求,二是当我们向上司提要求时,言辞一定要慎重,应该少用这样的话:"我应该得到那个职位""我要到有空调的房间办公""我提的要求,请一定要帮我办",等等。你如果在上司面前这样说话,给人的感觉你不是在提要求,而是在下命令,威胁你的上司要按照你的意思办,这样做往往会事与愿违。

向上司提出要求时,应当语气平和,面带微笑地陈述你的主要理由,然后再委婉地提出你的要求,尽量多用征询的话。

刘淼是市房地产公司的会计,整天坐在办公室与数字打交道,觉得挺没意思,想换个环境,于是在一个上午,他瞧准经理一个人在办公室看报纸,就敲门走了进去。

"张经理,我有个小小的要求,不知您是否会答应。"刘淼微笑着看着经理,缓缓说道。

"什么要求?说说看。"

"我……我想换个环境,想到外面跑跑。"

"可你对业务不熟,你跑什么呢?"经理面有难色。

"业务我可以慢慢熟悉,如果经理能给我这个机会的话,我会好好珍惜,一定不会让您失望。"

听刘淼这么一说,经理面色缓和了许多,问道:"你具体想去哪个科呢?"

"您认为我去建材科合不合适?我有些朋友在外长期做钢材和水泥生意,我通过他们,或许能用最低的价格购进质量最好的建筑材料。"

经理想了想说:"那你先试试吧,小刘,我可是要看见你的成绩哟!""谢谢经理给我这次机会,我一定好好干!"刘淼响亮地说道。

刘淼如愿以偿地调到了建材科，而且业务干得很出色。

另外，给上司提要求一般都绕不开加薪的话题。

事业顺利就意味着加薪和升职，然而这两个内容都比较麻烦，也是棘手的问题。许多人并非表现不好或没有工作能力，他们只是不善于表现自己。如今的企业老板因公务缠身，不可能每时每刻都留意你的表现，作为员工，有必要主动、适时地表现自己，只有这样才能达到自己的预期目标。当然，每个人的表达方式都会不同，关键的一点是有技巧地表现自己。

加薪是岳华渴望已久的事情。论起资历，他在厂里一干就是4年，自认工作态度还行，也没有犯过什么过错，可是老板根本没有给他加薪的意思。岳华觉得自身价值得不到体现，心里

很烦闷，他也曾多次在工作总结会上暗示过老板，但老板对此没有丝毫反应。若明确地向老板提出这个要求，岳华又觉得不好意思，怕遭到拒绝，但是不说的话又不甘心，最后他还是鼓起勇气，委婉地向老板说明了自己的意思。出乎意料的是，老板在观察了他几周后果然为岳华加了薪，事情就这么简单。岳华认为，只要是属于自己的正当权益，就应该努力去争取。

当然，向老板提出加薪也要讲究技巧。岳华之所以不敢贸然提出加薪，也与他的朋友李浩要求老板加薪的失败有关。

李浩认为他的这个经历比较惨痛。李浩曾经在一家公司工作近3年，对自己的工作熟悉到不能再熟悉，而老板却一直没有给李浩加薪的意思。年轻的李浩一时冲动，就以熟悉业务为谈判条件向老板提出调动职位，其实是想迫使老板为他加薪。李浩后来对岳华讲，自己当时的举动是非常错误的。结果是薪水没有加成，还弄了个不欢而散。此后，李浩与老板的关系大不如前，最后不得不离开那家公司。

如以商量、倾诉的语气向老板陈述自己的意图，老板会非常注意倾听，并且询问你工作上遇到的问题，最终可能会给你加薪水。

其实，老板和员工的关系是平等的。只要你认为加薪是合理的，你就有权提出。但你必须注意说话的方式，最好是巧妙地、有技巧地把自己的意图传达给老板，就算不被老板接纳，也不至于让双方陷入尴尬的局面，以致影响日后的相处。

❀ 汇报工作有讲究

在现代企业管理中，下级向上级汇报工作是再常见不过的了。特别是对那些经常要与老板打交道的员工或下属来说，在老板所交办的每一项工作完成之后，向老板进行必要的工作小结，更是必不可少的业务程序。

原则上说，只要是老板直接交办或委托他人交办的工作，无论大事小事，无论工作的结果是否圆满，均应向老板如实做出相应的汇报。

从管理的角度看，老板准确地掌握下属的工作总结的材料，有利于及时掌握工作进度及管理运行状况。对于员工和下属而言，如能掌握相应的汇报工作的技巧，不仅有利于其自身素质的提高，而且会进一步改善其在老板心目中的形象。

在向老板汇报工作之前，特别是在向老板汇报那些重大问题之前，必须先打腹稿，即先在脑海中把要汇报的问题以提纲的形式，列出一个分条目的小标题，记在心中，在汇报时逐条道来。当然，你也可以把这些提纲写在小本子上，作为向老板汇报工作时的备忘录。

汇报工作，不能太简单，也不能太啰唆，关键是要说到点子上，没有哪一个上司会喜欢啰唆而又成绩平平的汇报者。汇报工作的方式有时是书面汇报，有时是口头汇报，但不管是采取哪种形式，需要掌握的具有共性的技巧有4个：

1. 厘清思路

你在向老板汇报工作之前，应冷静地对工作过程进行反思。至于先说什么后说什么，哪些问题简略地叙述，哪些问题必须详细地说明，都必须理出一个比较清晰的思路来。如果对待一个问题你自己都不能拿出比较完整、比较清晰的思路时，你是无法说服别人的。汇报工作也是这样，如果不事先厘清自己的思路，你是难以有条理地、层次分明地、有说服力地把自己做过的工作向老板汇报清楚的。

2. 突出重点

任何一项工作都有重点，即在任何工作程序中，各个环节的轻重缓急的分量是不同的。把握重点，常常意味着抓住了工作的要害，而这些要害问题又往往关系着企业和老板事业的大局或重大利益。所以，老板听你的汇报，或看你的汇报材料，所关心的根本问题就是你对工作中的重点问题的处理结果。在具体操作时，你应掌握俗语所讲的"事不过三"的原则，即在一般情况下，员工或下属向上司或老板汇报工作时，每次交谈的重点事项、关键问题，只谈一个或一件，最多不要超过三个或三件。

也许我们身边有很多这样的上级，他们在总结工作或做指示时，一般情况下总是"讲三条内容""提三点建议"，或"希望大家从三方面去做好工作"。事实说明，那些往往把问题或意见或指示归纳为三个数，而加以罗列的领导人，大多都比较干练，且办事效率相当高。尽管这不是绝对的现象，但却是一个有趣的现象。

因此，员工或下属在向领导汇报工作或交谈问题时，注意每次只强调一个问题，只突出一个重点，最多不超过三个问题或三件事情。这不仅有利于老板或上司厘清思路,迅速决断,同时还会使老板或上司对你的能力和效率产生好感。

所以,从一定意义上讲,善于掌握重点、突出重点,并把重点问题向老板描述清楚,不仅是一个方法和技巧问题,更是一个素养和能力问题。

3. 删繁就简

无论是口头汇报,还是书面汇报,你都必须注意删繁就简。

所谓"删繁就简",就是要把一切不必要的话语从汇报中予以删除,否则就会出现两种不利的影响:一是让人感到你思维混乱,思路不清,不知所云;二是让人感到你似有哗众取宠之嫌,更何况还有"话多有失"的时候。

删繁就简,与其说是一种技巧,不如说是一种原则。

在具体操作上,我们可以这样进行:假如你要以书面的形式向老板汇报工作,那么你就应该把文章尽量写得简练一些,按照鲁迅先生的说法,"写完后至少看两遍,竭力将可有可无的字、句、段删去,毫不可惜。宁可将可用小说的材料缩成速写,决不将速写材料拉成小说"。

假如你是以口头语言形式向老板汇报工作,则必须注意掌握老板问什么答什么的原则和策略,不做无谓的拓展和借题发挥。比如,老板只问到事情的结果,你就只叙述结果,而不要涉及事情的过程,因为老板可能对事情的过程不感兴趣。事实证明,对别人不感兴趣的问题滥加描述,只会招致反感。

4. 恭请老板评点

当你向老板汇报完工作之后，不可以马上一走了之。聪明人的做法是：主动恭请老板对你的工作总结予以评点。

通常，老板对于下属的工作总结，大都会有一个评断，不同的是有一些评断他可能会讲出来，而另一些评断他则可能保留在心里。而那些保留在心里的评断，有时却是最重要的评断，对此，你决不可大意。反之，你应该以真诚的态度去征求老板的意见，让老板把心里话讲出来。

对于老板诚恳的评点，即便是逆耳之言，你均应以认真的精神、负责的态度去细心反思。因为，老板之所以成为老板，他肯定在很多方面或某些方面有着强于你的优点。

老板的诚恳评点，无疑是他把自己的聪明智慧无偿地奉献给了你，你何不虚心接受呢？

同时，也只有那些能虚心接受老板评点的员工和下属，才会被老板委以重任。

那些经常与老板打交道的员工和下属，如能掌握上述汇报工作的技巧，必定能不断提高工作能力和文化素养，同时也会受到老板的信任与赏识。

PART 05 同事交流，委婉友善切忌口不择言

✿ **初来乍到**的说话"规矩"

初到公司，该怎么和同事说话呢？

1. 不忘寒暄

和同事在一起工作，不要小看寒暄、招呼。

早晨上班的时候，见到了同事，一句简单的"早上好"代表了你对他一天的祝福。小小的一句问候，让人如沐春风。下班的时候，说句"再见"代表了你亲善友好的态度。如果你和同事之间发生了什么不愉快的事情，简单的一句寒暄或许可以让你们之间的不开心化为乌有。

寒暄、招呼看起来似乎是微不足道的，一句简单的话语不过几个字，脱口就可以说出，想都不用想，但实际上它又体现了同事之间互相尊重、礼貌、友好。

2. 不自吹自擂

和同事相处一定注意不要自吹自擂。

每个人都有优点，同样，每个人也都有缺点。人和人的能

力是不一样的,你在某一方面或许很突出,而你的同事有可能在其他的方面比你好。

要想在公司当中为自己的发展创造良好的环境,有一个良好的人际关系,就要学会和各式各样的人相处,就要培养自己良好的素质,在同事面前不要自吹自擂。

3. 安慰有方

人非圣贤,孰能无过。犯了错误挨批评是难免的,但是,大庭广众之下挨批评的滋味可不好受。如果你的同事挨了老板的批评,你该怎么去安慰他呢?是盲目的劝慰,还是讲一些技巧?毫无疑问,安慰同事需要掌握一定的技巧。如果不掌握一定的技巧,不但不会让同事得到安慰,反而会引火烧身,给自

己带来不必要的麻烦。

当下属被老板公开责备的时候,他肯定会受到很大的伤害,甚至怒火中烧,对骂他的老板"深恶痛绝"。如果此时你马上去安慰他,用同情的心态去劝慰他,很容易引起老板的不满,你此时最好的办法是保持缄默。

事后,找一个合适的机会,把同事约出去,转换一下他的心情。这样做,老板不会不快,同事也会因此而信赖你。

4. 以诚为本

无论做什么事情,所必需的首要前提就是真诚,以诚为本。

在和别人合作的时候,一定要讲诚信。如果你连起码的诚信都没有,别人怎么敢和你合作?当今社会,恐怕没有人愿意和一个不讲信用的人共事。

同事之间相处,如果一项工作需要彼此之间合作完成,就一定要互相信任、互相支持、互相帮助。

俗话说,群众的眼睛是雪亮的。从你对工作的态度、方式和你在工作时与同事合作的心态,就可以看出你是一个什么样的人。

如果你在和同事合作的时候没有诚意,假装真诚,一旦需要你出手相助时,你就袖手旁观,甚至是耍手段,为了自己的利益而坑害同事,总有一天会被他们识破。到那时,没有人会再相信你,当你有了困难的时候,也没有人会帮助你,你最终会让自己陷入孤立无援的境地。

坚决**不传闲话**

在同事里常常有这样一些人：每天不是东家长就是西家短，没完没了，让人厌烦。

流言蜚语会对人们的工作、生活产生巨大的影响，当散布流言蜚语的同事存在于你周围时，你只会感到痛苦。

有一位赵小姐就遇到过这样的痛苦经历。她平时为人善良，但挺要强，既想在事业上有所作为，又不想让他人说三道四。她高考落榜后，进了一家工厂。一进厂，厂里就组织她们一同来的40个女同学进行培训。4个月以后，只有她一人分到科室工作，其他人全下车间。当时她很高兴，在科室工作许多事都要从头学起，她便虚心向老同志请教，勤奋学习，细心观察别人对问题的处理方法，过了一段时间就能胜任自己的工作。赵小姐这个人不笨，脑子也比较灵，办事也有一定的能力。就在工作取得一定成绩的时候，听到别人议论自己，说她是靠不正当手段进的科室，还说她与上司的关系不一般等闲话。赵小姐的上司有能力，但名声的确不好，而且粗鲁，经常开过头的玩笑。赵小姐对他也很看不惯，但毕竟是上司，又能怎么样？只能对他敬而远之。可是有些同事总是背后议论赵小姐的品行，他们这些无中生有的议论实在影响她的情绪，使她产生了很大的心理压力。当然赵小姐自知没有使用任何手段使自己分到科室工作，自认为是凭自己的本事得到这一份工作的。可是"人言可畏"啊！自从听到传言之后，她感到孤独、烦恼，处处小心，工作积极性不高，精力很难集中起来。

上例中的赵小姐是一位典型的被流言蜚语所伤的受害者。

对于造谣中伤，大多数人都深恶痛绝，而提到流言蜚语，虽然大家都表示厌恶和排斥，但不少人总会在不知不觉中就加入其中。

"今天我看见业务科的小赵在咖啡厅和一个年轻姑娘坐在一起。"

结果经过无数人的嘴，传到最后已经变成："业务科的小赵在咖啡厅和一个漂亮姑娘搂搂抱抱，可亲热呢！"甚至那姑娘还是本公司的××小姐。但实际上呢？小赵只不过是在咖啡厅同妹妹商量搬家的事。

每个团队中都可能存在一些爱说三道四、传播闲言碎语的人。他们的双眼似乎时时盯着他人，他们的嘴里喜欢议论"谁——什么时候——在什么地方——做了什么事"这类问题。

如果不能时刻觉察到自己有这个毛病，那么，请同事来提醒你，并纠正它。加入流言蜚语的行列实在是极愚蠢的，害人又害己。

试想一下，当你偶然发现某位跟你十分投契的同事，竟然在你背后四处散播谣言，数说你的不是和缺点，这时你才猛然醒悟，原来平日的喜眉笑目，完全是对方的表面文章！

晴天霹雳之余，你会痛心地想，跟他一刀两断，从此势不两立，而这样对你对他都很不利。所以请你坚决不要加入谣言家的行列。

"得饶人处且饶人"，多一句不如少一句，说话能够收敛一点，日后你有什么事情做错，同事也不会做得太过分。

经常在背后说别人坏话的人，肯定不会是受欢迎的人。因为凡是有点头脑的人，都会自然而然地这么想：这次你在我面前说别人的坏话，下次你就有可能在别人面前说我的坏话。这样一来，你在别人的印象中就不可能好到哪里去。

端正自己的说话行事方式，抛弃那些流言蜚语，给自己的嘴安一把锁，坚决不传别人的闲话。

❀ 避开同事的隐私

每个人都有不想让大家知道的事情，每个人都有自己的隐私。与人相处时，要极力避免谈论别人的隐私。

避免谈论别人的隐私，一是不可在谈话中拐弯抹角地打听别人的隐私，二是不可知道了别人的一点点隐私就到处宣扬。宇宙之大，谈资无所不有，何必非要以他人的隐私当作谈资呢？

对待别人的隐私，切忌人云亦云、以讹传讹。首先你要明白，你所知道的关于别人的事情不一定确凿无疑，也许另外还有许多隐情你不了解。要是你不加思考就把你所听到的片面之词宣扬出去，难免会颠倒是非、混淆黑白。话说出口就收不回来，事后你完全明白了真相才后悔不已，但此时已经在同事之间造成了不良的影响。

如果有人在谈到某同事时说，"我只跟你说"，对这样的话你可别太当真了。

假使你对某同事不具好感，并按捺不住地对上级说："这些话只跟您提而已……"如果这样随意地就大发议论的话，你所说的话会立刻传入该同事的耳中。

事实上，人与人之间的关系相当复杂，你如果不知内幕，就不可信口雌黄，以免招惹是非。

现实生活中有一种人，专好推波助澜，把别人的隐私编得有声有色，夸大其词地逢人就说，不知有多少悲剧由此而生。你虽不是这种人，但偶然谈论别人的隐私，也许你无意中就为别人种下祸患的幼苗，其不良后果并非你所能预料到的。

要是有人向你说某人的隐私，你唯一的办法就是，像保守你自己的秘密一样，不可做传声筒，并且不要深信这种片面之词，更不必记在心上。说一个坏人的好处，旁人听了最多认为你是无知；把一个好人说坏了，人们就会觉得你存心不良。

人们说女人最爱谈论别人的是非，其实男人当中也不乏这种人。如果你要找茶余饭后谈话的资料，那天上的星河、地上的花草无一不是聊天的好题目，真的不必一定要说东家长西家短才能消遣。

要是同事能将自己的隐私信息告诉你，那说明你们之间的友谊肯定要超出别人一截，否则对方不会将自己的秘密向你托出。

要是同事在别人嘴中听到了自己的秘密被曝光，不用说，肯定会认为是你出卖了他。被出卖的同事肯定会在心里不止千遍地骂你，并为以前的付出和信任感到后悔。因此，不随意泄露个人隐私是巩固职场友情的基本要求，如果这一点做不好，恐怕没有哪个同事敢和你推心置腹。

尽量避开私人问题，也别议论公司里的是非长短。你议论别人没关系，但用不了几个来回就可能"烧"到你自己头上，引火烧身，那时你就会很被动。

❋ 被同事悦纳的**有效说话方式**

能被同事悦纳的谈话方式有以下几种：

1. 主动承认错误

主动承认自己的缺点，比让别人批评要心情舒畅。

如果你觉察到同事认为你有不妥之处，或是想指出你的不妥之处时，那么你就要首先自己讲出来，使他无法同你争辩。相信他会宽宏大度，不计较你的过错，能原谅你。

所以，如果错了（这是在所难免的）就干脆认错，这种方法可产生意想不到的效果。

所以，当你要同事接受你的观点时，请遵循这条准则：只要错了，就坚决承认。

2. 耐心倾听

大多数人为使他人接受他的观点，总爱侃侃而谈，但同事之间相处却要尽量避免此种做法。应该给别人把话说完的机会，因为他对事情和自己的问题比你知道得更清楚，所以最好是向他提些问题，让他告诉你他认为什么是正确的。

不要因不赞同他的意见而打断他的话，请千万不要这么做。在他言之未尽的时候，他会对你置之不理，因此请静心听他把话说完并尽量加以理解。要真心实意地听，要鼓励他把话说完。

法国哲学家拉罗什弗科尔说："如果你想树敌，就设法超过自己的朋友；如果你要朋友，就请为你的朋友提供超过你的机会。"

我们应该谦虚，因为我们自己没有什么了不起的，我们都会死亡并在百年之后就被彻底忘却。如果总是想在别人面前夸耀自己微不足道的成绩，那就太没意思了。请仔细想一想，你有什么值得自我吹嘘的呢？

所以，你如果想要别人依照你的观点办事，请遵照这条准则去做：给他人多说话的机会，自己尽量少说。

3. 在争论中不抢占上风

十有九次的争吵结果是，每个人都更相信自己是正确的。

实际上在争吵中是没有胜利者的。即使你在争吵中占了上风，说到底你还是失败了。为什么呢？因为即使你是胜利者，那又怎么样呢？你将扬扬得意。但你的对手会怎样？你让他觉得低你一头，你伤了他的自尊心，他当然恼火。

佩恩·马尔特霍人寿保险公司为其代理人定下的规矩是：不许争吵。

说服某人并不意味着要同他争论。争论并不能改变别人的看法。

好好思考一下，你更想得到什么呢？是想得到表面的胜利还是他人的支持？二者兼得的事是很罕见的。

在争论中你的意见可能是正确的，但要用争吵的方式去改变一个人的看法，你的努力大概会是徒劳的。威尔逊任总统时，其内阁财政部长威廉·马卡杜声称，在多年的政治活动中他悟出了一个道理，就是："任何一个论据都无法说服一个不学无术的人。"

仅仅是不学无术的人不能被说服吗？这样说未免太简单了些。根据经验我们确信，任何一个人，无论其修养程度如何，都不可能通过争论来说服他。

拿破仑的侍卫长康斯坦经常和约瑟芬打台球。他在《拿破仑生平回忆》一书中写道："尽管我台球打得很好，但总是设法让她赢，以此博得她的欢心。"

因此，我们应牢记这一点：在非原则争论中要给予同事取胜的机会。误会是不能靠争吵消除的，它只能靠接触、和解的愿望和理解对方的真诚心愿。

有一次，林肯批评了一个年轻军官，原因是他同一个同事进行了激烈的争吵。林肯说："任何一个想要有所作为的人，都不应在和人争吵上浪费时间。这不是说他不应该允许自己发火和失去控制,而是说在重大问题上如果你感到你和对方都正确,那你就应该让步;在枝节问题上即使你明明知道对方不对,你也应该让步。给狗让路总比让它咬你一口要好,因为即使把狗打死,也不能马上治好你的伤。"

❋ 避免与同事"交火"

工作中同事之间容易发生争执,有时搞得不欢而散,甚至使双方结下芥蒂。人是有记忆的,发生了冲突或争吵之后,无论怎样妥善地处理,总会在心理、感情上蒙上一层阴影,为日后的相处带来障碍,最好的办法还是尽量避免它。

中国人常用这么一句话来排解争吵者之间的过激情绪:有话好好说。这是很有道理的。据心理学家分析,争吵者往往

都会犯三个错误：第一，没有明确清楚地说明自己的想法，含糊、不坦白；第二，措辞激烈、武断，没有商量余地；第三，不愿以尊重的态度聆听对方的意见。另一项调查表明，在承认自己容易与人争吵的人中，绝大多数人承认自己个性太强，也就是不善于克制自己。

相互之间有了不同的看法，最好以商量的口气提出自己的意见和建议，语言得体是十分重要的。应该尽量避免用"你从来也不怎么样……""你总是弄不好……""你根本不懂"这类绝对否定别人的消极措辞。每个人都有自尊心，伤害了他人的自尊心，必然会引起对方的反感。即使是对错误的意见或事情提出看法，也切忌恶意嘲讽。幽默的语言能使人在笑声中思考，而嘲笑只会使人感到含有恶意，这是很伤人的。真诚、坦白地说明自己的想法和要求，让人觉得你是希望得到合作而不是在挑别人的毛病。同时要学会聆听，耐心、留神听对方的意见，从中发现合理的部分并及时给予赞扬或同意。这不仅能使对方产生积极的心态，也能给自己带来思考的机会。如果双方个性修养、思想水平及文化修养都比较高的话，做到这些并非难事。

如果遇到一位不合作的人，首先要冷静，不要让自己也成为一个不能合作的人。宽容忍让可能会令你一时觉得委屈，这不仅能表现你的修养，也能使对方在你的冷静态度下平静下来。当时不能取得一致的意见，不妨把事情搁一搁，认真考虑之后，或许大家能找到解决问题的好办法。善于理解、体谅别人在特殊情况下的心理、情绪是一种较高的修养。有的人生性敏感，遇到不顺心的事就发泄怒气，这就可能是造成其态度、情绪反常或过激的原因。对此予以充分谅解，会得到相应的回报。

心胸开阔是非常重要的。任何人都会出现失误和过错，对别人无意间造成的过错应充分谅解，不必计较无关大局的小事情。

❀ 新环境中的说话技巧

你从一个环境到另一个新环境中，面对的上司和同事都是陌生的，从事的工作有时也与你以往做过的不大相同，这无形中在你的内心造成一种负担，仿佛人海茫茫，你却在一个孤岛上，不知道如何才能使自己融入人群之中并被大家接纳。

此时，应该首先抛开自己对他人的陌生感、畏惧心、戒备心等，一方面多多接触你的新同事、新上司，另一方面专注地投入你的新工作。这样的话，人们很快会适应你、接受你。因为你的主动接触说明你对他们有兴趣，喜欢和他们结交、相识。同时你专心投入工作，也使他们认为你是个很认真，并喜欢你的新职位的人，表明你在各个方面都力求和他们保持一致，所以他们会很快消除对你的排斥心理，愉快地把你当作他们中的一员。

一旦当你进入一个新单位、新环境，最好的方法就是利用业余时间多和人们交流，多向人学习、讨教，通过你的话语让人们知道，你需要他们的帮助，你需要他们的友谊。如果你能做到这些，那么还会有谁能拒绝你伸出的友谊之手呢？

只要你诚恳、虚心并主动向他人伸出友谊之手，对方也一定会张开双臂欢迎你的。

❀ **被提拔后**要怎样面对同事

在现代社会，提拔有德有才之士到领导岗位上是常见的。这些人大都年富力强、前途远大，不管他们自身愿不愿意，一旦到了领导岗位，就必须掌握说话的艺术和技巧。在被提拔之前，你或许只是个普通员工，话说得好不好，对你的影响不太大；可现在不同了，你到了领导岗位上。

在你被提拔之后，原来的领导或许成了你的同人，而原来的同事成了你的下级，这样在你与他们之间就突然有了一种很微妙的距离感。你如何说话才能尽快打破这种局面呢？下面的方法可以一试。

1. 面对领导

"各位领导,原来你们是我的上级,曾经不断鼓励我争取上进,并给了我许多机会显示自己的能力和才华,才使我在众多候选人中脱颖而出,得到提升。

"我很感谢各位对我的扶持和帮助,也希望你们在今后的工作中继续给我指出努力和前进的方向。

"对于做领导的艺术和学问,我想我一定不会像你们那样在行,你们从事领导工作时间比我早,所以在许多方面都是我的老师,我要好好向你们讨教学习……"

2. 面对同事

"以前我们大家是同事,在一起打打闹闹,相处得非常愉快,现在虽然没有机会多和大家热闹,但我们的关系还和过去一样是平等的,在工作中希望大家支持我;工作之外,和过去

没有任何区别，你们有什么意见和要求可以随时提出来，有什么建议和不满也可以随时反映，我一定会尽自己的能力尽快地给予解决。

"希望大家理解和支持我的工作！希望大家配合我把工作做得更好！"

这样一番话说下来，相信谁也不会与你为难，对你心存芥蒂了。

❋ 自曝劣势，淡化优势

在职场中，当你明显比同事强时，你在感情上还是要和大家在一起，千万不能与他们拉开距离，同事们也就不会嫉妒你，同时也会在心里承认你的"优势地位"是靠自己努力换来的。当你处于优势地位时，注意突出自己的劣势，就会减轻妒忌者的心理压力，使其产生一种"哦，他也和我一样"的心理平衡感觉，从而淡化乃至免除对你的嫉妒。

古人云："人之恶在于好为人师。"可见一般人都有这样的心理，除了爱听奉承话之外，还喜欢做别人的老师。

在日常生活和求职就业的过程中，与他人交往时，你也不妨做一个忠实的听众，把别人都当成自己的老师，少说多听，做一个学生，给对方充分表现自己的机会，最后达到自己的目的。这就是"甘为人徒法"的根本所在。

小李是大学刚毕业的新教师，对最新的教育理论有较深的研究，讲课亦颇受同学欢迎，以致引起了一些任教多年却缺乏这方面研究的老教师的强烈妒忌。为了改变自己的处境，小李便故意在办公室的同事面前大曝自己的劣势，如教学经验一点都没有、对学校和学生的情况很不熟悉等，最后还一再强调"希望老教师们多多指教"。

就这样，小李自曝劣势后，终于有效地淡化了自己的优势地位，衬出了对方的优势，减轻、弱化了老教师对他的妒忌。

职场上的路是靠自己走出来的。在你自曝劣势、不耻下问的过程中，你与工作中其他人员的关系往往会更加紧密，从而创造出更加美好的成果。

❀ 锋芒太露招人忌

俗话说："枪打出头鸟。"锋芒太露总是会招人嫉妒的。一个人只有时刻保持谦虚的态度，他的路才能走得长远。

身在职场处于优势地位时，自然是可喜可贺的事。如果别人一提起一奉承，你就马上陶醉而喜形于色，这会无形中引起别人的嫉妒。所以，面对同事的赞许恭贺，应谦和有礼、虚心平和，这样不仅能显示出自己的君子风度，淡化同事对你的嫉妒，而且能博得同事对你的敬佩。

"小姜毕业一年多就提了业务经理，真了不起，大有前途呀！祝贺你啊！"在外单位工作的朋友小叶十分钦佩地说。

"没什么，没什么，老兄你过奖了。主要是我们这儿水土好，领导和同事们抬举我。"小姜见同一年大学毕业的小吴在办公室里，便压抑着内心的欣喜，谦虚地回答。小吴虽然也嫉妒小姜的提拔，但见他这么谦虚，也就笑盈盈地主动招呼小姜的朋友小叶："来玩了？请坐啊！"

不难想象，小姜此时如果说什么"凭我的水平和能力早可以提拔了"之类的话，定会招来小吴的嫉妒。

刚进职场的年轻人，纯真、热情、有正义感，就像"初生牛犊不怕虎"似的，面对单位里的一些现象，总是忍不住"拍案而起"，慷慨陈词。但是，他们的好心之言往往会受到同事们的误会，这些刚进职场的新人因此而受到同事们有意无意的冷落，甚至是打击报复。

毕业后，张先生在出版社当了一名助理编辑，他文笔不错，学习意愿高，因此进出版社才5个月，就把与出版有关的事务摸得一清二楚。

有一次，社长召集大家开会，轮到张先生报告时，他提出印刷品质不好及成本太高的问题，并说假如能降低3%的成本，

每个月就能省下20万～30万元，最后还说那家印刷厂是印刷费用收得最高的一家。

社长对他的报告没有发表任何意见，但从这一天开始，张先生开始感觉到负责印务的同事对他的不友善。

8个月后，张先生离开了这家出版社。

任何人都不喜欢被批评检讨，尤其是在公众场合。因为一来有伤自尊，二来任何批评检讨都会引起旁人的联想与断章取义的误解。总之，批评是带有伤害性的。张先生的批评狠狠地踢了印务部门一脚，印务部门的同人当然会"记恨于心"。

比如在职代会上，公司正在讨论一方案，一代表发言："我认为，还应该加入一点……"

而另一代表发言："经过对这个方案的多方考虑，我认为有点不太理想的地方，我提出来，你指正一下……"

对于前者，上司只是神情冷漠地听了一遍，无所表示；对于后者，上司却着着实实地考虑了一番，从此以后，公司里的事还常常征求他的意见。

在上司面前，最好不要锋芒太露，在谦虚的请教之中表达你的意见是你最好的选择。

❀ 与同事说话注意分寸

各类是是非非每天都在办公室里发生着，你可能是个很有正义感的人，忍不住要挺身而出"匡扶正义"；也可能是个外向的人，眼里看不惯嘴里要说出来；还可能是个"事不关己，高高挂起"闲事少管的人……但不管你是个什么样的人，都要和同事们日复一日、年复一年地相处下去。这就需要你掌握一些与同事有分寸地说话的方式，在他们中间塑造受欢迎和受欣赏的说话形象与风格，以便身边的同事不至于小看你或者抓住你的话柄而找你的麻烦。

与同事相处，也要讲究一定的分寸。话太少不行，人家会认为你不合群、孤僻、不善交际；话多了也不行，容易让别人反感，而且也容易让别人误解，认定你是个大嘴巴。所以说，既不多说一句，也不少说一句，才是与同事相处最理想的说话分寸。

如果某部门主管与你十分要好,有一天,他突然向你求救,说他有一个计划希望与某公司合作,而你与该公司老板或有关人士十分熟稔,请你做中间人,向这位人士游说一番,说几句话。

不错,你与这人的交情是很好,但是你要切记:公私分明。

你不妨婉转、间接一些回答他,例如对方要求你伸出援助之手时,可以打趣地说:"其实这件事很简单,你一定可以应

付自如的，被我的意见左右，可能不好。"这番话是间接提醒他——一个成功人士必须独立、自信，而且这样说也不会损及大家的情谊。

不管同事怎样冒犯你，或者你们之间产生什么矛盾，总之得饶人处且饶人。多一句，不如少一句，凡事忍让一点，日后你有什么差错，同事也不会做得太过分，推你走向绝境。至于如何才能培养出这种豁达的情操，也是有办法的，比如让心思意念集中在一些美好的事情上，当你的报复或负面的思想产生时，叫自己停止再想下去！

交流　　深度交流　　无话不谈

PART 06 驾驭下属，简言赅语树立领导威信

❀ 委派任务前说一些增强下属自信心的话

上司给下属委派任务时，最好以激励的方式来说一些能够增强下属自信心的话，这样既能提高下属工作的积极性，又能加深上司与下属之间的感情。

上司与下属处于管理与被管理的关系，上司处于主导地位，而下属则处于从属地位。上司给下属委派任务时，最好说一些能增强下属自信心的话。

1. 信任激励

如果人与人之间没有基本的信任，那么社会就无法正常有序地运转。信任激励是一种基本激励方式。上下级之间的相互理解和信任有助于人与人之间的和谐，有助于团队精神和凝聚力的形成。

干部对群众的信任体现在相信群众、依靠群众、发扬群众的主人翁精神上；领导对下属的信任则体现在平等待人、尊重下属的劳动、职权和意见上，这种信任体现为"用人不疑，疑

人不用"。魏徵勇于进谏，得益于唐太宗的一个"信"字，这体现了唐太宗对人才的充分信任。只有在信任的基础上放手使用人才，才能最大限度地发挥人才的主观能动性和创造性。

一个优秀的领导就要有识才的慧眼，千万不要因为自身的私利，而对身边的人才视而不见、置之不理。作为领导一定要有"有胆识虎龙，无私辨良才"的智慧，懂得求才、用才、惜才、育才；给虎以深水，而非误陷深潭，给虎以深山，而非逼入平地，使"虎"各尽其能，各展其技，这样才能齐聚本地贤士、广纳八方英才。

2.不断认可

杰克·韦尔奇说："我的经营理论是要让每个人都能感觉到自己的贡献，这种贡献看得见、摸得着，还能数得清。"下属最想得到的就是上司的肯定，当下属完成了某项工作时，上司应该对其工作成绩给予及时的肯定。经理主管人员的认可是一个秘密武器，但认可要及时，且不能滥用。如果用得太多，价值将会减少；如果只在某些特殊场合和少有的成就时使用，价值就会增加。对下属表示认可的方法很多，如发一封邮件给下属，或是打一个私人电话祝贺下属取得的成绩，或在公众面前跟他握手并表达对他的赏识。

有关专家指出，下属再小的好表现，若能得到认可，都能产生激励的作用。拍拍下属的肩膀、写张简短的感谢纸条，这类非正式的小小表彰，比公司一年一度召开盛大的模范下属表扬大会，效果可能更好。

有一个下属高兴地对主管说："我有一个好消息，我跟了两个月的那个客户今天终于同意签约了,而且订单金额会比我们预期的多20%,这将是我们这个季度价值最大的订单。"但是这位主管对那名下属的反应却很冷淡:"是吗?你今天上班怎么迟到了?"下属说:"二环路上堵车了。"此时主管严厉地说:"迟到还找理由,都像你这样,公司的业务还怎么做!"下属垂头丧气地回答:"那我今后注意。"一脸沮丧的下属有气无力地离开了主管的办公室。

从上面的例子中,该下属诉说自己成功签单的喜悦心情时,不仅没有得到主管的任何表扬,反而因迟到之事遭到主管的批评,结果致使这名下属的积极情绪受到了很大的挫伤。实际上,激励下属并非是一件难事,如话语的认可,或通过表情的传递都可以满足下属被重视、被认可的需求,从而收到激励的效果。

3. 真诚赞美

真诚地赞美下属是一种有效的认可方式。

真诚的欣赏和善意的赞许是打动人心的最好方式。

某大型公司的一个清洁工,本来是一个最容易被人忽视的角色,但就是这样一个人,却在一天晚上公司保险箱被窃时,与小偷进行了殊死搏斗。事后,有人为他请功并问他的动机时,答案却出人意料。他说:当公司的总经理从他身旁经过时,总会不时地赞美他"你扫的地真干净"。

4. 目标激励

所谓目标激励,就是确定适当的目标,诱发人的动机和行为,达到调动人的积极性的目的。目标作为一种诱引,具有引发、导向和激励的作用。一个人只有不断追求目标，才能激发奋发向上的内在动力。正如一位哲人所说："目标和起点之间隔着坎坷和荆棘；理想与现实的矛盾只能用奋斗去统一；困难会使弱者望而却步，却能使强者更加斗志昂扬；远大目标不会像黄莺一样歌唱着向我们飞来，却要我们像雄鹰一样勇猛地向它飞去。只有不懈地奋斗，才可以飞到光辉的顶峰。"

但在目标激励的过程中，要正确处理大目标与小目标，个体目标与组织目标、群众目标的关系。

5. 零成本或低成本激励下属

给下属提职加薪固然是激励下属必不可少的手段和措施，但金钱和职位都是有限的，而人的欲望却是无限的。很显然，仅仅依靠加薪与晋升是无法满足下属的欲望的。或许你可以使用如下低成本甚至是零成本的激励。

"你辛苦了！"

"谢谢你！"

"你真棒！"

"这个主意太好了！"

❀ 你犯错我买单，**说出承担责任的话**

当下属犯了错误，受到大家的责难时，作为上司，不要落井下石，更不要找替罪羊，而应勇敢地站出来主动为下属承担责任。

人非圣贤，孰能无过？在职场中，做得越多，往往错得越多，谁都难免有犯错误的时候。如果别人因为做错事而得罪了你，此时最好的处理办法就是理解他，这样你便轻易赢得了一位朋友。

对于一个犯了错误或冒犯了你的下属来说，他的心中本来是有惶恐感的，这时如果你谅解了他，他不仅会更容易承认和改正自己的错误，而且会对你产生好感。到你需要帮助的时候，他一定会毫不犹豫地伸出援助之手。

在职场中，当下属没有做好他们应该做的事情时，可能有很多原因。或许是他们的机遇不好，或许是能力有限，无论出于什么原因，即使对方没有把事情做好，但他们确实努力了，此时领导应该体谅他们，而不是把事情的成功与否当作衡量他们的唯一标准。

若一味怪罪只会产生不好的结果，有的人甚至干脆放弃他们的责任，甚至会因为你的不谅解开始与你作对。所以即使某些人做了对不起你的事，可是木已成舟，原谅他也比追究其责任好得多。

宽容是一种大家风范，如果你能真诚地谅解他人的过错，即使之前对方故意为难你，之后他们也会成为你的朋友。

然而，大多数上司在处理下属的失误时，总是提出各种理由为自己开脱，唯恐遭到连累，引火烧身。殊不知，这样只会给人不负责任的印象。

所以，作为上司，在下属闯祸之后，首先要冷静地检讨一下自己，然后心平气和地分析整个事件，告诉他错在何处，让他引以为鉴。当然，还要让他明白，无论如何，自己永远是他坚强的后盾。

不分青红皂白地对下属的过错进行批评是不可取的。那种"我早就告诉你要如何如何"，或"我哪里管得了那么多"之类的言语，不仅会使下属不敢正视问题，不再感到丝毫内疚，而且会影响日后下属同上司的正常交流，甚至使上司永远失去大家的信任。

❀ 好下属是夸出来的，领导要善用赞扬话

正确培养下属的方式中离不开夸赞，要知道好下属是夸出来的，一味地批评并不能让下属口服心服。

赞扬是人际交往的润滑剂，在和周围人相处的过程中，我们要毫不吝啬地赞扬别人。一个伟大的领导者，往往独具慧眼，且大多是赞颂别人的专家。

史考伯是美国钢铁公司的总经理，年薪超过百万。有记者曾

经问他:"您的老板为何愿意一年付给您超过百万的薪水呢?您到底有什么本事能拿到这么多的钱?"

史考伯回答说:"我对钢铁懂得不多,但我最大的本事是能鼓舞员工。而鼓舞员工的最佳方法,就是对他们真诚的赞赏和鼓励。"事实正是如此,史考伯就是凭着他会赞美他人而年薪超过百万的。

在现实工作中,许多高层主管的做法却恰恰与史考伯相反。有些高层主管懒得用赞美之词,动不动就吹胡子瞪眼睛地训斥人。当下属工作出色,你对他的表现很满意,但没有任何表示,只是按部就班地向他布置下一个任务;偶尔出现失误时,你却大发雷霆。员工在这样的工作状态下,自然无法提高工作积极性。

那么,赞美的力量有多大?真有史考伯说的那么神奇吗?答案是肯定的。赞美是调动下属工作积极性的有效方法,可以使员工心甘情愿地为你工作。希望得到尊重和赞美,是人们最大的愿望。当一个人得到赞美时,他就会意识到自己的潜力,并努力把身体里蕴藏的潜力发挥出来,努力成为一个成功的人。除此之外,赞美还可以愉悦身心。

有位女士在实验室工作,经常与机器和数据打交道,因此比较严肃刻板。但不久前,朋友们却发现她像变了个人一样,不仅待人热情洋溢,而且穿戴打扮也焕然一新。遇到开心的事情时,笑声爽朗,很是动人。大家都很纳闷,后来才得知她近来调换了一个工作环境,那里年轻人多,气氛融洽,顶头上司又是一个充满活力、很会说笑的人,非常赞赏她工作的认真和负责，不失时机地给予她应有的鼓励和赞美，她也感觉到自己好像突然生活在另外的世界里。

赞美不仅能改善人际关系，而且能改变一个人的精神面貌和情感世界。赞美的过程，是一个沟通的过程。

我们都渴望得到一句赞美的话，我们都需要被人承认和被人欣赏。每个人都喜欢被人恭维，因此，赞美要慷慨大方一些，绝不能吝啬。

一位服装店的职员发现新上架的一件衣服做工有问题，便及时把它转移到顾客看不见的角落里。值班经理夸她为公司着想，维护公司的美誉，还决定给她加奖金。这位职员受宠若惊，于是更加努力地工作。

这位职员从经理的称赞中获得了快乐，而且这位经理的关心使她感受到自己在一个温暖的集体中工作，从而激发了工作热情，增强了责任心。

对于领导者来说，赞美员工的方式很多，比如说，"他做了一件很了不起的事"，或者你是如何如何"需要他，几乎到了离开他就不行的地步"，等等。

当然，赞美不是忽悠，赞美需要真诚。只有建立在以事实为依据的基础上的发自内心的赞美才会产生情感的共鸣。

❋ 有褒有贬的激励

批评会引起下属的反感，如果没有掌握好批评的方式，你可能会因此失去下属的尊敬和信任。要想让你的批评既有效又不至于引起下属的反感，最好的方式是在批评之后再寻找合适的时机给予下属褒奖。

如果上司不懂得如何批评下属，就有可能降低部门的工作效率，甚至影响整个团队的工作情绪。

批评是引导，是一种警惕性的引导。因此，上司在对下属进行批评时，一定要讲究方式方法，掌握批评的技巧。这里有一个简单的妙方：有褒有贬。在批评他的错误和指出其不足的同时，不忘对他的成绩给予肯定。作为领导，在批评的话语出口前三秒钟，深呼吸一次，努力找出对方做事的可取之处，并加以赞美，然后适当地指出其缺点。要知道，赞美要比批评更得人心。

西洛斯·梅考克是美国国际农机商用公司的大老板。有一次，一个跟随了他二十多年的老工人在岗时酗酒被工头抓住了，梅考克毫不客气地决定将其辞退。

老工人很不服气，大骂梅考克："梅考克，在你贫穷的时候，三个月没有给我一分钱工资，我都跟着你，为你拼命。现在你为了这一点小事，就一点情面也不顾。"

梅考克等他骂完了后说："我要是不顾情面，就不会被你痛骂了！"于是问了他酗酒的原因。原来，老工人的妻子新亡，又留下两个幼子，其中一个不慎摔折了腿，另一个在饥饿中啼哭。老工人极度痛苦，借酒浇愁，不想被工头发现。

"你呀，真糊涂，现在什么都不要说了，赶紧回家去，料理你妻子的后事，照顾孩子们要紧。"梅考克说着，从包里掏出了一沓钞票塞在老工人手里，老工人转悲为喜："这么说，你是收回辞退我的命令了？"

"不，不是这样，你已经被辞退，这不可更改了。我想，你也不愿意让我留下话柄吧。但我不会让你走上绝路的。"梅考克既不让步，又安慰道。

事后，梅考克把那位老工人安排在他的牧场当了总管，老工人很感激，更加尽心为他工作了。

美国著名的女企业家玛丽·凯·阿什在对待员工工作中出现的问题时，采取的做法就是"先表扬，后批评，再表扬"的批评艺术。这就是说，无论什么批评，必须找点值得表扬的事留在批评前和批评后说，决不可只批评不表扬，这是玛丽·凯·阿什严格遵守的一个原则。她说："批评应对事不对人。在批评前，先设法表扬一番；在批评后，再设法表扬一番，力争用一种友好的气氛结束谈话。如果你能用这种方式处理问题，那你就不会把对方臭骂一顿。"

告知下属坏消息的技巧

有些难说的话上司不说是不行的，关键是要委婉、诚恳，尽量减轻对下属的打击。

有时，有些话虽然并不过分，也没有什么不正当的意图，但当上级的还是很难说出口。比方说，告诉下级被降职了、解雇了；下级辛辛苦苦拟好的计划书被你否决了；下级向你提出了很好的建议，而你却由于疏忽大意或工作繁忙忘记审阅了，下级向你催问时，你该如何回答？

1. 提案被耽误

上级接受了下级的提案，并且满口答应"看一看"，但过了一段时间后，还是没有看。下级希望得到一个完满的答复，而问上级："那个提案您看过了吗？您觉得怎么样？"

在这种情况下，上级应该直率地说："我现在很忙，实在没有时间细看。不过一周之内一定会给你一个满意的答复！"而且，最好在约定时间之前，主动答复。下级一定会被上级的主动热情感动的。尤其当答复是否定时，更应由上级主动加以说明，表示上级的确认真对待他的提案，是有诚意的，而不是草草应付了事。

如果提案需递交给更高一级的领导，而该领导没有明确答复时，最好能说明自己已经递交给了上级。

2. 变更计划

要更改已经通过的计划，该如何向下级说明？

万万不能对下级说："不关我的事，都是经理一人说了算,我也没办法!"

这样把责任转嫁给其他人,自己暂时没问题了,但部下会对经理产生怨气。或者一旦下级明白你是在推卸责任,肯定会对你产生极大的反感,你自己的威信也会降低。

也不应该为了防止下级反对,而用高压手段制止对方开口。这样做会使下级心里留下疙瘩,对上级不满,也会对工作不满,这是最不明智、最不可取的做法。

正确的方法应情理兼顾,善意地说服他,才能使下属真正地心服口服,不会丧失工作的积极性。

3.解雇或降级通知

上司们最不希望从口里说出的坏消息就是告诉员工他从明天起就将失去工作。事实上,解除雇佣关系无论对员工还是对老板来讲,都会带来一种精神上的不安。许多管理人员都承认,他们总想延缓这种冲突和矛盾,希望出现奇迹,或者情况有所改变,甚至希望雇员主动提出辞职。

不得不解雇某个人确实是压在上司肩膀上的重担,但在现代竞争激烈的环境中,有时你不得不这样去做,因为公司必须考虑到费用问题及每个员工对公司的价值。当你对某位员工说"我们必须让你走"时,你往往有一种负罪感,因为你觉得该员工落到这一步,你也有责任。有时你会觉得这位员工的失败也是自己的失败,你也许会说"首先我不应该雇用他",或"如果我在培训他时做得很好的话,我应该看到出了什么问题,然后帮助他"。

总之,不管你多么不情愿解雇员工,都必须正视这一难题，所以你必须学会如何解雇员工。这是很重要的一种技巧。

一家工厂的老板在谈到他所知道的一个讲话极讲究策略的人时，说道："他就是在我第一次工作后把我解雇的那个老板。他把我叫了进去，对我说：'年轻人，要是没有你，我不知道我们以后会怎么样。可是，从下星期一起，我们打算这样来试一试了。'"

有时候，公司人事调动，下级被降职，或是调到分部，或是被打入"冷宫"，委派他去干一些鸡毛蒜皮的小事，总之不再受到重视了，这时上级有责任通知他，并且要耐心安抚，尽量使他能保持积极愉快的心情前往新岗位就任。

请千万记住不要用伤感情的字眼。下级被降职，心里本来就非常不痛快了，上级再用词不当，甚至恶语伤人，无疑是火上浇油，这样就可能会造成难以想象的后果。

❀ 用恰当的话语**消解下属的怨气**

作为领导，当受到下属抱怨时，为使其不致发展成更大的人际冲突，就有必要掌握一定的技巧。

如何处理好下属的抱怨是领导工作中的一件大事。处理好了，说服好了，工作就顺当，就畅通无阻；处理不好，必然会产生很多麻烦。如能采用恰当的说话方式，就可以大事化小，加强团队的战斗力！

因此，作为领导，当受到下属抱怨时，就有必要掌握一定的技巧。

1. 认真倾听

认真地倾听下属的抱怨，不仅表明你尊重下属，而且还能使你有可能发现究竟是什么激怒了他。例如，一位打字员可能抱怨他的打字机不好，而他真正的抱怨是档案员打扰了他，使他经常出错。因此，要认真地听下属说些什么，要听弦外之音。

2. 严肃对待

绝不能以"那有什么"的态度加以漠视。尽管你认为没有理由抱怨，但下属认为有。如果下属认为它很重要，就应该引起你的注意，那么你就应该把它作为重要的问题去处理。

3. 主动自责

当下属是因为你过激的批评而心怀怨气时，你最好能主动找到下属，真诚地自责。这实际上就是传达一种体贴和慰藉，责的是自己，慰的是下属。这有利于在对方本已紧闭的心理空间辟出一块"缓冲地带"，为最终的相互沟通和工作合作创造有利背景。

4. 晓以利害

下属与上司的一个不同之处在于，上司除了关心自己的利益之外，更应该关心单位的整体利益，而下属却有权关注自己的切身利益胜过关注整体利益。因此，对下属说话应该记住"晓以利害"这一技巧。当他们对某件事有与单位上司有不同的想法时，作为上司的你就应该明智地做一番权衡利弊的分析，只有让他们觉得你的决定才是真正有利于他们切身利益的时候，他们才会真正地消除不满，转而真心支持你的工作。

5. 表示信任

并非所有抱怨都是对下属有利的。回答"是"时,你不会遇到麻烦;回答"否"时,就需要利用你所有的管理技能,使下属能理解并且心情愉快地接受你的决定。

6. 触及核心

在答复下属的抱怨时,要触及问题的核心,要正面回答。不要为了避免不愉快而绕过问题,不把问题明说出来。答复要具体而明确,这样做,所讲的话的真意才不会被人误解。

7. 不要发火

当你心绪烦乱时,会失去控制,无法清醒地思考,这样可能会做出轻率的决定。因此,要保持镇静。如果你觉得自己要发火了,就把谈话推迟。

8. 解释原因

无论你是否赞同下属,都要解释为什么会采取这样的立场。如果你不能解释,在下决定之前最好再考虑考虑。

9. 承认错误

消除产生抱怨的条件,承认自己的错误,并道歉。

10. 切勿讥笑

不要对抱怨态度轻慢，置之一笑，这样下属可能会从抱怨转变为愤怒。

❊ 巧用自责激励人

上司如果能够从自身寻找原因，先采取自责的方式，让下属感受到你的诚心，进而使下属自己认识到错误，那么上司的自责无形中既起到了批评下属的作用，又达到了激励下属的目的。

激励是管理者对人心的一种最微妙的解读，往往能收到意想不到的效果。

错误或冲突造成以后，与其谴责对方，不如以"自责"的态度来处理事情，这样更容易让对方自我反省。

日本评论家丸冈秀子曾在杂志上发表过《联系内心的话》一文，其中有如下一个小故事，值得玩味：

丸冈秀子小时候在学校里做错了一件事，被年级主任狠狠地责骂了一顿，末尾还加了一句："哎！我恐怕教不了这个孩子！"

这件事对她造成非常深远的影响。那位老师把过错归咎在自己的能力不足，所以对丸冈秀子产生了巨大的影响。日后她在教训自己的子女、学生时，总是以自责的口吻说："我不能把你们教成这样子啊！"

同理，对于工作不力的下属，上司也可以对他们说："一定是我指导有误，要不然你们怎么会这样？"这种方式可让员工自我反省。

某经理对工作一丝不苟，只是脾气暴躁些。一天，他看到部门主管在工作中出了一点差错，便立刻暴跳如雷，大声斥责部门主管。事后，经理冷静下来，觉得自己太冲动了，而且后来听部下解释说，这个部门平时工作十分出色，只是因为特殊情况出点小错，但工作成果还是可观的。

于是，经理马上进行了"补牢"工作。他在那天下班前，派人找来部门主管，说："今天委屈你了，怪我太冲动，没有了解具体情况就责怪你，请原谅。不过，你们部门的工作质量仍要提高，相信你能做到这一点。"

几句话极大地安慰了部门主管受伤的心，他心中的委屈也马上消失了。

不当众责备下属当然是最好了，但有些领导容易冲动，特别是看到下属犯了比较严重的错误时，可能按捺不住火气，当众责骂起下属来。但这样是解决不了问题的，只有与下属友好地沟通，才能找到解决问题的办法。

PART 07 妙语生财，赢得客户的信任

❊ 如何通过说话**建立信赖感**

现代营销充满竞争，产品的价格、品质和服务的差异已经变得越来越小。推销人员也逐步意识到竞争核心正聚焦于自身，懂得"推销产品首先要推销自我"的道理。要"推销自我"，首先必须赢得客户的信任，没有客户信任，就没有展示自身才华的机会，更无从谈起赢得销售成功的结果。要想取得客户的信任，可以从以下几个方面去努力。

1. 自信 + 专业

"自信等于成功的一半"，自信心对营销人员非常重要，它会直接展示你的精神面貌，无形中向客户传递了你的信心。试想，如果一位推销人员对自己和公司都缺乏信心，那么要让客户信任和接受你肯定是很难的。

但我们也应该认识到，在推销人员必须具备自信的同时，一味强调自信心显然也是不够的，因为自信的表现和发挥需要一定的基础——"专业"。也就是说，当你和客户交往时，你对交流内容的理解应该力求有"专家"的认识深度,这样让客户在和你沟通中每次都有所收获,进而拉近距离,提升信任度。另一方面,自身专业素养的不断提高,也将有助于自信心的进一步强化,形成良性循环。

2. 提问消除对方疑虑

日本推销之神原一平在打消客户的疑惑、取得客户对他的信任方面有一套独特的方法。

"先生,您好!"

"你是谁啊?"

"我是明治保险公司的原一平,今天我到贵地,有两件事专程来请教您这位附近最有名的老板。"

"附近最有名的老板?"

"是啊!根据我打听的结果,大伙儿都说这个问题最好请教您。"

"喔!大伙儿都说是我啊!真不敢当啊,那到底是什么问题呢?"

"实不相瞒,是如何有效地规避税收和风险的事。"

"站着不方便,请进来说话吧!"

"……"

突然的推销未免显得有点唐突,而且很容易招致别人的反感,以至于被拒绝。先拐弯抹角地恭维客户,打消客户的疑惑,取得客户的信赖,推销便成了顺理成章的事。

提出相关的问题,并善意地为顾客解决问题,做顾客的朋友,是打消顾客顾虑的有效方法。

3. 帮客户买，让客户选

推销人员在详尽阐述自身优势后，不要急于单方面下结论，而是建议客户多方面了解其他信息，并申明：相信客户经过客观评价后会做出正确选择的。这样的沟通方式能让客户感觉到他是拥有主动选择的权利的，和你的沟通是轻松的，体会到我们所做的一切是帮助他更多地了解信息，并能自主做出购买决策，从而让我们和客户拥有更多的沟通机会，最终建立紧密和信任的关系。

4. 成功案例，强化信心保证

许多企业的销售资料中都有一定篇幅介绍本公司的典型客户，推销人员应该积极借助企业的成功案例，消除客户的疑虑，赢得客户的信任。在借用成功案例向新客户做宣传时，不应只是介绍老客户名称，还应有尽量详细的其他客户资料和信息，如公司背景、产品使用情况、联系部门、相关人员、联络电话及其他说明等。单纯告知案例名称而不能提供具体细节的情况，会给客户留下诸多疑问，比如怀疑你所介绍的成功案例

是虚假的，甚至根本就不存在。所以，细致介绍成功案例，准确答复客户询问非常重要。用好成功案例能在你建立客户信任的工作上发挥重要作用——"事实胜于雄辩"。

❄ 以顾客感兴趣的话题开头

推销通常是以商谈的方式来进行，但是如果有机会观察推销员和客户对话时的情形，就会发现商谈的方式不能太过严肃了。

因为对话之中如果没有趣味性、共通性是行不通的，而且通常都是由推销员迎合客户。倘若客户对推销员的话题没有一点点兴趣的话，彼此的对话就会变得索然无味。

推销员为了要和客户之间培养良好的人际关系，最好尽早找出共通的话题，在拜访之前先收集有关的情报，尤其是在第一次拜访时，事前的准备工作一定要充分。

总之，询问是绝对少不了的，推销员在不断的发问当中，很快就可以发现客户的兴趣。

例如，看到阳台上有很多的盆栽，推销员可以问："您对盆栽很感兴趣吧？假日花市正在开兰花展，不知道您去看过了没有？"

看到高尔夫球具、溜冰鞋、钓竿、围棋或象棋，都可以拿来作为话题。

打过招呼之后，谈谈客户深感兴趣的话题，可以使气氛缓和一些，接着再进入主题，效果往往会比一开始就立刻进入主题更好。

天气、季节和新闻也都是很好的话题，但是大约1分钟就谈完了，所以很难成为共通的话题。

关键是在于客户感兴趣的东西，推销员多多少少都要懂一些。要做到这一点必须靠长年的积累，而且必须靠不懈地努力来充实自己。

被推销者通常对推销者敬而远之，说得不客气是深恶痛绝，这是劣质推销文化造成的。经验丰富的人甚至练就了拒绝推销的高招，拟好了各种各样的借口和理由，准备给来犯的推销员当头一棒。聪明的推销员会审时度势，避免正面推销，从对方意想不到的角度切进去。那就是：投其所好。

股票、体育、影视、文学、曲艺、商业……人的兴趣多种多样，一个人不可能样样精通，你没有必要什么都学。人的精力是有限的，你了解一些常识就够了。你要做的仅仅是引起特殊话题，多多应和。如果在交谈中，你的知识确实不足以跟上对方的思路，到达不了其奥妙的境界，那又有什么大不了？你可以说："我一直想学××（或了解××），可就是学不好。你这么精通，真是了不起！"

投其所好，对对方最热心的话题或事物表示真挚的热心，巧妙地引出话题后，多多应和，表示钦佩。

美国超级推销员乔·吉拉德曾因一时分心丢了一单快到手的生意。那一次，一位即将签约的准客户兴致勃勃地说起他上医学院的儿子，而乔·吉拉德心不在焉，侧耳听其他推销员讲的话，准客户突然说他不想买车子了……后来，吉拉德好不容易弄清对方是因为他在说"儿子、儿子、儿子"时,吉拉德念叨"车子、车子、车子",客户才转而找别人买了车!

光知道这些道理还不够。

一个出色的推销员,是利用种种因素积极行动的人。怎么做?一点都不难。聊一聊对方孩子的成绩,问一问对方的孩子、配偶、父母的健康状况等,都是很好的话题切入点。

重要的是,你问过的事情一定要记住,不要同一件事情问好几次,却依然记不住,那表明你根本没有诚心!

❀ 满足客户的优越感

你能想到日常生活物品中有哪种植物的价格会超过钻石吗?在某年4月18日这个"死要发"的日子,在美丽的天堂杭州,就冷不丁冒出了一种:100克西湖龙井御茶,拍卖了14.56万元,也就是每500克72.8万元,也就是每千克145.6万元。这个天价远胜黄金、贵比钻石。

美国制度学派经济学家凡勃伦如果还活着,听到这个消息的话一定会开怀一笑。凡勃伦最早注意到存在于消费者身上的"一种商品价格越高反而越愿意购买"的消费倾向,于是有了"凡勃伦效应"。在凡勃伦效应中的消费目的,已不仅仅是为了获得直接的物质满足与享受,而更大程度上是为了获得一种社会心理上的满足,甚至以期获得更广泛的社会广告效应。这种"炫耀性消费",或者说是"炫耀性投入",似乎越来越受欢迎了,无论是个人消费者还是单位消费者,都乐滋滋地一头扎进去。

"凡勃伦效应"在经济学领域得到了广泛证实,在推销工作中我们也可以从中得到一些启示。

人人都有虚荣心,只是程度不同罢了。先看两个实例。

陈冬是百货公司的副经理。一天,他看到售货员和一位顾客在谈论一款冰箱,便走过去说道:"这款冰箱很好,不是吗?"

"我看并不是很好。"那位妇女摇摇头回答。

"怎么,你认为这款冰箱不好,是吗?这款冰箱是由全国一流的工程师联合研制成功的,不管从外观、容量和结构,还是从性能和效果方面来看,都是很好的。可是你认为这冰箱有哪些地方不协调呢?"

"这几点倒还可以,只是不应该把那个圆圆的东西装在顶上,多难看啊!"

"你这就有所不知了,正是顶上那个圆盖子,才使它看上去与众不同。现在市面上的那些冰箱,都是方方正正的,太死板。说不定你买了这款冰箱回去,邻家的太太见了一定羡慕不已,说你买了一台好冰箱呢!如果你买一台那种普通的冰箱回去,邻居见了,也不觉得怎么新奇,也许看一下就忘掉了,不是吗?"

陈冬说完就离开了。这位妇女越想越觉得很有道理,于是便爽快地买了那款冰箱。

任何人都希望别人羡慕他,内心对别人的认可从不拒绝,这位妇女也一样。陈冬正是抓住这一点,潜移默化地引导这位妇女进入他预先布置好的"圈套",最后不知不觉地将冰箱销售出去了。

对待某些很爱面子的顾客,要以熟悉的话题为他提供发表高见的机会,不要轻易反驳或打断其谈话。在整个推销过程中,推销员不能表现太突出,不要给对方造成对他极力劝说的印象。如果在推销过程中你能使第三者开口附和你的顾客,那么顾客就会在心情愉快的情况下做出令你满意的决策。

我们所处的时代是强者辈出的时代,很多人都会感到自卑,感到和别人的差距,他(她)需要得到别人的赞美才能够很自信地活下去。因此,满足客户的虚荣心也成为了推销的重要内容。

推销员一定要让自己的客户有优越感。毕竟每个人都有虚荣心,而能让人虚荣心得到满足的最好方法就是让对方产生优越感。

虽然生活中不缺乏成功人士,但是并不是每一个人都能功成名就,也并不是每一个功成名就的人都能使自己的优越感得到满足。在现实中,大部分人都过着平凡的日子,每个人在日常生活中都要承受来自许多方面的压力,其结果往往处处受制于人。正是因为人们普遍是这种状态,所以绝大多数人都想尝试一下优越于别人的滋味，因此也喜欢那些能满足自己优越感的人。对于推销员来说，客户的优越感一旦被满足，初次见面的警戒心就会消失，彼此的心理距离就会无形地拉近了，双方的交往就能向前迈进一大步。

但是需要注意的是，巧妙的赞美虽然能够满足一些人的优越感，但是拙劣的奉承往往会激怒客户。因此，赞美一定要选择较好的时机和选择恰当的人。一般来说，让人产生优越感最有效的方法是对他自己感到骄傲的事情加以赞美。

此外，对于推销员来说，还必须保证赞美不能说得过多，说得过多很容易使客户产生厌倦，认为这个推销员不够牢靠诚实。对不同客户的赞美应该是不同的，而且最好别在同一场合对不同客户同时加以赞美，这样显得推销员的赞美分文不值。

❋ 赞扬客户身上的闪光点

对客户的能力和品格进行美化，这是销售成功必备的细节。想想看，谁不愿意听到美化自己的语言呢？谁又不认同美化自己的人呢？找到客户身上的闪光点，将它在合理的范围内合理放大，相信你总是会受到欢迎的。

有的推销员更是胜人一筹，在推销自己的产品之前先对对方的某个产品大赞一番，人们崇尚礼尚往来，我说你的产品好，再提到我的产品时，你还会给我泼冷水吗？

"我工作时，常用贵公司制造的收音机。那台收音机的品质极佳，我已经用了5年，还完好如新，没发生过故障。真不愧是贵公司生产的，就是有品质保证。"一个纸张推销员在推销本公司产品之前这样说道。

当然，他非常懂得怎样去丰富他的赞美之辞，他不仅说出自己对对方公司的商品有兴趣，还具体地说明了他实际使用后该商品的特征与性能，从而使自己评价的重点有了价值：

"或许大家不知道，我现在仍使用贵公司20年前生产的扩音器。其间，我也买过好几次别的产品，但不是发生故障，就是声音难听，结果还是买贵公司的产品划算。贵公司的产品真是好用，即使用了20年，比起现在的新产品也毫不逊色，真是令人佩服。"

"是的，本公司生产的扩音器都是采用的进口技术，材料把关也相当严格，所以非常耐用。现在市场上这样有质量保障的品牌为数不多，你真是有眼光。我看你们公司的产品也挺不错嘛，能让我试用一下吗……"对方也忍不住要和他沟通起来。

好听的话令人感到开心和快乐，而对于说话的人也没有任何损失，何乐而不为呢？

伊斯曼曾经在曼彻斯特建过一所伊斯曼音乐学校。同时，为了纪念他的母亲，还盖过一所著名戏院。当时，纽约高级坐椅公司的总裁亚当森想得到这两座建筑里的大量坐椅生意。

亚当森被领进伊斯曼的办公室，伊斯曼正伏案处理一堆文件。

过了一会儿，伊斯曼抬起头来，说道："早上好！先生，有事吗？"

亚当森满脸诚意地说："伊斯曼先生，在恭候您时，我一直欣赏着您的办公室,我很羡慕您的办公室,假如我自己能有这样一间办公室,那么即使工作辛劳一点我也不会在乎的。您知道,我从事的业务是房子内部的木建工作,我一生还没有见过比这更漂亮的办公室呢。"

伊斯曼回答说:"您让我记起了一样东西,这间办公室很漂亮,是吧?当初刚建好的时候我对它也是极为欣赏。可如今,我每来这儿时总是盘算着许多别的事情,有时甚至一连几个星期都顾不上好好看上这房间一眼。"

亚当森走过去,用手来回抚摸着一块镶板,那神情就如同抚摸一件心爱之物:"这是用英国的栎木做的,对吗?英国栎木的组织和意大利栎木的组织就是有点儿不一样。"

伊斯曼答道:"不错,这是从英国进口的栎木,是一位专门同细木工打交道的朋友为我挑选的。"

接下来,伊斯曼带亚当森参观了那间房子的每一个角落,他把自己参与设计并监造的部分——指给亚当森看。

这时候,他们的谈话已进行了2个小时了,亚当森轻而易举地获得了那两幢楼的坐椅生意。

❀ 告诉他别人也买你的东西

你知道反馈意见的另一个重要意义吗?换句话说,就是在推销的时候,告诉他别人也买你的东西。机敏的推销员把它幻化成了一个模板,搬到了推销谈判桌上。

"××先生,我很高兴您提出了关于××的问题。这是因为我们在××方面做了调整。因为我们的设计师认为，在经过这样的变化之后，更有××作用，它能够在××方面节约您的成本与开支。"

如果客户说："你们的××产品定价太高，我们可负担不了。"这也就是告诉你："我们的要求其实很低，不需要支付这么昂贵的价格"。发生这种事情时，我们没有必要非得强调我们的价格定得多么合理，这样容易发生口角，伤害与客户之间的感情而又无济于事。你可以换一种方法用柔和的语气说：

"我能理解您此时的感受，××先生，在××公司工作的B先生给我们寄来了感谢信，他说到我们公司产品的一些优点，如果您需要，我可以给您看一看他给我们的来信。"这时，毕竟客户也处在犹豫不决的时刻，他也希望有成功应用该产品的案例。

人们在购买商品时，常常有模仿他人的举动，推销员要学会利用这一点。商场营业员对顾客说："买这种型号电冰箱的人挺多，我们平均每天要销出50多台，旺季时还需预订才能买到现货。"

家具厂厂长对采购员介绍本厂市场销售情况："这个月到今天为止，我厂已同100多家用户签订了供货合同，他们有来自本地的，也有远道从外省赶来的。瞧！这就是他们的订货合同。"

顾客在购买商品之前，会对商品持有一定怀疑态度，但对于有人使用并具有相当好处的物品，顾客就比较放心。推销员有效利用这一点，会大大提高业务效率，因为借助于已成交的一批顾客去吸引潜在顾客，无疑增强了推销论证的说服力。尤其是已成交的顾客是非常知名的人物时，你的说服就更加有力量了。

乔思转行成为一家珠宝店的推销员。有一次，他到北方一个小城去推销玉镯，当时很多人都笑话他，因为那个地方的人终年都穿着长袖，手臂很少外露，所以这个地方的人并没有戴玉镯的习惯和喜好，如果到这里去卖玉镯、手链这样的装饰品，生意多半会碰壁。

刚好当时有一位著名歌手到这个城市演出，他灵机一动，通过关系，送了那位大歌星一对玉镯，唯一的要求就是在演出

的时候一定要戴上。在演出场上，皓臂玉镯相得益彰，一下子吸引了不少人的兴趣。而且，在演出中，那位明星更换了多套衣服，有长袖也有短袖，但她一直戴着那对玉镯，而无论她穿什么样的衣服，玉镯的光芒总是忽隐忽现地透露出来。

接下来，他的推销工作开始了——事实上，他已经成功一大半了，因为他在推销时说："瞧，那晚××歌手演出时戴的就是我公司的玉镯，相信你戴上也能和她一样美丽动人。"

很快，那座城市掀起了佩戴玉镯的风潮，乔思的推销工作自然也获得了巨大成功。

在推销中善用榜样，那种离现实生活不太遥远的榜样更要利用起来，比如顾客认识的人，甚至是他的亲戚、他的邻居。

一位图书公司推销员对客户说："王主任，你认识县商业局的教育科长老李吗？他刚从我这里买去500本书，我想你们县物资局跟他们那儿情况差不多，也迫切需要有关市场经营与企业管理方面的书籍，你说是吗？"

一位推销家用小电表的促销员向顾客介绍产品时，总是这样开头的："我看你邻居家安装的就是这种型号的电表，可省电啦！"无论这笔生意是否谈成，但这样的宣传在顾客心目中会留下很深的印象，自然会对推销的产品引发注意。

现实生活中的榜样太多了，你应该多用心去发掘，必要时就把他们"抬"出来，他们的说服力估计比你直接费唇舌要强得多。

✿ **主动承认**自己产品的缺点

俗话说"家丑不可外扬",对推销员来说,如果把自己产品的缺点讲给客户,无疑是在给自己的脸上抹黑,连王婆都知道自卖自夸,见多识广的优秀的推销员怎么能不夸自己的产品呢?

其实,宣扬自己产品的优点固然是推销中必不可少的,但这个原则在实际执行中是有一定灵活性的,就是在某些场合下,对某些特定的客户,只讲优点不一定对推销有利。在有些时候,适当地把产品的缺点暴露给客户,也是一种策略,一方面可以赢得客户的信任,另一方面也能淡化产品的弱势而强化优势。适当地讲一点自己产品的缺点,不但不会使顾客退却,反而会赢得他的高度信任,从而更乐于购买你的产品。因为每位客户都知道,世上没有完美的产品,就好像没有完美的人,每一件产品都会有缺点,面对顾客的疑问要坦诚相告。如果刻意掩饰,顾客不但不相信你的产品,更不会相信你的为人。

而平庸的推销员奉行一个原则,就是永远讲自己产品的优点,从来不讲自己产品的缺点。他认为,那样自曝家丑,怎能卖出产品去呢?而优秀的推销员就懂得"自曝家丑"这个手段,他知道在什么时候巧用这个手段可以使推销取得成功。下面就是这样一个优秀推销员的例子。

有一个不动产推销员,有一次他负责推销K市南区的一块土地,面积有80平方米,靠近车站,交通非常方便。但是,由于附近有一座钢材加工厂,铁锤敲打声和大型研磨机的噪音不能不说是这块土地的一个缺点。

尽管如此，他打算向一位住在K市工厂区道路附近，在整天不停的噪声中生活的人推荐这块地皮。原因是其位置、条件、价格都符合这位客人的要求，最重要的一点是他原来长期住在噪音大的地区，已经有了某种抵抗力，他对客人如实地说明情况并带他到现场去看。

"实际上这块土地比周围其他地方便宜得多，这主要是由于附近工厂的噪音大，如果您对这一点不在意的话，其他如价格、交通条件等都符合您的愿望，买下来还是合算的。"

"你特意提出噪音问题，我原以为这里的噪音大得惊人呢，其实这点噪音对我家来讲不成问题，这是由于我一直住在10吨卡车的发动机不停轰鸣的地方。况且这里一到下午5时噪音就停止了，不像我现在的住处，整天震得门窗咔咔响，我看这里不错。其他不动产商人都是光讲好处，像这种缺点都会设法隐瞒起来，你把缺点讲得一清二楚，我反而放心了。"

不用说，这次交易成功了，那位客人从K市工厂区搬到了K市南区。

为什么讲出自己产品的缺点反而成功了呢？因为这个缺点是显而易见的，即使你不讲出来，对方也一望即知，而你把它讲出来只会显示你的诚实，这是推销员身上难得的品质，会使顾客对你增加信任，从而相信你向他推荐的产品的优点也是真的。最重要的是他相信了你的人品，那就好办多了。

有的产品的缺点即使一时看不出来，顾客回去打听也很容易得知，你还不如当时就给他讲清楚。理智型的顾客明白，任何产品都是不可能没有缺点的，你讲出来，他会觉得很正常，他还会觉得其他产品的缺点不过是推销员不告诉他罢了。如果那个缺点不是什么大缺点，无关紧要，而对方又比较懂，那么反而会对你的推销有利。

优秀的推销员善于灵活使用这个方法，他会根据商品的不同情况，根据客人的不同情况，清楚地说出商品的缺点和优点，从而取得客户的信任，促成交易。

先肯定再转折，以消除客户异议

推销员要善于间接否定顾客异议，使用肯定与否定法，你就可以做到。具体做法是：先肯定、赞同顾客的看法，然后用一转折词，将顾客的异议予以否定。

采用该法，由于是先同意顾客异议的合理性，然后在重复顾客异议的过程中，巧妙地转移话题来阐明自己的观点，因而能较容易地与顾客沟通感情，避免顾客产生失望情绪和抵触心理，消除顾客的疑问，营造和谐的气氛。

齐德勒是一位烹调器的推销员。一次，他在向一位家庭主妇做了产品介绍后，约好第二天再去拜访她。到了第二天，这位家庭主妇虽然在家等着他的拜访，但听了他对产品进一步的说明后，便说还要再想一下，这件事还要同丈夫商量之后才能做决定。

这时，齐德勒虽然知道这次成交的机会不大，但他走前想要确定这位妇女是有意拖延，还是确实有理由不买，是真要想和丈夫商量，还是想打发他走。于是他说："这很好，我到晚上再来，可以吗？"主妇拖延着不置可否。于是，齐德勒提出："让我问你一个问题，什么时候你的丈夫带食品回家？"她反问："你这是什么意思？他根本不带食品回来。"齐德勒问道："那谁买呢？"她说："当然我买。"齐德勒问："你经常买吗？"她说："当然。"齐德勒紧接着问："食品很贵吧？一星期的食品将花费你20元或25元，是吗？"她说："什么20元或25元！应当是120元或125元，你大概从来没买过食品吧？"齐德勒说："是的，让我做个保守一点的估计，你每星期花费在食品上至少50元，对吗？"她说："对。"

接着，齐德勒拿出一个笔记本，对她说："夫人，你每星期花费50元买食品，一年如果以50个星期算，那将花费2500元。你刚才告诉我，你已结婚20年了，这20年来，每年2500元，共花费了5万元，这是你丈夫信任你，让你买的，你总不会每次把食品都给他看吧？"她听完后笑了。齐德勒说："夫人，你丈夫既然信任你用5万元买食品，他肯定会让你再花400元买烹调器，以便更好、更节省地烹调下一批5万元的食品吧。"就这样，齐德勒卖出了一套烹调器。

当然，这种想方设法地加以化解的技巧是建立在正确判断顾客异议、掌握顾客真正想法的基础上的。

PART 08 朋友相处，巧打圆场赢人气

❋ 把话亮出来说

有些朋友彼此太熟了，再用文绉绉、有模有样的说话方式交谈，朋友会觉得你"假"，所以和熟的朋友说话不必太一本正经。这种沟通法的好处是，不容易有心结，心里有什么话就亮出来。像是撒把胡椒粉，心里有什么就打个喷嚏，但是"喷"完了，也就没事了。

萧伯纳和丘吉尔两人，虽然一个在文坛，一个在政界，但却是相知的好朋友。两个人的关系，由他们之间信函往来的内容就看得出来。

萧伯纳有一场新剧要在伦敦首演。他特别送了两张入场券给丘吉尔，还附上一张写着寥寥数语的便信：

"附上拙作演出入场券两张，一张给你，一张给你的朋友——如果你还有朋友的话。"

在政界一向饱受政敌攻击的丘吉尔看了哈哈大笑，随即回了一封也只写了几句话的便条：

"很抱歉，我今晚没空，但是我会和朋友明晚去观赏——如果你那场戏明晚还能继续上演的话。"

新剧上演前，萧伯纳一位要好的在银行工作的朋友也写了一封信给他：

"听说你的新剧就要上演了，送给我前排的入场券10张，以便分送朋友观赏如何？"

这位朋友也收到了萧伯纳的回信：

"听说贵行的新钞票已经出笼了，送给我大额票面的钞票10张，以便分送亲朋好友花用如何？"

曾两度竞选美国总统均败在艾森豪威尔手下的史蒂文森，从未失去幽默感。在他第一次荣获提名参与竞选总统时，他承认的确受宠若惊，并打趣说："我想得意洋洋不会伤害任何人，也就是说，只要不吸入这里的空气的话。"在他竞选败给艾森豪威尔的那天早晨，他以充满幽默力量的口吻，在门口欢迎记者进来："进来吧，来给烤面包验验尸。"几年后的一天，史蒂文森应邀在一次餐会上演讲。他在路上因为阅兵行列的经过而耽搁了时间，到达会场时已迟到了。他表示歉意，并一语双关地解释说："军队英雄老是挡我的路。"

他用谈笑的口吻大大提高了自己的人气和威信，赢得了朋友们一致的尊重和爱戴。

有着高明的"说笑"技巧的说话高手，在人群里一向都会是最受欢迎的人物。说笑的时候大可放心，因为伤不了人，所以一旦遇到有什么状况发生，心胸宽大地拿自己来嘲笑一番，最能掳获人心。让人哈哈一笑，不但化解了尴尬，也放松了大家的紧张情绪。

有一回北宋宰相王安石骑马游极宁寺,马儿由马夫牵着,王安石坐在马上放眼浏览四周的景致,心情十分愉快。

没想到,马夫一个疏忽,竟然让马儿受惊,马失前蹄,王安石由马背上摔了下来。这下大伙儿可紧张了,尤其是马夫紧张得手足无措。

众人赶快扶起王安石,幸好他毫发无伤。王安石看了看趴在地上吓得直打哆嗦的马夫,一言不发地跨上马背,然后用马鞭指着马夫说:"幸亏我的名字叫作王安石,要是叫王安瓦,这下可要摔得粉碎了!"

一句话说罢,他用鞭子轻打了一下马屁股,继续向前行进,一句妙语让四周的人哈哈一笑,解除了紧张的场面。马夫擦了擦额头上硕大的汗珠,松了一口气。

在朋友之间,懂得如何说笑的人是最受人欢迎的。按照以下的方法自我调适,就能让人际关系向前更迈进一步:

1. 放下身段

不管是什么身份,如果想要受人欢迎,就得放下身段。想想看,谁会愿意接近一个成天紧绷着脸、眼睛长在头顶上的人?

2. 把话说得亲切点儿

话说得太高雅了,就会产生距离。"嗨!穿得这么美干什么?要迷死人啊!"这句恭维话就比"嗨!你今天穿的衣服非常漂亮"来得亲切。

3. 偶尔装糊涂

没有人喜欢成天看一本正经的苦瓜脸,偶尔装糊涂,就算嘴里讲着歪理，也不会有人怪你，反而会跟着轻松起来插科打诨一番。

不仅是朋友之间，如果夫妻、亲子之间也以这种方式相处，就会有一个甜蜜温馨、让人一下了班就想要赶回去的家。

4. 说起话来可别像老师上课

就算再有道理，也别把话说得硬邦邦，让人听了不舒服。在朋友之间说理，只要点到为止就好，别成天婆婆妈妈的，让人见了退避三舍。

5. 把热情拿出来，把诚恳写在脸上

朋友之间遇到麻烦需要有人处理时，尽管举起手来大声说："让我来！"时常打个电话问候一下，别在有求于人时才登门拜访，结结巴巴地说："无事不登三宝殿。"

❀ 替别人找个台阶下

在和朋友相处的过程中，难免会遇到一些尴尬的事情，让气氛骤然紧张、难堪。学会替别人找个下台的借口，不仅能缓和对方的紧张心理，让事情得到顺利发展，而且还会让彼此的友谊得到进一步的增进。要达到这样的目的，我们不妨学习使用以下的技巧：

1. 给对方找一个善意的动机

突然间发现别人的失误或错误行为，但不会导致重大的损失出现时，我们应尽量克制自己的情绪，以平静如常的表情和态度装作不解对方举动的真实意图和现实后果，并且给对方找到一个善意的动机，让事态的发展按照自己所希望的方向推进，以免把对方逼到窘迫的境地。

2. 换一个角度思考问题

在许多情况下，面对尴尬下不来台是因为思维框定在正常的状态之中，这对事态的发展毫无作用。如果我们换一种角度对尴尬的举动做出巧妙、新颖的解释，便可使原本的消极举动具有另外的内涵和价值，成为符合常理的举动。

❀ **忠言**也顺耳

忠告，对于帮助他人和与他人建立真诚的友谊，起着难以替代的重要作用。反过来讲，不能给予他人忠告的人不是真诚的人，这种人不会将自己的真实感受告诉对方。也就是说，不爱别人的人是不会给予他人忠告的，不被人爱的人也同样得不到忠告。因此，我们应该欢迎忠告。

尽管如此，为什么一般人都讨厌忠告，忠告为何听起来总不顺耳呢？

究其原因，就在于一般人容易受感情支配，即使内心有理性的认识，但仍易受反感情绪的影响而难以听进忠言。

有一个中学生很贪玩，整日在外游荡，不爱学习。

有一天，他大彻大悟了，下决心要好好学习。当他刚一走进家门，他母亲就急不可耐地"忠告"儿子："你又到哪里野去了？还不快去复习数学，看你将来怎么考大学！"

"哼，上大学，上大学，我就不信不上大学就混不出人样！"

受逆反心理驱使，一气之下，儿子又跨出了家门，母亲的一番苦心白费了。

看来，仅有为别人着想的良好愿望还不行，忠告也需要技巧，否则只会起到反作用。那么给人忠告时需要怎么做才能让忠告听着顺耳起来呢？

1. 谨慎行事

说到底，忠告是为了对方，为对方好是根本出发点。因此，要让对方明白你的一番好意，就必须谨慎行事，不可疏忽大意。此外，讲话的态度一定要谦和诚恳，用语不能激烈，也不必过于委婉，否则对方就会产生你在教训他的反感情绪。

2. 选择时机

例如，当下属尽了最大努力而事情最终没有办好时，此时最好不要向他们提出忠告。如果你这时不适时宜地说"如果不那样就不会这么糟了"之类的话，即使你指出了问题的要害且很在理，可下属心里却会顿生"你没看见我已在拼命了吗"的反感，效果当然不会好了。相反，如果此时你能说几句"辛苦你了""你已尽了最大的努力""这事的确比较难办"之类的安慰话，然后再与部下一起分析失败的原因，最终部下是会欣然接受你的忠告的。

除此之外，在什么场合提出忠告也很重要。原则上讲，提出忠告时，最好以一对一，千万不要当着他人的面向对方提出忠告。因为那样做，对方就会受自尊心驱使而产生抵触情绪。

3. 不要比较

忠告的第三个要素，就是不要以事与事、人与人做比较的方式提出忠告。因为此时的比较，往往是拿别人的长比对方的短，这样很容易伤害对方的自尊心。

"小于，你看人家小熊哪天不是安安静静的，而你总是疯玩疯闹，你就不能学学人家吗？"母亲痛切地对女儿说。

"她乖，她好！你认她做女儿算了，我走！"女儿嚷道。虽然女儿明明知道自己的缺点，但出于自尊心，她没好气地顶撞着母亲。母亲的忠告失败了。

❋ 与朋友说话时的3大禁忌

不要以为对方是你的朋友，是认识你的人，说话就可以毫无顾忌。有的时候，可能是你自己的一个小习惯，在说话的时候无意间表现出来，惹得双方都不愉快。

在和朋友说话时，要注意以下3大禁忌：

1. 最忌讳废话

人与人之间交流的时候，最忌讳的是多言或废话，尤其是用一句话能说清楚的事情，或者简单几句话就能表达出的意思，就不要说过多无用的话。其实朋友之间很多话不必说得非常明白，对方也能领会，要对对方有信心。当然，这是一种沟通的技巧，需要双方的默契。

所谓最好的说话技巧，就是能够在话题开始的时候，很自然地把意思表达出来。如果为了表达一个意思，不断地解释，增加不必要的废话，只会招人讨厌。

2. 炫耀又爱说教，是最糟糕的习惯

每个人都有爱表现的心理，只不过各自表现的方式不一样。其实习惯说废话的人就是出于一种爱表现的心理，这样的人让人难以忍受。但是如果你不仅废话多，还喜欢炫耀和说教，那就更让人无法忍受了。

从心理学角度看，爱表现其实是一种反映当事人向上求进步的愿望，所以并非坏事。但凡事总要有个限度，如果过于炫耀自己，比如学历、职业、出身等，还喜欢对别人说三道四，那必定会失去朋友，大家都会对你敬而远之。

其实，喜欢炫耀自己、对别人说三道四的人往往并没有多少才学，这样做不过是一种自卑的表现，拿自己仅有的优势招摇，生怕别人不知道。真正有才学的人是不会这样做的，因为他们知道，就算不说，人们也迟早会知道自己的优点。

喜欢炫耀的人习惯不停地说"我如何如何……"，不停地向周围人表达自己的见解，而且还动不动就训斥别人，用说教的口气切断自己的人际关系。如果你喜欢对比你辈分低或地位低的人说教，不仅不会让对方对你产生尊敬，对方还会觉得你是在说大话，对你产生逆反心理。如果辈分或地位一样，你的说教只能让人家觉得你是在炫耀自己，觉得你是一个非常骄傲、不值得信任的人。

这样说并不是不让你指出对方的不足，任凭错误发生，而是不要在说话的时候加上"如果是我……"或者"我曾经……"这一类的话，这样的表达方式只能让人一听就觉得厌烦，可能会造成相反的结果。

3. 过高的音量只会有损你的形象

不知道你有没有注意过自己说话的音量？相信大多数人都没有注意到，除非是熟识的人提醒你，否则你自己都不会意识到这个毛病。

尖锐的高音往往会在无意中破坏你的形象。从医学角度讲，某种声音的音频超过一定程度，就会让听到的人产生不安的情绪，严重的还会让人变得焦躁。

春节前，白若德所在的公司计划订一个场地组织活动，白若德就根据广告上的电话进行联系。

第一个电话一接通，白若德就被电话里传来的声音吓了一跳。对方是位大嗓门的女士，不仅语速快得让人听不清，而且她的嗓音很尖锐，甚至让白若德感到头痛。放下电话，她知道绝对不能和这家合作。

几个电话后，白若德从话筒里听到了一个很淳厚的嗓音，对方的声音让她很满意，双方很快谈妥了活动方案。

不出白若德所料，这次活动非常成功。

低沉的声音其实可以给人以一种稳重、权威的感觉，让人觉得你是可靠、可信的。运用适当的声音音量，可以表明你的修养。负责接电话的人，如果声音低沉有力，则会给人以安全感，能让听的人觉得值得信任。相反，尖锐的高音只能让人觉得你没有教养，对你失去信任。

谁都知道"有理不在声高"的道理，在与人发生矛盾冲突的时候，高音量并不会为你争取到优势，反而会让人造成误解，觉得你是因为心虚才这么大声音的，就可能造成"有理变没理"的局面。

❈ 让朋友表现得比你出色

每个人都希望自己比别人优秀，我们在对待朋友时，要尽量让其表现得比你出色，这样既表现出自己的谦虚，又让朋友喜欢你，达到融洽的交际关系，两全其美，何乐而不为呢？

纽约市中区人事局最得人缘的工作介绍顾问是亨丽塔，但是过去的情形并不是这样。在初到人事局的头几个月当中，亨丽塔在她的同事之中连一个朋友都没有。为什么呢？因为每天她都使劲吹嘘她在工作介绍方面的成绩、她新开的存款户头，以及她所做的每一件事情。

"我工作做得不错，并且深以为傲，"亨丽塔对拿破仑·希尔说，"但是我的同事不但不分享我的成就，而且还极不高兴。我渴望这些人能够喜欢我，我真的很希望他们成为我的朋友。在听了你提出来的一些建议后，我开始少谈我自己而多听同事说话。他们也有很多事情要说，把他们的成就告诉我，比听我说更令他们兴奋。现在当我们有时间在一起闲聊的时候，我就请他们把他们的欢乐告诉我，好让我分享，而只在他们问我的时候我才说一下我自己的成就。"

苏格拉底也在雅典一再告诫他的门徒："你只知道一件事，就是你一无所知。"

无论你采取什么方式指出别人的错误——一个蔑视的眼神、一种不满的腔调、一个不耐烦的手势，都有可能带来难堪的后果。你以为他会同意你所指出的吗？绝对不会！因为你否定了他的智慧和判断力，打击了他的荣耀和自尊心，同时还伤害了他的感情。他非但不会改变自己的看法，还要进行反击，这时，你即使搬出所有柏拉图或康德的逻辑也无济于事。

永远不要说这样的话："看着吧！你会知道谁是谁非的。"这等于说："我会使你改变看法，我比你更聪明。"这实际上是一种挑战，在你开始证明对方的错误之前，他已经准备迎战了。为什么要给自己增加麻烦呢？

有一位年轻的纽约律师，他参加了一个重要案子的辩论，这个案子牵涉到一大笔钱和一项重要的法律问题。在辩论中，一位最高法院的法官对年轻的律师说："海事法追诉期限是6年，对吗？"

律师愣了一下，看看法官，然后率直地说："不。庭长，海事法没有追诉期限。"

这位律师后来说："当时，法庭内立刻静默下来，似乎连气温也降到了冰点。虽然我是对的，他错了，我也如实地指了出来，但他却没有因此而高兴，反而脸色铁青，令人望而生畏。尽管法律站在我这边，但我却铸成了一个大错，居然当众指出一位声望卓著、学识丰富的人的错误。"

这位律师确实犯了一个"比别人正确的错误"。在指出别人错了的时候，为什么不能做得更高明一些呢？

因此，我们对于自己的成就要轻描淡写。我们要谦虚，这样的话，永远会受到欢迎。

要比别人聪明，但不要告诉人家你比他更聪明。

❋ 错了就要**赶快道歉**

人非圣贤，孰能无过？但是有的人却认为承认错误是暴露了自己的缺点和错误的行为，尤其在别人面前，是一件有失身份的事情，所以即使犯了错也不肯承认，遮遮掩掩，甚至在别人当面指出或提出的时候都不肯承认，更不要说道歉了。

然而，你要清楚，与其等别人提出批评、指责，还不如主动认错、道歉，这样更易于获得谅解、宽恕。凡是坚信自己一贯正确，发生争端总是武断地指责对方大错特错，从不认错、道歉的人，根本交不到朋友，或易交难处，永远缺乏知心朋友。

如果由于自身的孤傲和不安全感，宁可让友情出现裂痕也不愿意说"我错了"这句话，那实在是愚蠢之至。诺曼·皮勒说过："真正的道歉绝不只是简单地认错，而是对你说过或做过的有损友好关系的言行表示真诚的歉意，并真心实意地希望友谊得以修复。"

1755年，在竞选弗吉尼亚州议员的辩论中，23岁的上校乔治·华盛顿说了一些侮辱小个子对手、脾气暴躁的潘恩的话，对方当即用桃木拐杖把他打倒在地。站在一旁的士兵立刻冲上去，想为年轻的上校报仇，华盛顿本人却从地上爬起来阻止了他们，说他会处理好此事。

第二天，他写信给潘恩，邀请他在一家酒馆同自己会面。潘恩到达后，本以为华盛顿会要求他先表示歉意，然后与他进行决斗，谁料，华盛顿却先对他表示了歉意，并主动伸出和解之手。

道歉并非示弱，一个人要承认自己的错误是需要勇气的。人都免不了有出错的时候，一旦错了，就得道歉，只有如此才能避免更大的损失。

有些人明知道是自己不对，可是碍于所谓的身份或者面子，不肯主动认错，觉得认错很没面子，所以冲突也就无法解决。其实一个人能主动承认错误，就是一种勇气，这不仅有助于解决相关的矛盾，也能获得一定的满足感。

说"对不起"的时候,眼睛一定要直视对方,只有这样才能传递出你的心意。如果一边做事一边道歉,或者用回避的方式,都表现不出你的诚意,无法让对方感觉到你是真的认错。没有辩解的道歉才能让对方感觉你的心意,达到道歉的目的。

小雯借朋友的衣服穿,却不小心把衣服刮破了,小雯觉得很抱歉,就在还衣服的时候,很诚恳地对朋友说:"对不起,我不小心弄破了你的衣服,这是一个裁缝的电话,我已经联络过他了,他说可以补得像没坏时一样。"

这种正面的直接道歉是最好,也是最佳的方式。假如小雯在还衣服的时候只是说:"衣服破了,我赔钱给你吧。"对方肯定会婉言谢绝,而且心里绝对会不舒服,觉得小雯的道歉只是形式上的,不够真诚,他们之间可能就会产生隔阂。

小伟在朋友的生日宴会上喝多了,将女主人最喜欢的一个花瓶失手打碎了,以小伟的经济实力赔不起这个花瓶。

为了表示自己的歉意,小伟挑选了一张精致的贺卡,写上自己的歉意:我知道我的行为给你造成了困扰,也知道自己的行为是无法原谅的,请相信我绝对不是故意的。如果当时我没有喝醉,也就不会发生那种事情了,所以请接受我最真挚的歉意。

小伟将卡片亲手交到朋友手里,并带了一瓶朋友最喜欢的酒,不是为了赔偿那个花瓶,而是为了表示真诚的歉意。

小伟的这种道歉方式很艺术。你也可以不直接说出"对不起",而是像小伟这样用一张卡片或一份小礼物等来表示歉意。最重要的是不要回避,一开始就要先承认自己的错误,而且道歉一定要有诚意。

真心实意的认错、道歉不必强调客观原因和做过多的辩解。就算确有非解释不可的客观原因，也必须在诚恳地道歉之后再略为解释，而不宜一开口就辩解不休。否则，你对自己的错误实际上是抱着抽象否定、具体肯定的态度，这种道歉不但不利于弥合双方思想感情上的裂痕，反而会扩大裂痕、加深隔阂。如果双方成见很深，当对方正处在气头上，好话歹话都听不进时，最好先通过第三者转致歉意，待对方火气平息之后，再当面赔礼、道歉。有时当务之急不是先分清谁是谁非，而是要求双方求同存异去对付共同面临的困难或"敌手"。如双方僵持不下，势必两败俱伤。如一方先主动表示歉意，就有可能打破僵局，化紧张为和谐，乃至化"敌"为友。

要记住，真正的道歉不只是认错，同时也意味着承认自己的行为给对方造成的困扰，而你对彼此之间的关系很重视，希望道歉可以化解冲突，重归于好。诚恳的歉意不仅能弥补彼此之间的关系，还可以增进彼此的感情。所以，如果你犯了错，就大方地表示歉意，诚恳地说一句"对不起"。

❋ 设身处地**为朋友考虑**

人生得一知己是幸运的，许多事不必说他就能心领神会，知己深知你心中的每一根琴弦和音调，在你刚刚弹出第一个音符的时候，他已经知道了整个乐曲的内容。这就是历史上"高山流水"的美谈，这就是白居易"同是天涯沦落人，相逢何必曾相识"的感叹。

　　生活本来就充满矛盾，这是人与人之间产生误解和隔阂的根源，是通向友谊王国的"拦路虎"。与真心朋友交往就要给对方多一些理解，多站在对方的立场和角度来为他着想，这也就是所谓的"穿朋友的鞋子"。

　　古人说："同师曰朋，同志曰友。"《世说新语》里记载，管宁和华歆同席读书、同师教导，其朋友之情有多深厚不得而知，但割席绝交是一件极其让人痛心的事。古代圣贤讲究君子安贫乐道，耻言富贵，管宁割席的缘由正是华歆有贪慕富

贵之嫌。人们历来赞赏管宁的品节高尚，但从社交之道来看，管宁就因为一点点"富贵之嫌"，就无丝毫规劝，轻而易举地"废"掉了人生占重要地位的友谊吗？

管宁对朋友似乎太苛刻了，他们之间缺乏理解和体谅。实际上，人各有志，人各有异，朋友之间是一个个独立的个体；再者，世界是绚丽多彩的，事物也是复杂多样的，因而人的思想和见解不可能统一在同一个水平线上。有人爱吃饭，有人爱吃菜；有人爱喝茶，有人爱喝咖啡；有人喜欢跳舞，有人喜欢武术。所以我们交友不一定得要求别人各个方面都完全符合自己，我们只要取志同道合、情投意合这一两点，就可以与他人结为朋友，最后将其发展为知己。

说什么话，做什么事，都多站在对方的立场上考虑。这是成功学大师卡耐基曾总结出的一条重要的交际经验。

怎样做到善解人意呢？你必须保持对对方"同感"的理解，其实这也是一种说话技巧。

要想达到与人情感沟通，就要注意对方。当对方对某一事物表露出一种情感倾向时，你就要对他所说的这件事表达同样的感受，而且激烈些，于是你们就谈到一起了。

❀ 和朋友进行**直率诚笃的交谈**

直率诚笃的交谈是朋友间真诚相待、关系融洽的表现。不能做到这一点，友情便会淡化。著名心理学家阿尔弗雷德·阿德勒在《生命对你意味着什么》一书中写道："谁不对自己的友人真诚,谁就会在生活中遇到最大的困难,就最容易伤害别人。人类的一切败事皆出于此。"事实也的确如此。

设想一下,假若你有甲乙两位朋友,甲朋友与你谈话经常拐弯抹角、闪烁其词;而乙朋友说话却不加粉饰雕琢,而是心诚意笃、直抒胸臆。其结果必然是你与乙朋友的友情与日俱增。所以,当你不能满足朋友要求时,直截了当地向他说明原因,将能获得谅解;当你求助于友人时,开诚布公地提出来,友人会鼎力相助;当朋友言行出了毛病时,你不妨直抒己见,给予帮助。

总之,直率诚笃是指朋友间交谈不隐瞒自己的想法,不讲客套话,不采用"外交辞令",相互信任,肝胆相照,这样才能深化友谊。

虽然已经各奔东西,陈玉却怎么也不会忘记大学中与自己同居一室的梅姐。梅姐很具长者风范,很会照顾陈玉及别的姐妹,但对于姐妹的缺点也绝不姑息。陈玉有乱放东西的习惯,梅姐就对其屡次指正,每次陈玉都觉得十分尴尬,很生气,可终于改正了这个坏习惯。气归气,但她终能理解梅姐的苦心,心里很是感激。

应该指出的是,直率诚笃的谈话并不等于"赤膊上阵",它同样应讲究语言的技巧。

我们来看看宋代大文学家欧阳修直言帮助友人宋祁的一段有趣的故事。

宋祁写文章有个爱用别人看不懂的冷僻字的毛病,以此显示自己博学多才。欧阳修同他一起修《新唐书》时,很想找个机会指出他这一毛病。一次，欧阳修去探望宋祁，宋祁不在，他便在门上写上一句话："宵寐匪贞，札闼洪休。"宋祁回家看后感到莫名其妙，只好去问欧阳修。欧阳修说："你忘了，这八个字是'夜梦不详，题门大吉'啊！"宋祁埋怨欧阳修不该用冷僻字眼，欧阳修大笑道："这就是您修唐书的手法呀！'迅雷不及掩耳'多明白，您偏编写成'震雷无暇掩聪'，这样写出的史书谁能读懂呢？"听了欧阳修的话，宋祁深感惭愧，表示以后要改掉这个毛病。欧阳修以诚笃之心、直率之言给了宋祁帮助，增进了友谊。

朋友之间肯定存在着许多共同点，若不然，就不会成为朋友。但在具体问题上，仍然免不了会产生分歧，甚至发生你争我论的事情。出现了这样的争论怎么办呢？

首先要注意的是在语言上把握分寸，不伤害对方，不损害友谊；在原则问题上、在对某个学术问题的探讨上，发生争论是必要的，但是为一些鸡毛蒜皮的小事争得面红耳赤，就没有必要了。

朋友间的争论有可能成为斩断友谊的利剑，也有可能成为增进友谊的桥梁。关键在于争论不但要有意义，而且要有气量。

论战的双方可以各抒己见，各不相让，但绝不可以不尊重对方的人格，绝不可以为了个人意气和私利而争论不休。

假如朋友间真有什么大事躲不过争论，那也应该注意分寸。

❋ 说话时注意给朋友"同感"的理解

朋友之间应该互相帮助,一对好朋友彼此坦诚相待,真诚相帮,双方都有"不是亲人,胜似亲人"的感觉。

当自己有不懂的地方向对方请教后,终于解开了疑惑,自己也由此获得知识,你对对方的尊重更会加深。

若不然,你既向别人求教,又对别人持轻视态度,谁会买你的账呢?

当你将自己的欢悦与困惑向朋友倾诉时,如果你的朋友对你的倾诉不屑一顾,试问,这样的友情还有必要存在吗?

因此,我们应该学会多给朋友帮助和鼓励,同时,你也会在朋友的帮助和鼓励中达到双方感情上的沟通。

人与人之间情感的沟通,是交往得以维持并向更为密切方向发展的重要条件,是人对客观事物所持态度的内心体验。情感沟通是由两部分组成:一是"共鸣",即对同一事物或同类事物具有相仿的态度及相仿的内心体验;二是"振荡",即由于"共鸣"而双方情绪相互影响,以至达到一种比较强烈的程度。前者是找到共同语言,后者是掏出心来,心心相印。

所谓"同感",就是对于对方所述,表示自己有同样的想法和经历。比如吴倩以十分认真的语调告诉她的好朋友李蓉,她想自杀。李蓉问她为什么,也不板起脸孔说教一番,而是说:"是啊,我曾经也有过同样的想法,记得是那天发生的一件事,使我看到了人为什么要勇敢地活下去……"结果吴倩就轻松地谈起了她的烦恼与苦闷。李蓉边听边点头,表示理解和关注。后来吴倩不但勇敢地活下去,并且做出了成绩。她和那位善解人意的李蓉的友谊也愈来愈深了。

要想达到与人情感方面的良好沟通,就要注意对方的心理感受。当对方对某一事物表露出一种情感倾向时,你就要对他所说的这件事表达同样的感受,于是你们就谈到一起了。

情感沟通的程度,以每当回忆起这段交往时,所导致的兴奋程度为标准。比如,当你读到友人来信中的下面这段话,你俩的感情就绝不会变得冷漠:"不知怎的,你在上次谈论中的一举一动、一言一语都给我留下深刻的记忆,竟是那么清晰动人。真的,我很高兴与你一起度过了那个下午……"当对方常常联想到这段交往时,就伴着愉悦的心境,则这种沟通也就达到了。

这就是心灵的沟通。

PART 09 追求恋人，甜言蜜语获真心

❀ 爱也有阴晴圆缺

在约会中，表达爱慕的应景话能使双方关系发生微妙的变化。

男女初次接触时，都是花前月下、卿卿我我，互相都只看到对方的优点。然而爱也有阴晴圆缺，天长日久，恋爱双方开始对对方有所抱怨，甚至出现争吵、冷战。这种时候，你就应该学习如何化解这些情况，尽快消除不快。

彤与舟是大学同班同学。在一次大学生辩论会上，舟敏锐的思维、犀利的语言、雄辩的话语俘获了彤的芳心。大学毕业后，他们又被分配在同一座城市工作。正当彤怀着迫不及待的心情准备与舟共筑爱巢时，彤的同学却告诉她，最近她经常看到舟与一个很摩登靓丽的女孩子在一起。为此，彤指责舟对爱情不忠贞，见异思迁，舟解释说，那是他表妹，她来到这个城市求他帮她找一份工作的。可彤根本不信，还说舟欺骗她，并闹着要与他分手。深爱着彤的舟当然不愿失去心上人，于是，

舟找到彤说:"人们都说你是才貌双全的美女,你怎么不想一想呀,除你之外,我真想不出有第二个愿意与我恋爱的。你瞧:我老气横秋,长相有损市容,写尽了人生的沧桑和苦难;再瞧我这条件,一下子就容易让人们联想到是刚经过洪水洗劫的困难户、重灾户。我现在最向往的是如何尽快脱贫致富,以报小姐的知遇之恩,哪敢花心哟。"

一席话说得彤转怒为喜,忍俊不禁。

舟的这番爱情表白,可谓妙语连珠、谐趣横生。究其原因,其用词的"错误"起着极大作用。两个人发生争执时,男士最好采用这种贬损自己的方法来达到取悦女士的目的,这样她的怨气会立刻消散。

当你犯错了,请记得用负面形容词描述你所犯的错。以下是几个以负面形容词描述的例子,让我们看看女性会有什么样的感觉。

当你说:"很抱歉我迟到了,我真是太不体贴了。"

她会觉得:"没错,你真的很不体贴。既然你知道我的感觉,我心里就好过多了,只要不是每次都迟到就好了。你不需要凡事完美,只要你有想到我在等你就好,没什么,我原谅你。"

当你说:"很抱歉你在宴会中受到冷落,都是我太不体贴了,这是很糟糕的事。"

她会觉得:"对啊,你真是太不体贴了,但是你能够了解就表示你不是真的那么糟糕。我想你并不是故意要在宴会中冷落我的,我愿意原谅你。"

当你说:"很抱歉说了不该说的话,我太容易生气了。"

她会觉得:"你太生气了,所以根本听不进我说的话。我想我也有错,至少他是在乎我,所以试着听我说话,我应该原谅他。"

在以上几个例子当中,男人用了几个负面形容词:不体贴、糟糕的、容易生气的。女人对于男人用这些形容词来道歉,永远不嫌烦,就像男人听到"谢谢你,很有道理,好主意,感谢你的耐心"这些句子,也永远不嫌烦一样。

而且,该道歉时就要及时道歉,开启尊口,智解危机。适当的时候要学会采用"咬耳朵"的方式来解围。

古人很早就发现声音和人的感情的关系。《乐记》中说:"凡音之起,由人心生也……其爱心感者,声音和以柔。"恋爱双方都有一种羞涩心理,这种心理集中体现在爱的隐蔽性上,反映在言语上必然是带着亲切柔和音色的轻言细语。唯有轻言细语,才能表达依恋、倾心的微妙感情;唯有轻言细语,才能体现温柔、抚爱;唯有轻言细语,才能把双方带进一个共同拥有的温馨世界。

有一对恋人约会,男方迟到了,女方噘着嘴老大不高兴。小伙子见此情景笑了笑,然后不急不忙地走到女方身旁,对她说:"我今天有一个重大发现。"姑娘不作声,投来疑惑的眼光。小伙子赶忙上前一步附在姑娘身旁小声说:"我告诉你一件事,请你保守秘密。我今天发现,你是多么爱我。"一句轻声细语的悄悄话,姑娘脸上"多云转晴",漾起了幸福的微笑。

恋爱双方拥有一个不对外人"开放"的神秘世界。在这个

世界里，悄悄话有其特殊的表达效果。悄悄话所传递的爱意比大声说话更为强烈，而这只有热恋中的情人才能深深感受到。当双方陶醉在爱河中时，当产生了一点小误会或是有点小意见时，你若在他（她）耳旁说上几句悄悄话，对方一定会感到无比幸福，误会和意见也会顿时烟消云散。有人说，悄悄话是沟通双方的"秘密通道"，这是一点不假的。

在约会中，表达爱慕的应景话能使双方关系发生微妙的变化。

有一位女青年下班后到未婚夫家，要他陪她一块儿去看望一位同事。由于天晚，又下着雨，小伙子不愿去，于是姑娘一赌气撑着伞独自走了。这时，小伙子才心疼后悔起来，忙驱车追了上去。姑娘见他追上来，扔出一句："你来干什么？"

小伙子诙谐地说道："你可别忘了，我俩曾说过'风雨同舟'之言，今天，你怎么能一个人'下雨逃走'呢？所以，我追来了。"姑娘听完后，扑哧笑了："我可不是'风雨同舟，下雨逃走'的人。"这样小伙子只几句话就化险为夷了。

夫妻整天生活在一起，难免会有吵架怄气等不愉快的时候。夫妻之间出现冷战局面是最令人感到压抑和难受的。如果

你不想冷战威胁到这个家庭,想实现夫妻"邦交"正常化,你就必须学会几招"破冰术":

1. 留有余地

"冰点"降临时,被动的一方仍可"好话一句待回音"。小两口吵架,妻子的绝招之一便是抓上几件衣服或抱上孩子回娘家。这时当丈夫的要保持冷静,不能在盛怒下火上浇油,送上"快滚吧,永远不要回来"之类的伤人话。当你觉得妻子要走已成定局时,应及时施些补救之计,如追妻至大门外:"你走了我怎么生活!""就当今天是星期天吧,明天就回来!"如此等等,话说到点子上,常能打动对方的心,即使她还是走了,但感觉总是不一样的,为她的回归留下了余地。

2. 改变场合

冷战中的夫妻,想改变窘态的一方可以创造一个多人在场的社交场合。如请自己或配偶的朋友来家做客,这时碍于脸面,夫妻间的冷战矛盾总要有所掩饰,和好欲较强的一方便可趁机与配偶套上近乎、搭上话,有意无意中引对方走出沉默的误区。再如,买两张电影票什么的,谎称是别人送的，约配偶去看场电影或参加个什么活动，在谈论其他事情中恢复夫妻"邦交"正常化。

3. 意外热情

每天下班回来夫妻见面时，是个突破的好机会。你可制造一些"新闻"来表现出兴奋或热情，显得你被一些"大事或好事"影响得已经忘了结下的矛盾。如一进门就说："太棒了，今天又发了200元奖金！""我们买房子的事有戏了！（递过一张报纸）你看，才××元一平方米！""老婆，我大哥从海外来信了，说他不久就要归国！"听到以上种种报喜，相信对方总是要有所反应的。一次打动不了对方，第二天再换个话题，一旦配偶开启了"尊口"，冷战也就有了重大的转折。

总之，打破僵局的方法有很多。夫妻之怨宜解不宜结，其中根本的一点是：任何情况下都不可以有"给对方一点颜色看、惩罚对方一下、非让他（她）低头认罪不可"的种种不良心态。"有话说话，有理讲理，宁要争吵也不要冷战"，这是许多和谐夫妻总结出的一条老经验。而一旦处于冷战中，无人主动来给你们调解，那就要靠"系铃人"双方来努力解开沉默无言这个"铃"了。

❈ 决定成败的 2 秒钟

有人说："这是个一两秒钟的世界。"这句话深刻提示了第一印象对一个人的重要——别人对他的感觉，决定要不要跟他交往，很多时候就在于初次见面的那一两秒钟的印象。男女初次约会时，第一印象就更要加倍重视。

首先，要注意自己的仪表。因为我们短时间对一个人产生好感通常是来自他的外在美。

热爱美、追求美是人类的天性。

年轻男女初次约会，双方一般都会刻意装饰仪容。然而，许多人都不知道，就仪态美而言男女是有别的，装饰的重点应各有不同。装饰得好，可以充分显示青春的魅力，否则就会给人以别别扭扭的印象。当你同你的恋人第一次见面的时候，双方的容貌、举止言谈、服饰打扮，在对方的心中都会留下深深的印象。"这个人整洁清秀，举止大方"，你对他产生了好感；"这个人邋邋遢遢，蓬头垢面"，你对他印象不佳。也许你们彼此一言未发，可内心深处的好恶都在无声中和盘托出了。据说有一位颇有才华的年轻小说作家与一位漂亮的姑娘初识，尽管作家的长相无可挑剔，但是，他不得体的着装、一头蓬乱不堪的头发以及不拘小节地跷二郎腿的"风度"，使他们的相会只持续了难堪的5分钟。姑娘对介绍人说："看他那邋邋遢遢的样子，很难想象他会对生活有什么信心。所以，我对他的信心就失去了。"这话虽有偏颇，但也不无道理。

女性尽管没有倾国倾城之姿，也未必令人一见钟情，但女性的仪态美和人情味，却能深深打动男子的心。女性在第一次约会时，仪态方面请注意以下各点：

（1）衣饰不宜过于豪华。男人虽然喜欢女人打扮得漂亮，但如果你打扮得像富豪一般，反而会把他们吓跑。他们会考虑能否负担得起衣饰如此讲究的妻子。

（2）不可化浓妆。唇膏的色泽要淡一些，讲究点技巧，不要打扮得过于妖艳。白天不宜浓妆，否则使人感到俗气。

（3）举止要端庄文雅。尤其在公共场所，不应有过于热情的举动。因为这不但显得你太随便，失去矜持，而且在别人看来也很不顺眼，觉得你不够庄重。

当然，在现代生活中，人们的穿衣打扮已经远远超出了御寒遮羞的狭义范围，而被看成是社会文明程度、生活条件和人的精神面貌的反映。穿衣打扮要注意时代特点、个人的性格特点和自己的形体特点。

其次，要学会开口说话。

不少青年男女第一次约会时不知如何开口，或说些什么话，由于紧张、畏惧或别的原因，原本健谈、幽默和风趣的人也会变得木讷、寡言，甚至手足无措。

其实你大可不必那么紧张，也不要封闭自己的感情和心灵。如果初次见面你觉得对方还不错，就大胆地向他表示自己的真心和热情，就算你有什么具体的实际要求，也不妨诚恳地说出来；而不要遮遮掩掩，想问不敢问，想说不敢说，把约会变成一个别扭、难堪的聚会。遇到称心如意的人，就拿出真心和勇气，放开胆子，大方地追求吧！

在任何场合，男性主动同女性打招呼、问好都是一种礼貌；在恋爱时，男性更要主动开口，并尽量展开话题，不要出现冷场的情况。

张明经人介绍与李晴姑娘认识。在一个星光灿烂的夜晚，他们两人见面了。

张明首先开口说:"你好!我已经等了你很长时间了,真怕你突然改变主意不来了,那我就惨了。你觉得我怎么样?首先外观上能通过吗?我这个人最大的缺点是不会收拾装扮自己,所以迫切想找个贤内助帮我料理收拾。如果能那样的话,你一定会发现,一经打扮,我还挺不错的呢!不要笑,我这个人就好开玩笑,虽然工资不高,但生性乐观,爱好广泛,如听音乐、打篮球、游泳、看书等,好动又好静,你呢?"

如此这般,张明很自然地展开话题,并诱发姑娘说话,从中探测她的志趣爱好,可谓一举两得。

大多数女孩子表达感情的方式比较含蓄,内心如潮涌,表面上却很平静,看不出丝毫痕迹,甚至还会略显冷漠来掩饰自己的真情实感。她们在第一次会见自己喜欢的人时,往往不大愿意多说话,但又不能不说,所以言语多较为谨慎,带点探询、含糊其词等特征,或假装天真、糊涂,让对方多说,以便观察、了解他的为人。

"我是不是来晚了?我没想到你会约我。"

"我也不知道怎么回事,最近总是心神不定。"

"我第一次看到你,就觉得你挺特别的。"

"你觉得你自己有什么优点?"

女孩子的爱一般表现在行动上,而在语言上不大能表现出来。所以恋爱时,还是以男孩子主动开口说话为主,如果你能掌握她的心理、爱好,有针对性地开口说话,那样效果更佳。

要明白,女孩子喜欢大胆、直率和真诚的男孩子,只要你把握住夸奖、赞美的原则,让她听了感觉愉快、甜蜜,你们就一定能继续交往下去。但切忌说肉麻、太露骨的话，那样反而会把她吓跑。

有一种传统的由媒人牵线、撮合发生恋爱关系的恋爱模式。基于这种情况的男女大多是些性格内向、忠厚老实的人，当你赴约相见的时候，无论男方或女方，都要克制忐忑不安的心境，用不着羞羞答答，更不应该寡言少语、吞吞吐吐，而要落落大方，主动交谈。就身边的一些小问题，做简单交谈，譬如谈天气、谈周围环境、谈所见所闻，然后再言归正传，谈年龄、谈文化程度、谈工作、谈性格、谈嗜好、谈家庭状况、谈社会关系等。对于心灵深处的流露、情感方面的表白，可含蓄、委婉、曲折些——这毕竟是第一次交谈，留点话题为以后交谈提供条件。

在当今的现代文明社会中，仅仅以貌取人，以风度定优劣固然不可取，但不可否认，一个人的言谈举止、音容笑貌、服饰打扮，在一定程度上反映着这个人的精神世界和审美情趣，一个人的一举手一投足、一颦一笑，都会给人留下或美或丑的印象。人与人的相识相知总是从第一印象开始的，虽然这只注重了外在与表层，不无片面和虚假的弊病，但在恋人之间，它的作用实在不可小觑，尤其对通过第三者介绍认识的恋人。爱情的萌发来源于好感，而人们的好感离不开第一印象。因此，我们一定要倍加重视第一印象，给对方一种良好的感觉。

❋ 不要吝惜**甜言蜜语**

男女相处的时候，有时甜言蜜语非常受用，尤其是爱侣已到了接近谈婚论嫁的阶段，不妨大胆些，在言语间多放点"蜜"。沐浴在爱河中的人，是不用客套的字眼的。任何海誓山盟，"爱你爱到入骨"的话也可以说，不必怕肉麻，除非你并不爱对方。与他久别重逢时你可以讲：

"好像在做梦，多么希望永远不要清醒。"

"总是惦念着你，别的事我一概不想……我的感觉，好像一直跟你在一起。"

这是"无法忘怀、时时忆起"的心境，只要谈过恋爱的男女，一定有此体验。除了他以外，任何事都不放在眼中，总是想念着他。上面那些话不用怕羞，可以反复使用。相爱之初，热烈的甜言蜜语绝对不会使人感到厌烦，也许还认为不够呢！

"你喜欢我吗？"你不妨大胆地问他。

"说说看，喜欢到什么程度？"或用这样的语气追问。

"请你发誓，永远爱我！"甚至你可以这样单刀直入地对

他撒娇说。

"世界是为我们而存在，对不对？"

"你爱我，我可以抛弃一切！你也是这样的吧？爱就是一切。"

不要以为甜言蜜语说出来就是为了一时的气氛，仅仅是为了逗对方开心。甜言蜜语对整个爱情的加固都起着重大作用，它是爱情运转的润滑剂。

"如果你爱我，有什么为证呢？"这是女人经常挂在嘴边说的话。女性就是希望在有形的、眼睛和耳朵都能感觉到的形式上确认"自己对他是不可缺少的人"。例如，恋人之间在见面的时候，男方没有搂搂她的肩或握握她的手，她就要怀疑他是否爱她，甚至因此而解除婚约的女性也大有人在。妻子新做的一个发型，或穿上了一件新衣服时，做丈夫的假如不发一言，她会认为你对她不够关注，这样她就会感到不满。

女性要求认可的欲望很强，恋爱中的更不用说了，就是在结婚后，女人也爱问："亲爱的，你爱我吗？"她时常要求确认"爱"，而对此感到退却的大多是丈夫。在男人看来，不管如何爱她，"我爱你"这三个字只要讲过，就不想说第二次。男人总是这样认为：我是否爱你，可以在实际行动中表现出来。

可是，对女性来讲，语言比行动更为重要。假如男人不在她们耳边重复着说"我爱你"，她们就认为不能与对方沟通。处于幸福、甜蜜状态的女性，都是根据丈夫的"爱语"或反复的动作来得到安心和了解的。

因此，满足这种心理是男性的任务，"我爱你""我喜欢你"这些话对女性是非常重要的。她们认为这样是女性显示内在价值和魅力的标志所在。

当她们想要得到认可的欲望被满足后,她们就会开心快乐地去做一个好妻子,爱情就会变得更加和睦。

通常,男子都爱花言巧语,何不把美丽的话语多用在妻子身上呢?

"你不要对我这么凶,好吗?我心里很伤心。"

"这个家没有你,简直就难以想象。"

"我的老婆做的菜真好吃。"

"你真伟大,我怎么想不到?"

"结婚纪念日,我们去照张合影吧!"

"爬高爬低的事我来做,你别上上下下的,小心些。"

总之,做丈夫的要把你的爱通过甜言蜜语表现出来,让她时刻体会到你深爱着她,并时时创造一种美妙的生活环境取悦她,那样你们的感情会一天比一天深厚,妻子对你的爱也会一天比一天深,这对于你来说并不麻烦。同时她的愉快传染给你,成为两个人的愉快;她的美丽心情成了你的财富,丰富你的情感生活。

很多人在谈恋爱时把恋人看得很完美,花前月下,卿卿我我,有时明知道对方的某种缺点自己难以接受,可指出来又怕伤害对方的感情,于是就装出一副菩萨心肠,一忍再忍。其实这和父母溺爱孩子一样,终究会酿成苦果的。那么,年轻的恋人怎样既能指出他(她)的缺点,又不伤他(她)的心,更重要的是还要让他(她)接受你的意见呢?

其实有许多窍门，对对方进行旁敲侧击，促其反思并改正。

某局长的千金小徐和本单位的小李谈恋爱时总是显示出某种优越感，因为小李是农家子弟，大学毕业后分在局里做科员，没有什么靠山。有一次小徐到小李家做客，对小李家人的一些生活习惯总是流露出看不顺眼的情绪，并不时在小李耳边嘀嘀咕咕。吃过晚饭，她把小姑子使唤得团团转，又是叫烧水又是让拿擦脚布什么的。小李看在眼里很不是滋味，借机笑着对妹妹说："要当师傅先做徒弟嘛！你现在加紧培训一下也好，等将来你嫁到别人家里，也好摆起师傅的架子来。"小李这么一说，小徐当时似乎听出了什么，过后不得不在小李面前表示自己有些过分。

小李不失时机地用"要当师傅先做徒弟"的俗话来提醒小徐，避免了直接冲突。即使对方当时略有不满，过后也会有所感悟。

当对方的所作所为引起你的不满时，也可用诙谐的言谈让对方笑着接受你的不满。

雅倩非常喜欢跳舞，男友小张偏是个好静的人，正参加自学考试，常被她拉去"看"舞。雅倩有个很不好的习惯，不跳到舞厅关门不尽兴，久而久之小张就受不了了。有一次，他们从舞厅出来已是夜里12点多了，小张说："你的慢四跳得很棒，我还没看够。你一路跳回宿舍怎么样？"雅倩撒娇说："你想累死我啊！"小张一副认真的样子："不要紧，我用快三陪你跳。"雅倩扑哧一乐："亏你想得出，丢下我一个人也不怕我碰上流氓。"小张这时言归正传："那你在舞厅丢下我一个人也不怕我打瞌睡被人掏了包儿。"雅倩这时才知道男友压根儿没有兴趣跳舞,以后就有所收敛了。

对恋人的不满不用憋在心里,可以适当对对方提出自己的意见,但是要用对方法,否则只会破坏感情而于事无补。

❀ **情真意切**是爱情的灵魂

孙犁的名作《荷花淀》,如一幅富有诗意的爱情风俗画。书中水生夫妻的对话仿佛是一首回味无穷的爱情诗篇,其中洋溢着深厚的真诚和关切之情。

月亮升起来了,院子里凉爽得很,干净得很!水生嫂手指上缠绞着柔润修长的苇眉子,坐在院子里,等候着丈夫。身边是一片洁白,淀里是一片洁白,透明的雾,柔和的风,荷叶荷花香飘了过来。在这朴素干净的农家院中,一片安宁,一片温馨,一片思念牵挂的温情。辛劳了一天的公公熟睡了,玩耍了一天的儿子也进入了梦乡。水生嫂在月光下,一天的担心,一天的思念,不正是可以在这种静寂的夜景中,轻柔地同丈夫叙说吗?宁静之夜是夫妻对话的一个充满诗意的极好环境,美妙的夜会给爱情增添甜蜜温柔。

水生嫂以温柔体贴的话语表达出了对丈夫的深情,她了解丈夫——朴实勤劳,积极能干,小苇庄的游击组长、党支部书记,她怎能不爱他呢?所以,当水生从区上回来时,她首先要问的便是:"今天怎么回来得这么晚?"语气温柔,充满了体贴关切的感情。轻轻的一句话,却包含了这样的意思:今天你在外面怎么样?这么晚怎不叫人心急?你吃饭了吗?有的只是宽厚贤淑和温柔之情。这柔柔的一声仿佛是荷花淀飘来的温馨的荷香，让水生顿觉轻松，一天的疲劳也消失了，当水生询问儿子的情况时，她又轻言细语地说："和爷爷收了半天虾篓，早就睡了。"言语不多，却有许多信息。她讲了儿子和公公的一天活动，她以"儿子早睡了"含蓄地露出了那种嗔怪丈夫回来太晚的心境，但这种嗔怪却是一种关心、一种疼爱。

水生和水生嫂这样一对仅仅是粗通文墨的青年农民夫妻的对话里面，没有丝毫语言修辞的炫弄。这里有的只是夫妻间倾心交谈的平常话语，有的只是夫妻间倾注了深厚情爱的言辞。正因为此，这里的语言才显得像他们的感情一样朴实无华、简洁明了。

水生和水生嫂的感情是令人羡慕的，他们之间没有丝毫掩饰和造作，用简单的语言诉说各自的最真的情感，夫妻间的融洽也就在平淡如水的话语中不知不觉地增强了。

耍"小性子"可以说是女孩子的天性，恋爱中的女孩子更是如此。她们常为男友的言行不符合自己的心意而耍性子赌气，挤眼抹泪。其实，她们心里并不是真的生男友的气，只是假装生气，看男友是不是会过来哄她们，这时

候男士就应该抓住机会来表达真情实爱。

一天傍晚，李云与张亮两人为一件小事闹了点别扭。分手时，张亮本想按惯例送李云回家，可李云却执意不肯。张亮拗不过李云，只好答应，但又担心李云的安全，只好在后面远远地跟着，看李云进了家门。李云回到家，刚一推门，电话声就响了。她抓起电话，听筒里传来张亮的声音："云，我是亮。"李云听说是张亮，正要放下电话，又听张亮说，"云，看见你到了家，我也就放心了，晚上好好休息，我也回家了。"听了张亮的一番话，李云跑到窗边，看到张亮离去的背影，泪水夺眶而出。此时的她，心里只有感动，哪还顾得上生气啊。

张亮不失时机的一番关爱之语，向恋人表达了自己的关心与牵挂。语虽短，意却浓；话虽简，情却真。令对方不由得怦然心动，怨气全消。

当恋爱中的人真情流露时，都会让对方感动至深，情真意切是爱的灵魂，没有真心实意，谈爱就是空洞或虚假的。只有对对方表露诚意，对方才会做出同样的回应。

PART 10 融洽亲人，贴心暖语营造快乐家庭

❀ **理智化解**夫妻间的争吵

夫妻唇齿相依，就免不了唇齿相碰。因此，夫妻之间发生争吵实属正常。

俗话说："夫妻没有隔夜仇，床头吵架床尾和。"争吵虽会在平静的生活中激起波澜，但是有时在事情过后双方反而会加深了解和体谅，乃至回味无穷。但是，这种化解艺术并非人人都能掌握，弄不好还会导致家庭破裂。既然有些架非吵不可，那么我们还是要试着学会去化解，至少要把其中的冲突减少到最低限度。

1. 与对方发生争执时，要控制自己的情绪，说一些宽慰、幽默的话来缓和气氛。

2. 夫妻之间发生矛盾时，千万不要用尖酸、刻薄、讽刺的话去伤害对方，否则自己痛快了，对方却好几天缓不过来。

3. 当遭遇爱人的无礼时，要豁达大度，做一个理智的让步，这不仅对自己有好处，而且能避免把事态弄得很僵。

4.发生矛盾时,要保持冷静的头脑,将心比心、设身处地地为对方着想,话要说到点子上,这样才能使爱人消气,言归于好。

5.夫妻吵架是两个人的事,切忌把外人牵扯进来。吵架后,也不要轻易断绝"外交"关系。

❀ 父母吵架时的劝说艺术

世间最美满的家庭也难免有矛盾,父母发生摩擦闹矛盾,甚至公开吵架时,作为孩子的你该怎么办?其实,最重要的是你要当好中间人,因为在任何家庭中,父、母、子女三者的关系总是最亲密的,子女是父母感情的纽带,在父母面前始终处于被爱护、被关心的地位。

有一位教育家这样说过:"在我小的时候,隔壁邻居家夫妻两个经常吵架,而他们吵架的时候两个孩子通常只是在一边傻傻地看着,或是流泪,夫妻俩总是小事吵成大事,大事就更不得了，一直到有人劝为止。"夫妻吵架有时会陷入双方谁也不服谁的僵局。这个时候如果孩子能很好地劝架，那么夫妻的吵架问题就很容易解决。

所以，当父母争吵时，我们不能把自己置于局外人的位置，对父母的争吵毫不过问，冷眼旁观，自称"小孩不管大人的事"；也不能不分青红皂白跟着大吵大闹，把父母双方都责怪一通，最后两人吵变成三人吵。

张浚是家里的独生子，平时仗着父母的溺爱，他对父母说话时很少注意语气。有一天，张浚父母因为朋友结婚送红包的事发生了口角，一个说送得多了，一个说送得不多，张浚不耐烦了，大声对父母说："不就是送个钱吗？值得你们吵来吵去吗？烦死了。"父母听了更加生气了，这时妈妈说："你知道什么？一送就是五百，钱有那么容易赚吗？"爸爸也开口了："烦就滚出去，老子养了你一辈子了，还嫌我烦。"就这样，两人吵变成三人吵了。

其实，这时父母最需要的是子女的安慰，张浚应立即做好劝说工作，这时不妨对父亲这样说："爸，您不是一向都对人宽宏大量吗？现在怎么和自己老婆这么计较啊？"相信父亲听了这样的话，肯定会为这幽默的话而开口大笑，一场家庭纠纷也就会化解于无形之中。劝母亲时可以这样说："我爸那边早已经妥协了，他也觉得自己做错了，正准备去菜市场买些大闸蟹（当然是母亲喜欢吃，而又不舍得买的），给您做一顿好吃的晚餐呢！"相信母亲会因为大闸蟹太贵而去阻止父亲。这样，不就能化解父母之间的矛盾了吗？

任何夫妻都有吵架的时候，这时，孩子的态度通常是很重要的，因为没有父母不疼自己的孩子，所以他们往往会因为孩子的一句话而休战议和。

❁ **说服父母**有妙招

在现代社会中，许多子女都说与父母有代沟。的确，父母与孩子之间常常因为各种原因而产生摩擦。家庭中父母与子女之间的摩擦，许多是因为两代人之间存在思想分歧，解决起来不太容易。而偏偏长辈大多固执，后辈又很执拗，所以矛盾时有发生。

在这种情况下，作为子女，要说服父母，就需要一定的技巧。

父母对子女寄予厚望，望子成龙、望女成凤是他们梦寐以求的，而且在日常生活中，他们也常常教导子女要敢闯敢干，将来要做一个有作为、有成就的人。因此，在说服父母时，如果你提出的意见与他们的目标一致，成功的几率就很大了。

有一位刚毕业的年轻人在一家公司找到了工作，而父亲不同意儿子的选择，并托人给他联系某国家机关。这个年轻人说："这家公司我了解过了，很有前途，生产的是高科技产品，和我学的专业很对口。再说，国家机关好是好，可是人才济济，我到那里要想干出一番事业，恐怕机会不多。可是，在这家公司就不同了，我去那里，总经理要我马上把技术工作抓起来，这是多好的机会。我想您一定会支持我的。"

如果用这样的方式与父亲沟通,即使父亲心里可能仍然存有疑虑,但会认真考虑,并最终接受儿子的看法,因为儿子考虑的事情是有道理的。

一般来说,父母很注意自身的尊严,对说过的话不会轻易失信,而且会及时兑现。所以,在说服他们时,就可以适当利用这种心理,用他们的话作为自己的旗帜,就很容易成功了。

有时候,虽然父母和我们的想法会有些不同,可做儿女的还是应该真心实意地爱他们,关心他们的冷暖和身体状况,为他们分忧解愁,这样你就会有许多机会来说服你的父母。有了诚恳、礼貌、亲切的态度,话自然而然就会说得顺耳、讲得动听了。

人与人之间应该互相尊重,子女对父母更应该如此。而这种尊重,很重要的一个方面就是经常向老人请教和商量问题。许多事情应该经常及时地与父母商量，听听他们的意见，这无疑是有好处的。

❋ 父母应学会**与孩子对话**

父母要消除与孩子之间的代沟，让孩子敞开心扉和父母说话，赢得孩子的热爱，首先就要懂得孩子内心的秘密。而孩子内心最大的秘密是情感，或情感的焦虑。因此，父母须要掌握情感交流的秘方，走进孩子的内心世界，增强彼此之间的信任和感情。

作为孩子，如果遭遇了问题或烦恼，首先求助的是父母。如果做父母的不善于与孩子交流，即是从一开始就阻断了与孩子之间的融洽关系。

小花是一个爱紧张而又爱哭的女孩

子。她的表妹小羽来跟她住了一个假期，暑假快结束时，表妹就要回家了。小花非常舍不得，眼泪汪汪地对妈妈说："羽羽就要走了，以后又是只有我一个人了。"

妈妈很轻快地说："你会另外再找到一个好朋友的。"

小花回答说："可是我还是会很寂寞的。"

妈妈开始安慰她："过不了多久，你就会忘了。"

"啊，妈！"小花说着就哭起来了。

妈妈生气了："你都快念中学了，还是这么爱哭。"

小花狠狠地瞪了妈一眼，跑进卧室里，哭得更伤心了。

为什么会出现这种结果呢？原因就在于孩子对于友情、亲情的渴望，他们对自己的感情需求很在意。然而，成人往往对孩子的这种情感需求很不在乎，这样就会忽视孩子的感觉，对孩子细小的情感波动表现得很冷酷。这样一种对待孩子的情感反应方式显然不利于父母与孩子之间的情感交流。

事实上，孩子最需要的就是父母对他的重视，哪怕是当时的实际情况一点也不严重，父母也不能掉以轻心。或许在上例中的母亲看来，女儿不应该因为与表妹分开就流泪哭鼻子，但是她的反应却不应该没有同情。做母亲的应该这么想：女儿很难过，我应该尽最大的努力来帮助她，尽量设法使她知道我明白她内心的感觉。如果这样想，她就可以用以下方式来安慰女儿："羽羽走了，让人觉得很寂寞。你们俩这么要好，妈妈也舍不得让她走。""羽羽也会想你的。"这种反应使父母与孩子之间产生亲密的感觉。孩子的内心感受一旦被父母理解了，他的寂寞和情感创伤就会消失。父母对孩子的理解和同情是情感的绷带，可以治愈孩子受伤的心灵。因此，要达成和谐美满的亲子交流，做父母的也必须对情感交流的技巧加以自觉地领会。

做父母的如何才能架设好与孩子之间情感交流的桥梁呢？比较实际的做法，就是从克服自己与孩子情感交流的障碍开始。通常而言，当孩子试图与你谈论他内心的烦恼时，如下反应方式都有可能加速交流障碍的形成：

用命令、指示或指挥的语气，告诉孩子该去做什么事情，给他下命令："我不管别的父母如何做，你必须给我……"

用警告、责备或威胁的语气，告诉孩子如果他做了某件事情会产生什么样的后果："如果你知道好歹的话……"

用说教、教化或规劝的语气，告诉孩子他应该如何做："你应当……"

用评判、批评、否定或指责的语气，对孩子进行负面的评判："你那样做太不应该了……"

以谩骂、嘲笑或羞辱的方式，使孩子感到自己在犯傻，把

孩子归入另类，羞辱他："你的行为像一个不懂事的孩子……"

那么，父母应该怎么跟孩子交流呢？

通过解释、分析或诊断的方式，告诉孩子他的动机是什么，或者分析他为什么那样说、那样做，让孩子感到你在给他筹划、帮他分析："你那样说是想……"

用保证、同情、安慰或支持的方式，努力使孩子感觉好受一些，劝说他从不良情绪中解脱出来，尽力消除他的不良情绪，否认不良情绪的影响："不要担心，情况会变好的。"

用探索、询问的方式，努力去找理由、动机和原因，获取更多的信息帮助孩子解决问题："关于这件事情，你还和哪些孩子说过了？"

以提出忠告、方法或建议的方式，告诉孩子该怎样解决问题："为什么不用另一种方法来替代呢？"

以退步、转移或迁就的方式，努力使孩子从问题中摆脱出来，自己也避开问题，分散孩子对问题的注意力，引导孩子把问题搁置起来："吃饭的时间咱们不谈这个。"

正确的反应方式则基本不需要表达出自己的意见、评判和感觉，让孩子把自己的意见、判断和感受充分表达出来，给孩子打开一扇门，引导孩子去说话，使孩子在交流过程中发泄自己的情绪，厘清自己的思路，进而自己找出解决的方法。

用这种态度来与孩子进行情感方面的沟通，以下一些回应方式是比较简单而又有用的：

"我懂了！"

"有意思。"

"怎么样啦？"

"真的？！"

"我简直不相信，真是这样？"

其他一些反应在诱导孩子去讲、去说方面，更为有效：

"把这件事情讲给我听听。"

"我想听听这件事情。"

"后来呢？"

"听起来你对这件事情有话要说。"

"这件事看起来对你很重要。"

"咱们一起来讨论一下吧。"

恰当化解与父母的争执

在孩子的眼里，父母似乎永远是"自由"的反义词；在父母的眼里，孩子似乎总是"天真"的代名词。当你对某一事物的看法与父母不一致，而父母又不肯改变自己的意见时，你应该运用怎样的说话技巧来说服父母呢？

与父母意见不一致时，很多人会与父母顶嘴、唇枪舌剑地理论，也有一些人会躲在一边生闷气，要不就是拂袖而去，一走了之……这样做可以在一定程度上发泄你愤怒的情绪，却会伤害你与父母之间的感情，而且也无助于培养你和父母相互尊重的习惯。因此，最好是要掌握说话的艺术，以建设性的方式处理你与父母不一致的想法。

不妨看看下面这样一个例子：

小王到北京出差时，遇到张敏，两人一见如故，短短一个月便成为亲密无间的好友。事情办完后小王不得不离开北京，临走前小王把地址、电话都留给了张敏。

　　没过多久，张敏也出差，目的地正好是小王所在的城市，于是他给小王打了电话。两人在小王家见面了，像故友一样两人无话不谈。等张敏走后，小王的父母发话了："你怎么交了这么个朋友？这个人看起来很不地道。"小王一听不乐意了："我交什么朋友，你们都不满意。""我们这是为你好，怎么这么不懂事？""你们看着好就一定好吗？你们觉着不好，就不能来往吗？"父母听了气不打一处来，开始骂了起来。小王一看这样说下去肯定不行，马上缓和了口气："我知道你们是为我好，张敏和我属于同一个集团，做事干练，人也挺好的，而且从小没了父母，也怪可怜的。再说了我都这么大了，也能分清是非了。"父母听了小王的话，情绪也缓和了下来，最后小王终于说服了父母。

　　子女与父母发生争执是很正常的，因为一个人看问题的角度往往与他（她）过去的经历和现在的状况有关，因此，每个人的看法都会有一定的道理。与你相比，父母的人生阅历丰富，考虑问题会比较周到，但也容易形成固定的看法，产生偏见。你呢？由于思想上没有那么多框框，容易接受新东西，但考虑问题难免片面、肤浅。如果你既能看到对方意见中不合理的成分，又能看到其中有道理的一面，不仅能化干戈为玉帛，还会得到有益的借鉴。

　　当你与父母的意见不一致的时候，不妨静下心来想想：父母为什么会有这样的看法？其中是否有一定的道理？最好先肯定父母观点中有道理的一面，再说明自己的看法。即使你完全不同意父母的意见，也不要用挖苦的语调大声地与父母说话，那样父母会感觉受到伤害。如果你感觉当时不能控制自己的情绪，最好先找个借口离开现场，等大家都心平气和的时候再讨论这个问题。

如果你与父母中的一位关系更亲近，不妨先和他（她）讨论这个问题，说服了一位再请他（她）帮你说服另一位。当然，你也可以请好友到家里来一起参与你与父母的讨论。如果父母知道与你同龄的孩子也有与你类似的想法，可能会更容易理解和考虑你的意见。

解决争端的过程是一个相互协商的过程,彼此尊重对方的权利非常重要。和你一样,父母有权坚持自己的意见,有权表达不愉快的情绪。作为孩子,你应该尊重他们的权利,这样他们也会更容易尊重你的权利。

多一些了解,少一些冷漠;多一些关爱,少一些摩擦;多一些鼓励,少一些责备。如果我们能为父母多想想,站在他们的角度看自己,也许和父母的争执就不会那么激烈了。

孩子需要父母的支持,父母更需要孩子的理解。如果多和父母交流,坦诚相待,也许在与父母的争执过程中还会闪出爱的火花。

🌸 孩子需要你的赞美

有一种苦味的药丸，外面裹着糖衣，使人先感到甜味，容易一口吞下去。于是，药物进入胃肠，药性发生作用，疾病也就好了。同样，父母要对孩子说规劝的话，在说之前先给他一番赞誉，让孩子尝一些甜头，然后你再说那些规劝的话，孩子就容易接受了。

古语云："数子十过，不如奖子一长。"跟孩子讲道理，应充分肯定孩子的长处，在此基础上再对孩子的过错予以纠正，这样孩子就容易接受。如果一味地数落孩子，只会让孩子产生自卑心理和逆反心理。

恰到好处的赞美是父母与孩子沟通的润滑剂，家长对孩子每时每刻的欣赏、赞美、鼓励会增强孩子的自尊、自信。我们要切记：赞美鼓励使孩子进步，批评指责使孩子落后。

南京某厂技术员周宏用赞美的办法，把双耳几乎全聋的女儿婷婷教育成了高才生。

周宏第一次看小婷婷做应用题，十道题只做对了一道，按说该发火，可是他没有。他在对的地方打了一个大大的红钩，并由衷地赞扬她："你太了不起了，第一次做应用题，十道就能对一道，爸爸像你这么大的时候，碰都不敢碰呢！" 8岁的小婷婷听了这些话，自豪极了。

在父母的鼓励下，10岁那年，婷婷就写作出版了六万字的科幻童话。消息见报后，不少残疾儿童被送到周宏门下，都在周宏的"赏识教育法"下获得了很大进步。他说："哪怕天下所有人都看不起你的孩子，你都应该眼含热泪地欣赏他，拥抱他，赞美他。"

周宏巧妙地把赞美运用到了孩子的教育问题上。赞美开发了孩子内在的潜力，激起了他们学习上的热情，唤起了他们强烈的进取心，使孩子变"要我学"为"我要学"，从而在心理上彻底解放了孩子。

人都是爱听好话、喜欢受到表扬的。美国著名的心理学家威廉·詹姆斯研究发现："人类本性最深刻的渴望就是受到赞美。"孩子更是如此。因为孩子好奇心强，但自信心不足，他们对自己的每一点小小的进步都非常在乎，渴望得到大人的肯定。所以，恰当的赞美往往能够帮助孩子更好地成长。

然而，在现实生活中，有的家长不是这样。他们认为孩子是自己生自己养的，督促学习也是为了孩子好，不必老是哄着、捧着，甚至以为不打不成材，"棍棒底下出孝子"。因此，这些家长老是居高临下，总想从精神上、肉体上驾驭孩子，结果孩子在家长的高压下，心情焦虑，逐渐出现心理障碍，甚至精神和行为失控，不少家长为此付出了惨痛的代价。他们不知道，光靠高压是不行的。只有加强引导，让孩子好之乐之，孩子才会"不用扬鞭自奋蹄"，而赞美就是一剂良方。

其实，心理学中的"罗森塔尔效应"揭示的就是"赏识——赞美"的巨大作用。现实生活中，也不乏这样的经典范例，如19世纪德国《卡尔·威特的教育》的真实记录，我国著名教育家陶行知先生"四块糖果"的故事等。

事实证明，如果家长能够恰当地运用赞美，就会帮助孩子

达到光辉的顶点。因此,家长学会赞美孩子是很有必要的。要学会赞美孩子,就要做到:

1. 尊重孩子

家长只有把孩子当作朋友,平等相待,切实尊重孩子,提倡"友道尊重",才会发自内心去赞美孩子。

2. 要有一颗平常心

有的家长对孩子的期望值过高,当一些不切实际的目标达不到时,便采用极端的手段来对待孩子。恨铁不成钢,这种家长根本就不可能去赞美孩子。

3. 要了解孩子

平时要多观察孩子有什么爱好,从而因势利导,激励孩子,帮助孩子,使他们好之乐之,才会学有所成。

4. 要持久

孩子的培养不可能一蹴而就,这是一个漫长的过程。作为家长,应持之以恒,使孩子在赞美声中健康成长。

5. 坚持原则

准备赞美孩子时,必须坚持原则,只有在他做了值得赞美的事情时才去赞美。由于溺爱,有些父母无原则地对孩子的种种行为加以赞美,造成孩子是非不清、骄横跋扈。孩子按大人的要求去做了并做得很好,就应该及时赞美;但做了不对的事情,即使孩子哭闹、耍赖皮,也千万不要迁就他、说好话。否则,赞美就会失去原有的积极意义。

6. 掌握时机

当孩子正在做或已做完某件有意义的事时,应当及时给予适当的赞美,如果一时忘记了,也要设法补上。如孩子在老师的说服下,吃饭时终于肯吃蔬菜了,父母应立即予以赞美。须知,在孩子应当得到赞美、渴望得到赞美时,成人的熟视无睹无异于给孩子当头浇上一盆冷水。

7. 就事论事

不要直接赞美孩子整个人,而应该赞美孩子的具体行为,也不要夸大其词、言过其实。例如,当孩子画了一幅不错的儿童画时,千万不能说:"真聪明!"而应说:"哟,这幅画不错。"要知道,过分的赞美会给孩子播下爱慕虚荣的种子。

8. 掌握分寸

孩子经过努力做出了成绩,或者做完了他应当做的事情,都应该得到赞美。但在日常生活中,注意不要重复赞美某件事情,当孩子养成良好的习惯后,就可以适当减少对孩子这一方面的赞美。赞美孩子并给以适当的奖励,或是亲吻,或是搂抱,都会给孩子以奇妙的力量。

对孩子的教育,家长不应当吝惜赞美、吝惜肯定、吝惜鼓励。只有学会这些,并适当地运用,才会使孩子树立向上的信心,鼓起前进的勇气,大胆地往前走。

沟通伊始,恰当地称呼他人很重要

做足功课，提前摊牌